전원책의 지식인 비판

진실의 적들

전원책의 지식인 비판

진실의 적들

전원책 지음

책을 읽는 습관을 가르쳐 주신 내 아버지는 너무 일찍 세상을 버리셨다.

이 책은 그분의 것이다.

.

초등학교 1학년 때 '소공자'와 '플루타크 영웅전'을 주신 이름조차 잊은 여선생, 소년이었을 때 눈을 뜨게 하신 천신기 선생, 고교 때 방약^{傍若}한 나에게 세상을 읽는 지혜를 주신 성호주, 김태홍 선생, 대학 때 용기를 주신 장지호, 심헌섭 , 안이준 선생, 내 시의 길이 되어 주신 박두진 선생, 그리고 시공간의 벽을 넘어 내 외도^{外道}를 받아준 경한^{景閑}, 혜암^{慧庵}선사, 프리드리히 빌헬름 니체 F.W.Nietzsche, 이 열한 분의 스승과, 이 책을 쓰도록 힘이 되어 주신 내 사랑하는 어머니, 묵묵히 도와 준 아내, 빙모^{聘母}, 형제들에게

가슴속에서 솟아나는 감사의 정을 표한다.

나는 이류二流였다

세상은 똑똑한 사람들로 넘쳐난다. 그들은 다 일류一流였다. 그 속에서 생존을 위해 싸워온 나는 여전히 이류였다. 내 인격도, 내 성취도 다 이류였다. 나는 일류들이 만든 '패밀리'에 낄 수 없었다. 나는 욕심조차도 이류였다. 그게 일류가 되지 못한 내가 살아남을 수 있었던 유일한 이유다.

'개새끼들'

『심판』의 요제프 K가 채석장에서 마지막으로 한 이 말을 하지 않기 위해 나는 고개를 숙였다. 비겁했다. 어떨 땐 건달의 가랑이 밑을 기었던 한신韓信이 되었다. 그리고 혼자 남았을 때 비로소 분노로 울었다. 결국 '개새끼들', 이 한 마디를 뱉어냈다. 그러나 그건 자위自慰에 지나지 않았다.

현인賢人이여. 나의 이 오만傲慢과 방자함을 용서하라. 내가 일류들을 욕하고, 그들의 생각을 겁 없이 뒤집으려 하는 건, 현인의 길이 무엇인지 몰라서가 아니다. 나는 그 길을 걸을 자격도 용기도 없다! 나는 다만 진실은 있되 진리는 없다는 걸 말하고 싶을 뿐이다. 진리에 대한 일류들의 믿음을, 그 믿음의 근저根底에 깔려있는 그들만의 방어기제防禦機制를 비웃고 싶을 뿐이다.

그래서 이 책은 단순한 수상隨想이 아니다. 일류들에게 당신들의 진리가 별 것 아니라는, 나름의 통찰洞察을 전할 뿐이다. 그러니 들어라. 이 잡것들아. 인생은 짧고 추악하거늘, 무엇이 한 생生에 아까운 것인가. 나는 그 답을 '한 그릇의 밥'이라 이르겠다.

4년 전 이 책을 냈을 때, 일주일 만에 절판絶版을 결심했다. 책의 모든 것이 마음에 차지 않았지만, 무엇보다 서둘러 그렇게 한 건 오류가 너무 많았기 때문이다. 그 뒤 버려두었다. 그런데 책을 다시 내려는 건『자유의 적들』이 판을 거듭하면서, 많은 이들이 이 책을 읽기를 희망했기 때문이다. 헌 책이 십만 원에 거래가 된다는 말을 들었을 때, 내가 무엇을 빚졌는지 알았다.

많은 곳을 고쳤다. 문자 그대로 개정改正이다. 그러나 본류本流는 손대지 않았다. 그러고 싶은 곳도 많았지만 이 또한 내 생각의 흐름이라 믿는다. 이 책이 다시 세상을 만나게 된 데는 많은 이들이 힘이 되었다. 일일이 그 이름을 다 적을 수 없다. 무엇보다도 어머니와 아내에게 무한한 감사를 드린다. 어머니와 아내, 그리고 사랑하는 개 '부래'가 단출한 내 가족이다.

2013. 3. 25.

동교동 善學齋에서 전원책 쓰다.

인생은 추악하고 짧다

나는 아버지로부터 말보다 먼저 글을 배웠다. 글을 정직하게 써야 한다는 것을 배웠다. 어머니로부터 겸손과 절제를 배웠다. 인생을 진지하게 살아야 한다는 것을 배웠다. 꽃을 가꾸는 정성과, 생명을 사랑하는 자비심을 배웠다. 부모 두 분으로부터 검소함과, 나아가야 할 때 나아감을 배웠다. 나는 여러 선생으로부터 지혜와 함께, 불의를 거부하는 용기를 배웠다. 경한으로부터 근원을 보았으며, 혜암이 있어 조금 더 가보았다.

이제 니체처럼 '내가 앉아 있는 의자의 다리를 톱질하고' 있다. 무지와 무식을 만천하에 드러내는 것, 이것이야말로 내가 살 길이다.

이 책은 여러 현인들의 말씀을 전할 뿐이다. 나는 그들에 비하면 좁쌀이요 티끌이다. 내 좁은 소견은 그 말씀들에 곁붙어 날아간다. 말씀들은 내 인생을 풍요롭게 했다. 그러나 내가 참구參究한 공안公案은 아직 없다. 그래도 빌렸으니 이제 갚아야 하지 않겠는가. 이문을 붙이지는 못할망정 본전조차 돌려주지 못할까 두렵다. 그래서 문득 썩었다 의심 나는 부분은 도려냈다. 그런데도 어떤 곳은 내 감정을 여과하지 않고 그대로 얹었다. 그건 내가 아직 이류二流여서 돌처럼 단단한 자존심이 남아 있기 때문이다. 독자들이 헤아려 줄 것을 믿는다.

그렇다. 이것이다. 내가 알고 있는 자유와 정의, 진리, 무엇보다 진실이라는 것은 여기에 있다.

인간은 너무 거추장스러운 탈을 썼다. 나는 그 탈을 벗고 스스로 진실한 면목을 보기 위해 무딘 칼로 베기도 했다. 그러나 내가 사랑한 것이 탐욕이고, 내가 믿은 진실이 명분에 지나지 않으며, 내가 추구한 정의가 다른 사람에게는 비정의가 될 수 있다는, 뻔한 답을 하고 만다. 홉스T.Hobbes가 말한 대로 '인생은 고독하고, 가난하며, 추악하고, 야만스럽고, 짧다.'

누구든, 견딜 수 있는 슬픔은 슬픔이 아니다. 참을 수 있는 아픔은 아픔이 아니다. 피할 수 있는 운명은 운명이 아니다. 이 책은 슬픔과 아픔의 기록이다. 나는 이 '더러운 지식인' 비판을 계속해야겠다. 운명적으로 이 노동을 시작했고 그 끝을 볼 것이다.

2009년 盛夏,

동교동 善學齋에서 著者.

차례

1부

2부

3부

바지 꼴찌를 가르쳐 주신, 꼴찌의 슬픔을 가르쳐 주신 내 어머니의 용의주도함이여! 그리고 꼴찌를 부끄러워하지 않은 나의 효심이여! 410

발정發情 인간은 발정을 감추기 위해 점잔을 떨거나 요조숙녀窈窕淑女인 것처럼 군다. 413

위선僞善 숨어서 하는 일이 많으면 위선자라 한다. 진짜 위선자는 숨어서 하는 일이 하나도 없는 자다. 416

털 음탕함은 머리에 있지 몸에 있지 않다. 419

위장僞裝 잔인한 인간일수록 부드러운 미소를 띠고 있다. 422

우답愚答 현명한 대답을 바라는 욕심이 눈을 가리면, 현답賢答을 듣더라도 알지 못한다. 425

매력魅力 상대에게 호감을 보인다는 것은, 상대가 아무것도 모른다는 것을 꿰뚫어 보아서 만만히 여긴다는 것이다. 427

비 비는 추억의 길에만 내린다. 430

1부

우리가 보지 못하거나, 깨닫지 못하거나, 비겁하게 정
당화시키는 폭력들은 대부분 스스로가 연루된 폭력들
이다!

집

집 안에 있을 때는, 집이 안 보인다.

•

아무도 자기 자신을 온전히 볼 수 없다. 거울을 통해 볼 수 있는 것은 자신의 앞모습에 불과하다.(그조차도 거꾸로 읽어야만 '진실'이 된다) 그건 '타인이 보는 나'와는 다르게 실체의 전부가 아니다. 그런데도 인간은 자신의 외모를 남들보다도 잘 알고 있다고 생각한다.

더 나아가 누구나 자신을 가장 잘 알고 있는 사람은 자신이라는, 당연한 자신 감을 가지고 있다. 이 '오류'는 사실 철학적 문제다. 프란츠 카프카Franz Kafka 1883-1924가 소설 『심판』에서 창조한 요제프 K는 '자신의 죄가 무엇인지 모르는 죄'로 서른 살 되는 생일에 체포당한다. 우리는 누구나 요제프 K와 같은 처지가 될 수 있다.(이 소설을 두고 인간의 '원죄의식' 운운하는 평론은 무시하라)

자신의 지식, 자신의 판단을 절대적으로 신뢰하는 자들은 '한 면이라도 볼 수 있는' 거울조차 가지고 있지 못하다. (도대체 진리라는 것이 존재하는 것 같지는 않지만) 소크라테스Socrates BC470-399가 '진리를 모르면서 자신이 아는 것이 진리라고 믿는' 자들에게 자신의 무지를 반성하라는 뜻으로 던진 경구警句 '너 자신을 알라'는 한 마디는, 진리다. 소크라테스 철학의 출발점인 이 아포리즘은 사실, 철학의 아버지인 이오니아의 탈레스Thales BC624-545가 한 말이다. 그는 '사람에게 어려운 일이 무엇인가'라는 질문을 받자, '자신을 아는 것이 어려운 일이며 쉬운 일은 남에게 충고하는 것'이라고 대답했다.

___1 모든 고통은 욕심이 화근이다. 바둑을 둘 때, 관전하는 하수下手가 읽는 쉬운 수를 놓치는 것은, 욕심이 눈앞을 가리기 때문이다. 그런 욕심은 스스로를 보지 못하는 데서 기인한다. 고통의 진원지는 바로 자신이다. 한 발 떨어져서 자신에게 닥친 문제를 관조觀照하면 가장 현명한 해결책이 보인다. 그건 욕심을 버리는 것으로 너무 쉬운 '한 수手'인 것이다.

___2 자신이 겪고 있는 고통은 다른 사람이 겪는 그 어떤 고통보다도 크다. 그러므로 누군가가 고통을 호소할 때, 함부로 그의 고통을 평가하지 말라. 그 일이 당신에게 설령 사소해 보일지라도 그에게는 지구보다 큰 고통일 수 있다! 그는 누구로부터 배신당했거나, 버려졌다. 그런 일로 명예를 잃고 재산을 잃게 되면 상처를 키운다. 고통은 늘 분노를 수반한다.

고통이 어느 정도 가라앉더라도 그 분노를 마저 잠재우지 못하면, 상처가 덧나 모든 것을 잃게 만든다.

___3 에펠탑은 1889년 프랑스혁명 100주년에 맞추어 세워졌다. 이 철탑은 건립 당시만 하더라도 너무 흉측스럽고, 방자한 인간 문명을 보여줄 뿐이라 하여 '문화와의 단절'로 지탄받았다. 오페라『파우스트』와 가곡「아베 마리아」를 작곡한 구노Charles Gounod 1818-1893는 '파리의 수치'라고 비난했다. 에펠탑은 20년 뒤 해체한다는 것을 약속하고서야 세울 수 있었다.

작가 모파상Guy de Maupassant 1850-1893 역시 에펠탑을 '파리의 배꼽에 박힌 등대'라며 증오했다.(얼마나 기막힌 표현인가? 남산 타워야말로 '서울의 젖가슴에 박은 등대'다) 그런데 그는 매일이다시피 점심이나 저녁을 에펠탑 1층의 고급 식당에서 먹었다. 사람들이 왜 에펠탑에 있는 식당에 가느냐고 묻자 그는 '파리에서 그 빌어먹을 것이 보이지 않는 유일한 곳이 그 안에 있는 식당이기 때문'이라고 답했다. 가히, 현인賢人의 독설이다. 결국 그는 '파리의 배꼽 등대'에 앉아 음식을 즐긴 셈이 됐다.

이 에펠탑을 보는 시선은 크게 바뀌지 않았지만, 1907년 라디오 안테나 탑으로 살아남아(라디오의 발명이 에펠탑을 건졌다) 오늘날은 파리의 상징이 되어 있다. 천박하기가 이를 데 없는 창작도 시간이 지나면 기념물이 되고 문화재가 되는 것이다!(정상배들은 자신의 업적을 남기기 위해 '천박한' 조형물을 남긴다. 다음 세대를 생각하지 않기 때문이다. 그것이 암벽에 제 이름을 파는 것과 무엇이 다른가?)

　　__4 집은 소통할 수 있는 창을 내고 문을 달아야 한다. 누구나 마음속에 자신만의 집을 짓는다. 집은 천차만별이다. 어떤 이는 초가삼간을 짓지만, 누구는 바벨탑처럼 헛된 마천루를 쌓아올린다. 어느 집이든 욕정 가득한 침실이 있고, 현명함이 넘치는 서재도 있다. 그런데 창과 문에는 다들 인색하다.

　　현인의 집은 그저, 누워 넉넉한 대청이 있으면 족하다. 대문을 군이 달지 않아도 좋다. 어차피 문전걸식門前乞食하는 선비란 없는 법이니 군이 문을 걸어 사람을 가릴 일이 아닌 것이다. 오면 반기고 가면 잊는다! 논산에 있는 윤증尹拯 1629-1724의 고택에는 사랑채에 담이 없다. 윤증은 조선조 숙종 때 우의정까지 제수되었으나 탑전에 단 한 차례도 나아가지 않고 모두 거절하여 '백의白衣정승'으로 불렸다.

　　__5 세상에 집보다 더 편한 곳은 없다. 여자는 남자의 집이다. 집을 팽개쳐 두면 서까래가 주저앉고 기둥이 기운다.

　　　　　　　　　　　　　　　　　　　　　　　진실의 적들

꿈

깨어 있는 자만이 꿈을 꾼다.

●

잠든 자는 꿈을 꾸지 못한다. 깨어 있는 자가 꾸는 꿈은 몽환(夢幻)에 불과하거나 까마득한 옛일에 지나지 않는다 해도, 그 꿈은 선명하며 아름답다.

___1 이룰 수 있는 꿈이 아름답다는 것이 아니다. 꿈은 이루어지지 않아서 아름다운 것이다.

아리스토텔레스Aristoteles BC384-322는 '희망이란 눈뜨고 있는 꿈'이라고 했다. 그러나 꿈은 희망과는 다르다. 사실 꿈의 본질은 이루어질 수 없다는 데 있다. 한때 가슴 벅차게 하던, 생의 유일한 목적인 그 무엇이, 세월이 흘러서 '꿈이었다는 것'을 깨닫게 될 때, 비로소 꿈은 이루어지지 않아 아름답다는 것을 안다. 그 꿈은 첫사랑이어도 좋고 혁명이어도 좋다. 그래서 그 꿈을 추억으로 간직할 수 있는 것이다.

백일몽白日夢은 절대적으로 이루어질 수 없는 꿈을 말한다. 벌건 대낮에 꾸는 꿈, 헛된 꿈이 백일몽이다. 현실주의자에겐 이런 백일몽에 사로잡히는 건 미친 짓이 될 것이다. 그러나 어쩌랴. 그 어떤 꿈이라도 꿈을 꾸지 않으면 당신은, 죽은 인생이다.

_2 갖은 노력과 행운으로 꿈을 이룬 이들이 있다. 그런 꿈은 대체로 세속적이다. 그래도 좋다!

도저히 가질 수 없는 부와 권력, 명예에 대한 꿈은 차라리 슬프다. 진리를 위해 목숨을 거는 이는 없지만 미인을 얻기 위해 목숨을 거는 자는 있다. 그런 세속적인 꿈은 이루어졌을 때, 갈증을 채우는 것으로 끝난다. 프랑스 작가 마르셀 프루스트M.Proust 1871-1922의 『산문散文』에 멋진 아포리즘이 있다.

욕망은 꽃을 피우나 소유는 모든 것을 시들게 한다.

꿈이 이루어지는 순간, 활짝 피었던 꽃은 그때부터 시들기 시작한다. 독자들이여, 그러니 이루어지지 않은 꿈을 한탄하지 말라. 슬퍼하지도 말라. 그 꿈으로 꽃을 피워냈던 시간에 대해 감사하라.

___3 세르반테스M.de Cervantes 1547-1616의 『돈 키호테』는 문학사로 볼 때 최초의 근대소설이자, '꿈'을 다룬 소설이다. 사람들은 그저 풍자소설로 알고 있지만 인생과 진리에 대한 원숙한 지혜가 담겨 있다.

> 에스파냐의 시골 귀족 아론소 기하노는 기사도 이야기를 탐독하다가 정신이 이상해졌다. 그는 스스로 기사가 되어 세상을 바로잡고 불쌍한 이들을 도울 목적으로, 낡은 갑옷을 입고 로시난테라는 앙상한 말을 타고 자신을 돈 키호테라고 하였다. 그리고 자신 앞에 넓게 열려 있는 세상을 향해 떠난다. 돈 키호테는 순박한 농부 산초 판사를 종자로 데리고 가는 곳마다 현실세계와 부딪치면서 늘 패배를 맛본다. 그는 원하면 언제든지 집으로 돌아갈 수 있었지만, 이상을 향한 꿈은 꺾지 않았다.

괜찮은 사랑소설『참을 수 없는 존재의 가벼움』으로 철학적 고백성사를 한(그런 뜻에서 '참을 수 없는 존재의 가려움'이 나왔을 것이다. 놀랍게도 이 책은 하버드대 권장도서 100권 속에 있다) 작가 밀란 쿤데라Milan Kundera는 에세이 「세르반테스의 절하切下된 유산」에서 다음과 같이 썼다.

> 신이 우주와 그 가치의 질서를 관장하고 악에서 선을 가르고 모든 사

물에 뜻을 부여했던 곳을 서서히 떠나버릴 때, 돈 키호테는 집을 나섰고 이제는 더 이상 세계를 알아볼 수 없게 된다. 지고至高의 심판관이 없는 이 세계는 돌연 무시무시한 모호성 속에서 그 모습을 드러낸다. 하늘의 유일한 진리는 인간들이 나누어 갖는 수많은 상대적인 진실들로 흩어져버렸다.

『돈 키호테』는 '인간'을 그린 최고最高의 소설이라는 평가를 받았다. 오늘날 '풍차를 향해 말을 달리는 돈 키호테'로만 알고 있는 젊은이들에겐 돈 키호테는 무모함과 저돌성의 상징일 뿐이다. 그러나 돈 키호테는 꿈이 있어 아름다운 사람이다. 대개 그렇듯이, 그 꿈이 현실에서는 불가능한 꿈이라 하더라도.

이 『돈 키호테』에서 모티브를 딴 뮤지컬 「맨 오브 라 만차Man of La Man-cha」에는 「이룰 수 없는 꿈The impossible dream」이라는 노래가 나온다.

이룰 수 없는 꿈을 꾸며, 물리칠 수 없는 적과 싸우며, 견딜 수 없는 슬픔을 참으며, 용사가 감히 가지 않았던 곳을 달리며
— To dream the impossible dream, To fight the unbeatable foe, To bear with unbearable sorrow, To run where the brave dare not go

체 게바라Che Guevara 1928-1967는 20세기 젊은이들이 가장 오해했던 '진

정한 악당'이었다. 덜떨어진 평전 작가들에 의해 예수와 비견되었던 그는 평등한 세상을 위해 공산주의 혁명을 꿈꾸면서 스스로를 희생한 박애주의자로 묘사됐다. 그러나 체 게바라는 자신의 명성을 위해 살인을 일삼았던 잔혹한 냉혈한이었다. 그가 아버지에게 돈 키호테를 흉내 내 편지를 썼다.

> 말라 비틀어진 늙은 말의 등에 몸을 싣고 다시 떠나야 한다.(실제로는 포데로사라는 모터사이클을 탔다)

____4 장자莊子 BC369-289는 「나비의 꿈(호접지몽胡蝶之夢)」을 꾼다.

현인賢人은 잠이 많다. 어느 날 장주莊周(장자의 이름)가 잠이 들어 꿈속에 나비가 되어서 꽃들 사이로 즐겁게 날아다녔다. 깨어보니, 나비가 아니라 다시 장주였다. 그렇다면 내가 본시 나비이고 지금 장주가 된 꿈을 꾸고 있는 것인가, 아니면 장주인 내가 나비의 꿈을 꾼 것인가.

결국, 장자는 모든 인식의 세계는 하나로 귀결된다는, 물아일체物我一體의 진리를 깨닫는다. 이것이 소위 무위자연無爲自然으로 말해지는 장자의 요체다.

'인간존재란 무엇인가, 진정한 자유는 무엇인가'라는 인문학적 의문에 대한 답으로서, 불가佛家 『화엄경華嚴經』에는 '일체유심조一切唯心造'라고 가르친다. 모든 것은 오로지 마음이 지어낸 것이라는 말씀이다.(이 책, '거 짓말' 참조) 차이가 있다면 장자가 인식의 경계를 허무는 것인데 비해, 불 가는 그 인식 자체마저 공空으로 돌리는 것이다.(색불이공 공불이색 색즉시 공 공즉시색 色不異空 空不異色 色卽是空 空卽是色, 색이 공과 다르지 않고 공이 색과 다르지 않 아 색이 곧 공이고 공이 곧 색이다. 『반야심경般若心經』에 있다) 서구에서는, 먼 훗날 니체F.W.Nietzsche 1844-1900에 이르러서야 비로소 시비是非 선악善惡 미추美醜 같은 구별이 무의미하고 어리석다는 것을 깨닫기 시작했다.

텔레비전Television

진실보다 거짓이 더 활개 치는 곳은 텔레비전과 법정法廷 그리고 교회教會다.

●

텔레비전은 더 이상 바보상자가 아니다. 아주 영악한 상자다. 텔레비전은 '만들어진' 그림과 말들로 채워진다. 그 그림과 말의 이면裏面에는 수많은 사람들의 머리에서 나온 '의도'와 '아이디어'들이 숨어 있다. 그것들 대부분은 진실에 근거하지 않는다. 자극적이지 않으면 아무도 봐주지 않으므로 과장이거나, 거짓이다. 그리고 감각적이다. 결국 이 사각의 화면 속에는 더 이상 현인賢人도 철인哲人도 없다. 진실도 없으며, 당연히 진실로 가는 어떤 가르침도 없다.

___1 텔레비전은 사실 가벼울 수밖에 없다. 시청률을 위해서 그 대상을 고려하지 않을 수 없기 때문이다. 드라마가 유치하다거나 쇼 프로그램이 저질이라고 욕하지 말라. 실제 고등학교 아이들이 흥미를 가지지 못

하는 드라마나 쇼는, 절대 시청률이 높지 않다. 대중의 수준이 높지 않아서가 아니라, 대중은 텔레비전에서까지 '무거움'을 강요받고 싶지 않기 때문이다. 시인 토머스 엘리어트T.S.Eliot 1888-1965의 촌평을 옮긴다.

> 텔레비전이라는 마력을 가진 스크린 앞에 우리는 어린이로 돌아간다. 말하자면 새 시대의 어린이가 된다.

___2 변호사이자 사회학자인 리스먼D.Riesman 1902-2002은 1950년『고독한 군중』을 써, 미국 현대사회의 몰沒인간성을 정면으로 비판했다. '이름 없는 고독한 군중nameless lonely crowd'인 현대인이 혼자서 의지할 것은 텔레비전밖에 없다. 텔레비전은 위안이며, 즐거움이며, 무엇보다도 '정보'다. 그런데 텔레비전의 프로그램들은 책이나 신문처럼 스스로 선택하는 것도 아니다. 더군다나 텔레비전은 시청자가 아무런 노동을 하지 않아도 별 쓸모도 없는 정보를 끊임없이 토해낸다. 우리는 리모컨을 들고 그냥 텔레비전 앞에 앉아 있어 주기만 하면 되는 것이다!

대부분의 사람들은 그런 텔레비전의 정보를 신뢰하려 하는 경향이 있다. 영상은 단순한 정보가 아니라, 정보의 증거로 작용하기 때문이다. 이런 까닭에 텔레비전을 통한 대중조작大衆操作은 신문보다 몇 배나 쉽다. 그래서 정치인에겐 텔레비전은 '로마로 가는 유일한 길'이다.

___3 텔레비전은 이제 사람들을 지배하고 있다. 옷차림과 말본새에 영향을 미치는 걸 넘어서, 생각을 바꾸고 사상을 바꾸고 마침내 인성人性을 바꾼다.

텔레비전에 종사하는 시사프로그램의 작가는 여론을 형성하는 데 정치인들보다 훨씬 더 힘이 있다. 드라마 작가는 어떤 소설가보다 영향력이 크다. 뉴스 프로그램 말미에 여자 앵커가 던지는 실없는 한 마디가 대통령의 말보다도 더 권위를 가진다! 역사를 전혀 공부한 적이 없는 작가가 쓴, 왜곡으로 가득 찬 사극史劇은 수많은 사학자들이 오랜 시간 동안 정열을 쏟아 연구한 역사를 '허구虛構'로 만들어 버린다.(사실은, 텔레비전 사극이 허구다) 앵커들이 잘못 쓰는 말은 우리말을 이미 많이 변형시켰다. 고저장단高低長短은 물론이요, 말의 제 뜻조차 바꿔 놓고 있다. 한 사람의 무식이 대중을 오염시킨 경우다. 놀라운 것은 사람들이 그런 사실을 전혀 개의치 않는다는 것이다.

이런 '비非진실'이 진실을 능가하는 곳은 텔레비전 외에도 법정과 교회가 있다. 최소한 증인들의 절반은 위증을 할 목적으로 법정에 나온다. 그들은 그들이 작심하고 하는 '의도한 거짓말' 외에도 '기억하지 못한다'는 식으로 온갖 방법의 거짓말을 한다. 심지어 판사들조차 진실이 어디 있는지를 잘 알면서도 더러운 거짓말을 배척할 수 없는 '법률 때문에' 잘못된 판결을 할 때가 있다. 교회는 이 시대의 '희극'이다. 목회자의 절반은 '어린 양'들보다 더 세속적이다. 도저히 성직자라고 불러줄 수 없는 그들은 양떼들보다 직업을 잘 선택했을 뿐이다.

거울

사람들은 거울을 보며, 자신의 진면목眞面目을 감추기 위해 애쓴다.
현인賢人은 거울을 보며, 자신의 진면목을 보기 위해 애쓴다.

─────────────────────

●

거울은 정직하다. 정직하지 않은 거울은, 거울이 아니다.

___1 동화 『백설공주』에 등장하는 거울 역시 정직이 생명이다.(『백설공주』
의 원제는 『백설공주와 일곱 난쟁이Snow White and Seven Dwarfs』다. 독일의 전래동화를
그림Grimm 형제가 『그림동화』에 수록했고 1937년 월트 디즈니사가 최초의 장편 애니
메이션 영화로 제작했다) 『백설공주』는, '백설같이 흰 아름다운 공주가 못된
계모의 시샘으로 독약이 든 사과를 먹고 죽는다. 왕자가 와서 유리관에
든 공주를 되살리고 계모는 벌을 받는다'는 아주 단순한 얘기다.

이 얘기 속에 계모가 거울에게 이 세상에서 누가 제일 아름다우냐고

묻고 그때마다 거울은 정직하게 대답해 준다. 거울은 동화 속에서도 거 짓말을 못하는 '과학'인 것이다.

___2 사람들이 거울을 보는 목적은 둘 중 하나다. 하나는 자신을 보는 것 이고, 또 하나는 자신이 남에게 어떻게 비칠 것인가를 보는 것이다.

자신을 보는 것은 어려운 일이다. 거울은 평소 잊고 지내던 자신의 진 면목을 드러낸다. 자신을 보는 그 시간은 반성의 시간이다. 그러나 대부 분의 사람들은 자신의 진면목을 보기보다는, 남에게 자신을 더 좋게 보 이도록 꾸며서 형편없는 자신을 감추기 위해 거울을 본다.(놀랍게도, 백설 공주의 계모도 거울에서 자신의 진면목을 보고 있다)

___3 친구를 보면 그 사람을 안다고 했다. 사람의 친구는 그 사람의 거울 이다. 진짜 거울은 외모를 보는 것이지만 친구라는 거울은 그 사람의 내 면에 있는 '선악_{善惡}'을 판단할 수 있는 최선의 '증인'이 된다.

___4 불가_{佛家}에서는 예부터 마음이 거울이라 하였다. 육조_{六祖} 혜능_{慧能}의 저작『육조단경_{六祖壇經}』을 본다. 많이 줄였다.

혜능은 장작을 팔러 시장에 갔다가 어느 객승이 금강경金剛經을 독송하는 걸 듣고, 강북에 있는 5대 조사 홍인弘忍을 찾아가 문하에 들어갔다. 혜능은 글자를 배운 적이 없는 문맹이었다. 어느 날 홍인은 제자들에게 게송偈頌(깨달음의 시)을 지어 오면 그중 한 사람에게 법法을 전하겠다고 하였다. 그때 신수神秀는 자타가 인정하는 제자였다. 신수가 '몸은 보리의 나무요 마음은 밝은 거울의 틀과 같나니, 때때로 부지런히 털고 닦아서 티끌과 먼지가 앉지 않게 하리라(신시보리수 심여명경대 시시근불식 물사야진애身是菩提樹 心如明鏡臺 時時勤拂拭 勿使惹塵埃)'라고 써 붙였다. 홍인은 이를 보고 '소견은 당도했으나 문앞에 이르렀을 뿐이다'고 하였다. 혜능이 한 동자가 이 게송을 외는 걸 듣고, 그 동자에게 부탁하여 '보리는 본래 나무가 없고 밝은 거울 또한 틀이 아니다. 본래 한 물건도 없는데 어느 곳에 티끌과 먼지가 묻겠는가(보리본무수 명경역비대 본래무일물 하처야진애菩提本無樹 明鏡亦非臺 本來無一物 何處惹塵埃)'라고 쓰게 했다. 이를 본 홍인은 다른 중들이 시기할까 염려하여 '이것도 견성구見性句(깨우친 글)가 아니다'면서 지워버리게 했다. 그리고 혜능이 방아 찧는 곳으로 갔다.

홍인이 혜능에게 '방아는 다 찧었느냐' 하니, 혜능이 '방아는 찧은 지 오래되었는데, 아직 택미擇米(쌀 고르기)하지 못했습니다'라고 답했다. 홍인은 주장자로 방아대를 세 번 치고 돌아갔다. 혜능이 그 뜻을 알아 삼경三更에 스승을 찾아뵈니 금강경을 설說하는데, '응당히 머무는 곳 없이 마음을 내어야 한다(응무소주이생기심應無所住而生其心)'에서 마침내 크게 깨달았다(대오大悟). 홍인은 혜능에게 의발衣鉢을 전하고 강남(양자강

남쪽)으로 가라 하였다. 혜능은 그 뜻을 좇아 강남으로 가 인종대사_{印宗}
_{大師}로부터 구족계를 받고 마침내 남종선_{南宗禪}의 선풍을 일으킨다.

이분이 곧 선종_{禪宗}의 마르지 않은 샘이 되어, 수많은 강을 만들고 마
침내 바다를 이루게 한 육조, 혜능대사다.

매춘 賣春

단 한 차례라도 살기 위해 정신을 놓아본 적이 있다면 창녀娼女를
욕해도 좋다.

___

●

세상 사람들이 별 가책을 받지 않고 욕하는 두 직업이 있다. 하나는 창녀이고
하나는 도둑이다.

도둑을 욕하는 것은 좋다. 그러나 자기의 본분을 지켜 남의 것을 부당하게 빼
앗아 보지 않은 자가 누구인가. 정치인들인가. 성직자들인가. 혹 교수들이나
변호사들을 말할 것인가. 그들은 다 낯색 하나 변하지 않고 남을 속이는 데는
이골이 난 사람들이다.

창녀? 이 시대에 진짜 몸을 파는 자는 창녀가 아니라 창녀를 욕하는, 바로 당신
들이다. 당신들은 단 한 번이라도 배가 고파 몸을 팔아 본 적이 있는가. 부모형
제를 위해 노동한 적이 있는가. 살아남기 위해 정신을 송두리째 놓아본 적이

진실의 적들

있는가? 그렇다면 창녀를 욕해도 좋다!

인기에 눈먼 여배우가 카메라 앞에서 벌거벗은 채 갖가지 자세로 성애性愛를 '연기'하는 것을 두고, 예술이라고 하는 변명에 수긍한다면(대부분 그런 영화는 그 장면이 없어도 전혀 지장 없다), 당신들은 왜 창녀들의 노동을 수긍하지 못하는가? 그 여배우는 인기를 위해 몸을 파는 것이 아닌가. 당신들은 꼭 생물학적 교접이 있어야 몸을 파는 것이라고 정의할 것인가. 마치 성기의 '삽입'이 있어야 간음이 된다는 형법전刑法典처럼. 그런 것인가? 당신들은. '삽입'이라는, 단순하고 과학적으로 명료한 행위가 매춘과 예술을 가르는 경계선이자 잣대라는 것인가.

오로지 일신의 영예와 몇 푼의 돈을 위해 권력에 몸을 판 자들은 이 논의에 낄 자격이 없다. 대부분의 공약이 거짓인데다, 출세에 눈먼 비서관들이 써 준 연설문이나 읽어대면서 검은 돈으로 배를 불리는 정치인들은, 정말이지 도둑이나 창녀를 욕해서는 안 된다. 최소한 도둑은 자신의 행위를 부끄러워하고 창녀는 그 '가격'만큼은 정직하다.

성직자? 내가 그들이 신의 종이라는 감언을 믿으라고? 신을 매일 죽이는 자들이, 신을 파는 일에 속은 체 하면 천국행 티켓을 준다는 것인가? 교회나 법당이 그들이 죽인 신의 무덤이 아니란 말인가. 헌금 받은 돈으로 자식에게 고대광실을 물려주는 것은, 자식이 신의 '손자'라서 괜찮다는 것인가.

교수들은 언급하기조차 역겹다. 학문적 신앙이라고는 눈곱만큼도 없이, 어디서 훔쳐온 지식으로 학자를 가장하다니! 그들의 논문들은, 대체 코끼리 다리를 만진 장님의 표현들과 무엇이 다른가. 아니면 늙은 과부가 옷을 갈아입고 처녀 행세를 하는, '눈 가리고 아웅'하는 표절로 가득 차 있다.

변호사들? 그들은 시체를 뜯는 하이에나에 불과하다. 그런데도 감동의 눈물을 흘리기까지 한다. 도대체 변호사들이 진실만 얘기한다고 믿는 판사가 단 한 명이라도 있다면, 나는 당장 내가 믿어온 모든 진실을 버리겠다. 그들은 다들 진실을 알고 있는 것이다! 그런데도 그들은 돈이라면 아내라도 팔아먹을 작자들이다. 그렇지 않고서는 방금 거짓말로써 승소한 법정의 문을 나오면서 어찌 그렇게 근엄한 표정을 지을 수 있단 말인가? 차라리 낄낄대는 것이 인간적이다.

내가 너무 심한 것인가? 그렇지 않다. 배운 자들의 허위의식은 무지한 자들의 허장성세보다 추하다. 지식인들보다 더 저급한 방식으로 몸을 파는 창녀는 없다. 지식인들은 자신의 쾌락을 위해 몸을 팔지만, 단언하건대 창녀들은 자신의 쾌락을 위해 몸을 팔지는 않는다. 매춘은 가장 정직한 직업이자, 가장 과장된 직업이다.

___1 나는 매춘이라는 단어에 주목한다. '봄'을 판다는 것, 그 '봄'은 봄이라는 계절에서 전의轉意된 젊음이라는 의미보다는 춘몽春夢에서 나타

나는 비의秘意처럼 '짧다'거나 '덧없다'는 의미와 춘색春色에서 결합되어 나타나는 불교적 함의含意, 즉 '색'이라는 욕망을 파는 것으로 이해한다.

'노류장화路柳墙花'란 말이 있다. 길 가의 버들과 담 밑의 꽃은 사람마다 쉽게 꺾는다는 뜻이다. 이 비유는 매춘을 참 낭만적으로 보고 있으니, 시대에 따라 사물이나 일을 대하는 태도는 참으로 다른 것이다.(버들에는 물 많은 냇가에 자라는 왕버들, 가지가 축 늘어져 버들의 상징으로 기억되는 능수버들과 수양버들 그리고 우리가 잘 아는 버드나무가 있다. 그 가지는 잘 휘어지고 흐느적여서 여자의 허리를 세류細柳 혹은 유요柳腰라고 불렀다)

버들이 소재가 된 노래로 경기민요 「흥타령」이 있다.

천안삼거리 흥, 능수야 버들은 흥, 제 멋에 겨워서 흥, 축 늘어졌구나
흥.

이 노래의 주인공은 '능소'라는 아가씨다. 천안삼거리는 서울에서 남도南道로 가다 보면, 청주 방면으로 문경새재를 넘어 영남으로 가는 길과 공주 방면으로 호남으로 가는 길이 갈라지는 삼거리다. 이러니 어찌 주막이 없고 기녀가 없겠는가. 이 삼거리에 한 홀아비와 어린 딸 능소가 살았는데, 홀아비가 병역兵役에 나서게 되자 능소를 주막에 맡겼다.(예나 이제나 힘없는 이는 군역軍役에 충실했다) 그는 버드나무 지팡이를 땅에 꽂고 '이 지팡이에 잎이 나면 돌아와 널 다시 만날 수 있다'고 했다.

세월이 흘러 능소는 아름다운 아가씨로 자라 기녀가 되었다. 마침 과거보러 가던 전라도 선비 박현수와 연이 닿았다. 박현수는 과거에 장원급제하였고 삼남어사三南御史를 제수 받아 남행하던 중 능소와 해후한다. 감격한 그는 위의 홍타령을 불러 노래의 연원이 되었다. 능소도 아버지를 만나 잘 살았다 하니 줄리아 로버츠Julia Roberts가 주연한 영화「귀여운 여인Pretty Woman」 같은, 조선판 신데렐라 이야기다.

이 홍타령의 묘미는 그 가락에 있지만, 가사 또한 묘한 마력魔力이 있다.

능수야, 버들은, 제 멋에 겨워서 축 늘어졌구나.('버들이'라고 하지 않고 '버들은'이라고 한 것에 유의하라)

능소에게 직접적인 사랑을 고백하느니, 축 늘어져 연한 바람에도 흔들리는 버들가지를 두고 제멋에 겨워 늘어졌다면서 자신의 심정을 버들가지에 치환시키는 화자話者의 이 대단한 정탄情歎을 보라. 「귀여운 여인」의 리처드 기어Richard Gere보다 얼마나 낭만적인가.

__2 일찍이 창녀라는 직설적인 용어를 쓰지 않고 '맵시 나는 여인'이란 뜻의 '자녀姿女'라고 하거나, 혹은 '논다니'라고 한, 선조들의 말씀새는 정말 대단하다. 창녀들 대부분은 정신까진 팔지 않는다. 그들은 가족들의 생계와 치료비를 책임지고 있는, 우리 시대의 '심청沈淸'이다. 그들은 돈

이 필요했을 뿐이다. 스스로 자진해서 정신까지 내다팔고 있는 진짜 창녀들이, 창녀들을 비웃고 있는 것을, 나는 도저히 참아줄 수가 없다.

귀중품 貴重品

사람들은 요긴한 물건은 버리면서 쓸모없는 물건은 오래 가지고 있다. 귀중품이란, 죽을 때까지 쓰지 않으면서 깊이 간수하는 것들이다.

●

귀중품이란 대개 재산적 가치가 대단히 높은 물건이다. 값비싼 보석이 대표적이다. 그런 귀중품은 잃어버릴 것을 염려하여 집 안 깊이 감춘다. 심지어 고가의 보석들을 금고 안에 넣어 두고 모조품을 하고 다니는 이들도 있다. 이 얼마나 우매한 인간인가. 감춰 놓을 물건에 굳이 돈을 쓰다니! 더욱이 그런 물건들이 요긴한 것도 아니다.

귀중품을 감추지 말라. 감춰둔 물건이 먼저 도둑맞는다. 도둑은 열리는 서랍보다 잠겨 있는 서랍을 먼저 뒤지는 법이다.

__1 진짜 귀중품은 돈으로는 결코 살 수 없는, 때로는 자신의 모든 것을

걸고 지킬 수밖에 없는 물건이다. 이 세상에 하나밖에 없는 물건. 대를 이어 물려받은 벼루 같은 것. 그런 물건은 가문의 '문장紋章'이요 역사다. 쇼팽F.Chopin 1810-1849의 유해 위에 뿌려진 고향 폴란드의 흙 한 줌. 그 흙은 폴란드의 영혼이자 쇼팽의 영혼이다. 그런 소중한 물건들은 누구에게나 있다. 그리고 그런 물건들은 대부분 교환가치가 크지 않다.

___2 곧 집이 무너진다면 당신은 집에서 무엇을 가지고 나올 것인가. 돈인가? 보석인가? 가장 비싼 물건을 들고 나올 것인가? 대부분의 사람들은 그럴 것이다. 그것이 우리들의 수준이다. 그러나 신앙심이 깊은 사람은 경전을 구할 것이고, 학자는 평생의 연구가 적힌 원고를 구할 것이다. 옛 추억이 담긴 앨범을 들거나, 사랑하는 이의 유품遺品을 든 사람도 있을 것이다. 사람마다 다 같지는 않을 것이다. 돈보다 더 중요한 것이 있다고 믿는 사람들은 생각보다 많다.

혹, 술 한 병 들고 나올 사람은 없는가? 나는 얼마 전 외신에서, 곧 무너질 아파트에서 맥주를 들고 나오는 남자를 보았다. 참으로 넉넉해 보였다. 선사들은 입적한 뒤에, 누더기 가사와 목탁밖에 남겨 놓지 않는다. 경허鏡虛는 간도에서 훈장 노릇을 하다가 제자 만공萬空이 선물했던 곰방대를 유품으로 남겼다. 그 가사와 목탁, 경허의 곰방대마저도 선사에게 귀중품은 아니다. 그분들의 '무소유'를 보면 우리의 헛된 탐욕이 몹시 부끄럽다.

__3 일반적으로 귀중품으로 분류되는 것 중에, '명품_{名品}'이라는 것들이 있다. 돈으로 살 수 있는 귀중품이다. 문자 그대로 이름난 물건을 말한다.

명품들은 장인_{匠人}들에 의해 만들어지고 비싸다. 진정한 명품이 되기 위한 필요조건은 오래 쓸수록 품위가 빛나야 한다는 것이다. 그저 비싸고 멋져 보일 뿐인 소모품들은, 사실 절대 명품의 반열에 오를 수 없는 물건들이다. 이를테면, 구두나 옷, 넥타이, 벨트, 화장품 같은 것들인데, 이런 유들을 명품이라 부르는 것은 고가에 팔기 위한 파리나 밀라노 사기꾼들의 상술에 지나지 않는다.(고가에 자신을 팔기 위해, 자신을 명품화하고 있는 인간들 역시 마찬가지다)

「악마는 프라다를 입는다 The Devil wears Prada」라는 영화(소설보다 영화가 더 알려졌다)는, 제목처럼, 권위와 부를 가진 명품족들의 악마성을 고발하는 무거운 영화는 아니다. 여주인공 앤드리아 삭스가, 화려하지만 공허한 인생보다 자신의 꿈인 저널리스트의 길을 찾는 결말도 너무 도식적이다. 그래도 명품으로 둘러싼 허상보다는 실질을 돋보이게 한, 권장할 만한 영화다.

그런데, 영화 제목에 차용될 만큼 '프라다'는 명품인가. '프라다'뿐 아니라 '샤넬 Chanel' '구찌 Gucci' '루이비통 Louis Vuitton' 상표가 붙은 옷이나 구두, 핸드백은 명품인가. 그것들은 사이비 명품에 불과하다. 그저 돈 자랑에나 알맞은, 전혀 실용적이지 못하고 별로 아름답지도 않은 물건을 명품이라 부를 것인가. 그렇다면 당신은, 돈의 노예이고 대중의 노예다.

명품이 되기 위한 충분조건充分條件은, 가격이 아니라 희소성이다. 그러나 그 어떤 명품이라도 제 임자를 만나지 못하면 명품으로 남을 수 없다.

기실 대부분의 명품이라 불리는 상품들은 대개, 돈밖에 자랑할 것도 없고 남에게 전혀 보여줄 것이 없는, 결코 명품에 어울리지 않는 '처량한' 사람들이 쓴다. 그런데다 그들은 그러한 명품의 상표와 자신을 동일시할 정도로 머리가 나쁘다. 나는 그 예로 '돼지 목에 진주목걸이'를 들겠다.

휴머니즘 Humanism

성직은 신을 믿는 직업이지 인간을 믿는 직업이 아니다.

●

인간을 믿는 성직자는 사이비다. 그는 사교邪敎에 종사하거나 권력에 봉사하는 사기꾼에 불과하다. 성직자는 신을 믿지, 인간을 믿지 않는다. 인간을 믿거나 이해해도 되는 종교는 없다.(이 당연한 사실은, 지금까지 많은 소설과 영화의 주제가 되어 왔다)

사실 어떤 성직자도 휴머니스트가 될 수 없다. 정확히 말하자면 휴머니스트가 되어선 안 된다. 휴머니스트가 되기 위해선 인간에 대한 사랑뿐 아니라 이해가 필요하기 때문이다. 성직자들은 인간을 사랑할 뿐 이해하지는 않는다. 종교란 신을 믿는 '집'이므로. 그리고 인간이 신의 복제가 아닌, 신과는 아무런 인연이 없다는 데서 휴머니즘이 출발하였으므로, 종교의 집이 아무리 은혜로 가득 차 있다 하여도 그곳을 지키는 성직자들이 휴머니스트일 수는 없다.

___1 좀 장황하더라도 휴머니즘의 탄생에 대해 쓰지 않을 수 없다. 워낙 휴머니즘에 대한 오해가 크기 때문이다.

휴머니즘의 출발을 대부분의 학자들은 르네상스Renaissance에 두고 있다. 르네상스는 흔히 문예부흥이라 하고 그 사상적 기저를 인본주의人本主義에 둔다. 르네상스는 중세 신본주의神本主義시대의 암흑기를 걷어내고 '인간의 재발견'과 '인간성의 해방'을 추구한 운동이다. 그러나 엄격히 말해 당시의 인본주의는 인간 중심의 완성된 사고가 아니다.

문예부흥이란, 그리스 로마시대 고전古典의 부활이다. 즉 그 바탕은 헬레니즘Hellenism의 부활인 것이다. 그러면 헬레니즘 시대에는 인간에 대한 이해가 있었는가? 소피스트sophist가 있었다. '만물은 변화한다'고 설파한 헤라클레이토스Herakleitos가 있었고 '인간은 만물의 척도'라고 했던 프로타고라스Protagoras가 있었다. '정의는 강자의 이익이다'라며 소크라테스Socrates의 '대화'에 끼어든 트라시마코스Trashimakos도 있었다. 그들이 말한 바는 전부 진리였다. 그러나 이들 소피스트는 이미 그 시대에 비주류非主流였다. 헬레니즘의 본류는 그리스 신화에서 벗어나지 못해, 인간을 신의 복제로 보고 신이 가르친 사고의 방식인 '이성理性 logos, reason'을 강조하는 것이다.(플라톤Platon이냐, 소피스트냐? 이 싸움은 오늘날에도 계속된다. 칼 포퍼의 『열린사회와 그 적들』을 읽어보라)

르네상스 이전의 서구는 철학의 암흑기다. 서구는 325년 제1차 니케

아공회의Nicaea 公會議를 기점으로 헬레니즘의 이성주의(플라토니즘Platonism)와 헤브라이즘Hebraism의 크리스트철학Christian Philosophy을 결합하여 지배도구로 사용했다. 교회와 제왕들은 인간이 '왜 사느냐' 하는 문제를 고민하는 것을 금기시했다. 권력을 쥔 교회에게 사람들은 단지 '어떻게 살 것인가'만 물을 수 있었다.(동양 역시 군주제와 계급제를 벗어나지 못했으나, 인간에 대한 이해의 성숙도는 서양에 비해 훨씬 깊었다)

이 길고 긴, '캄캄한' 중세에 르네상스 운동이 전개되면서 비로소 '인간의 시대'의 새벽을 열었던 것이다. 그러나 엄밀히 말해, 르네상스로부터 3백 년이 지난 1859년(프랑스혁명이 일어나고도 70년이 지나), 찰스 다윈C.Darwin 1809-1882이 쓴『종의 기원The Origin of Species』이 나올 때까지, 인간에 대한 진정한 이해와 연민은 없었다. 이 책이 나옴으로 해서 인간은 '신의 피조물'이 아닌, 독립된 개체로서 설 수 있게 되었다. 놀라운 과학혁명이자, 인간 정신의 혁명이다.

당시 기존 질서를 완전히 뒤엎는 불온서적이었던 이 책으로 말미암아 인간에 대한 이해가 비로소 시작되었고, 19세기 후반부터 '신의 시대'가 아닌, 진정한 '인간의 시대'를 열 수 있었다. 휴머니즘의 시대가 열린 것이다. 마르크스K.Marx 1818-1883는『자본Das Capital』을 썼고, 니체F.W.Nietzsche 1844-1900는『차라투스트라는 이렇게 말했다Also Sprach Zarathustra』를 썼으며 프로이트S.Freud 1856-1939는『꿈의 해석Die Traumdeutung』을 썼다.

그러나 휴머니즘 내부의 충돌은 역설적으로, 1,2차 세계대전과 대전 뒤에 냉전이라는 비극을 낳았다. 그래도 그 셋의 공은 크다. 그들이 쌓아 올린 산은 아주 높아, 아직은 범인凡人들이 쉽게 오르지 못한다. 그 셋을 역사적으로 정의하자면, 소피스트 이후 2천 년의 '철학적 암흑기'를 끝낸 '진정한 휴머니스트들의 탄생'이라 할 수 있다.(외관적으로 그렇다는 것이다) 마르크스는 공산주의자를 양산했고 니체는 현대 비판철학의 씨를 뿌렸다. 그리고 프로이트는 인간을 이성의 굴레에서 해방시키는 길을 열었다.

이 휴머니즘의 오해로 빚어지는 폐단 또한 만만치 않다. 심지어 사형제 폐지론자들이 그 근거로 휴머니즘을 드는 걸 보면, 학자들이 얼마나 인문학적 이해가 부족한지 개탄하지 않을 수 없다. 하긴 니체를 오해한 히틀러A.Hitler는 스스로 초인으로 여기는 착각까지 한 것이 아니던가. 그일은 결과적으로 니체에 대한 지워지지 않는 모욕이 되었다.(히틀러, 스탈린I.Stalin, 김일성은 '수용소'를 만든 '악마'들이다)

___2 사르트르J.P.Sartre 1905-1980는 1946년 『실존주의는 휴머니즘이다』라는 작은 책을 썼다. 사르트르에게서도 확인되듯이 휴머니즘은 무신론을 전제로 한다. 사르트르에게서 휴머니즘과 실존주의와 그리고 공산주의는 다음과 같이 연결된다.

사르트르는 키가 작았고 사팔뜨기였다. 함께 놀아줄 친구도 없었다. 어릴 때부터 끝없이 글을 쓰는 일은, 자신을 거부했던 현실세계에서 자유가 넘치는 상상 속의 세계로 탈출하는 작업이었다. 그가 겪은 고통스러운 추억은 자서전『말Les Mots』에 잘 나타나 있다. 이 작품이 나오면서 1964년 노벨문학상 수상자로 결정되었으나 그는 수상을 거절했다. 사르트르는 '부르주아적인 결혼'에 저항하면서, 학생시절 시몬 드 보부아르S.de Beauvoir 1908-1986와 '계약결혼'하여 동반자적 관계를 평생 유지했다.(이 책, '여자' 참조)

1929년 파리 고등사범학교를 졸업한 뒤 교사로 재직하면서 쓴 일기체 소설『구토La Nausee』는 '개인적이고 반사회적인 작품'으로, 그는 이 소설로 명성을 얻는다. 그 뒤 사르트르는 에드문트 후설E.Husserl의 현상학을 이어받으면서『존재와 무無』를 썼고 보부아르는『제2의 성性』을 썼다. 두 책은 모두 20세기의 명저名著로 꼽힌다.(명저라는 것이 아니다)

개인의 자유와 인간의 존엄을 옹호하던 사르트르는 2차대전 이후 사회적 책임에 눈뜨면서 가난한 사람과 노동자들, 온갖 종류의 불이익을 받는 사람들에게 관심을 가진다. 이런 관심으로 인해 그는 좌파가 되었다. 공산당에 가입하지는 않았지만, 소련을 찬양하고 마르크스주의Marxism가 유일한 철학이라고 믿었다. 나중 1956년 헝가리 부다페스트에 소련 탱크가 진입하여 자유를 짓밟는 걸 본 뒤 레닌에 대한 비판을 시작했지만, 사르트르는 좌익활동에 빠져 폭동을 위해 거리로 뛰쳐나가는 일을

멈추지 않았다.(오늘날 사르트르는 오히려 '행동하지 않은 양심'으로 비판받고 있다)

내가 갓 20대에 들어 나 역시 휴머니즘의 광풍에 휩쓸리던 청년이었을 때, 사르트르와 보부아르는 이미 '전설'이었다. 사르트르의 자유에 대한 동경과 저항정신보다도, 보부아르와의 '계약결혼'(그건 둘 다 혼외정사와 불륜으로 얼룩진 51년간의 '관계'였다)과 노동자와의 유대감을 위해 교사로서 넥타이를 거부한 행동 따위가 그를 '스타'로 만들었다. 철학자 들뢰즈G. Deleuze 1925-1995는 '다행히 우리에게는 사르트르가 있었다. 후덥지근한 좁은 방에 갇혀 있을 때 그는 신선한 공기였으며 뒷마당의 시원한 바람이었다'고 토로했다.

___3 인문학에 무지한 자들은, 휴머니즘이 마르크스주의와 연결되는 것이면 자본주의는 반反휴머니즘이냐고 묻는다. 그런 유의 질문은 대답하기가 매우 난처하다. 정치경제학과 철학사를 처음부터 설명해야 하기 때문이다. 일차방정식을 모르는 아이에게 미적분을 어떻게 풀이해 보일 것인가!

나는 자본주의라는 말을 싫어한다. 그 말보다는 현대 보수주의(전통적 보수주의와는 다르다)의 근본 핵인 자유주의라는 말을 더 좋아한다.(자유주의에는 현대 보수주의의 모태가 된 '고전적 자유주의'와 그런 고전적 자유주의가 발전해 빈부 격차의 해소를 위한 정부의 역할을 강조하는 '현대 자유주의Contemporary Liberalism'

가 있다. 우리가 '리버럴'이라고 부르는 이념은 이 현대 자유주의다) 자유주의의 한 축인 경제적 자유주의로 인해 자본주의가 발전했지만 오늘날 세계에서 순수자본주의는 사라지고 없다. 모든 문명국가는 정도의 차이는 있을지언정 소수자, 소외자, 경제적 약자를 위한 국가의 개입을 용인한다. '집단주의적 평등' 사고를 바탕으로 그 개입 폭을 넓혀 빈부 격차를 해소하자는 것이 서구의 진보주의Progressive라면, 국가의 간섭이 확대되면 집단성의 폐해가 나타나기 때문에 자유를 확대하고 정부의 개입을 줄이자는 것이 보수주의Conservative 다.(진보주의는 마르크스의 계급혁명과는 다르다)

2009년 5월 MBC '백분토론'에서 있었던 해프닝이다. 보수와 진보대$_\lambda$토론의 마지막 회였는데, 토론 도중에 진중권 중앙대 겸임교수가 보수 쪽에서 함부로 '좌파'를 재단한다는 뜻으로, 보수 쪽은 사회자인 손석희 성신여대 교수도 좌파라고 부른다고 하였다. 이에 손 교수는 자신을 걸고 들지 말라면서 굳이 말하자면 자신은 인본주의자라고 하였다. 이때 내가 '인본주의, 휴머니즘이 바로 좌파의 출발점'이라고 받아, 졸지에 손 교수가 '좌파'가 되고 말았다. 이 일합 겨루기 같은 해프닝이 이튿날 여러 매체에 실리는 바람에, 나의 본의와 상관없이, 좌파는 인간애 人間愛 가득한 휴머니스트가 되어버렸다. 이래서 방송에는 쉬운 말을 써야 한다.

___4 초기 나치당과 돌격대 대원 중엔 동성애자들이 많았다. 돌격대를 맡았던 에른스트 룀E.Röhm도 게이였다. 게이들은 게이와 레즈비언들의

권리를 옹호하기 위해 1897년 '과학적 인도주의 위원회'를 만들었다.

히틀러는 동성애를 불법으로 규정한 형법 제175조를 수정해 '법에 저촉된 남자 성기는 거세하도록' 했고 '만성 동성애자'는 노동수용소에 보내도록 했다. 이 법은 1969년까지 법전에 있었다. 자신의 라이벌로 성장한 룀을 히틀러는 동성애 혐의로 직접 체포해서 총살했다. 노동수용소에서 1만5천 명이 죽었으나 뉘른베르크 전범재판에서는 거론조차 안 되었다. 형법 제175조가 존재한데다 무엇보다도 연합국 장군들이 게이에 대한 지독한 혐오증을 가졌기 때문이다.

놀라운 것은 당시 동성애자들이 '과학적 인도주의'를 주창했다는 사실이다. 과학적으로 보면 동성애자들의 절반은 성정체성에 혼란을 겪는, 보호받아야 될 소수자이지만, 나머지 절반은 '성애대상자도착증'을 가진 정신병자들이다. 이들이 인도주의humanitarianism를 외치는 걸 보면, 휴머니즘이야말로 아무나 가져다 쓰는 '동네북'이 되고 있다.

인도주의는 휴머니즘의 실천적 사상으로, 모든 인간은 동등하다는 관점에서 인종 국적 종교 여하를 불문하고 사회적 약자를 구원하자는 박애博愛사상이다.

변호사 辯護士

변호사는 자신의 이름을 내건 직업 중에서 가장 비참하고 비겁하며 비극적인 직업이다.

●

변호사라는 직업을 두고 흔히 품위 있다고 생각하는 것은, 착각이다. 변호사는 모든 직업 중에서 유일한, '하이에나 같은' 직업이다. 그들은 고통을 받고 있는 자의 고통을 대신하는 자들이 아니다. 고통을 받고 있는 자에게 고통을 가중시킨다. 변호사는 죽은 자를 먹고 산다. 이미 죽은 자를 다시 죽이는 일을 너무나도 태연히 한다.

___1 대개 변호사들이란 거짓말을 하는 데 이골이 난 사람들이다. 변호사들에게 필요한 순발력은 법정에서 적시에 거짓말을 만들어낼 수 있는 능력이다. 이 순발력의 차이가 변호사들의 승패를 가르고 등급을 만든다.

그래도 이 정도는 봐줄 수 있다. 검찰과 법원의 고위직에 있었던 자들은 변호사가 되는 순간 선한 가면을 벗어던지고 아귀餓鬼가 되고 야차夜叉가 된다. 그들은 좀처럼 법정에 모습을 드러내지 않는다. 그럴 필요가 없기 때문이다. 전화 몇 통으로 죄 있는 자의 죄를 씻겨주고, 죄 없는 자에게 명예를 씌운다. 이런 '전관예우前官禮遇'를 부끄러워하는 '전관'들을 나는 여태껏 본 적이 없다. 그들이 선한 얼굴로 남을 꾸짖고 세상의 등불인 양 행세하는 걸 볼 때마다 나는 진저리를 친다!

___2 영국에는 '좋은 변호사는 나쁜 이웃이다.A good lawyer is a bad neighbor'라는 속담이 있다. 변호사는 자신의 이익과 권리를 조금도 침해받지 않으려 하는 족속들이기 때문이다. 그러니 좋은 평판을 가진 변호사일수록 함께 살기가 불편할 수밖에 없는 것이다. 굳이 영국 속담이 아니라도 변호사를 혐오한 글은 셀 수 없이 많지만, 변호사를 상찬한 글은 변호사가 쓴 글 외엔 없다.

___3 하이에나 직업을 더 꼽자면, 의사와 성직자를 꼽을 수 있다. 쇼펜하우어A.Schopenhauer 1778-1860가 이 세 직업에 관해 재미있는 글을 썼다.

의사는 인간을 약한 것으로, 변호사는 인간을 악한 것으로, 목사는 인간을 어리석은 것으로 본다.

음식을 가득 차려 놓은 식탁에 앉아서 자살을 말한다고, 『시지프 신화』에서 카뮈A.Camus로부터 조롱받았던 쇼펜하우어지만, 그는 정직한 눈을 가진 철학자였다.(쇼펜하우어는 가장 정직한 철학자, 가장 가식 없는 철학자로 평가받는다) 그러나 변호사들이여, 낙담하지 말라. 젊은 시절 변호사 사무실에서 사환으로 일했던 작가 디킨스C.J.H.Dickens 1812-1870는 훗날 변호사라는 직업을 짧게 촌평했다.

나쁜 사람들이 없다면 좋은 법률가도 없다.

악인들이 최소한 당신들의 숫자만큼 이 세상에 존재하고 있으므로, 당신들은 밥을 굶고 있지 않은 것이다. 악인의 숫자가 많으면 많을수록 당신들은 점점 더 부유해진다!

___4 도스토예프스키F.M.Dostoevskii 1821-1881는 『작가일기作家日記』에서 다음과 같이 썼다.

자기 자신의 양심과 신념에 반하고 온갖 도덕성과 온갖 인간성에 반해서 변호사들은 진실을 회피하고 발뺌을 하고 거짓말을 하고 있다. 그렇다. 그들은 정말이지 공짜로 돈을 받고 있는 것이 아니다.

이 말에 내가 무슨 췌사贅辭를 붙일 것인가.

신神

놀랍게도 신이 가장 잘 응답해 주는 사람은, 지극히 이기적이거나 남을 속이거나 힘없는 사람을 짓밟거나 거침없이 폭력을 쓰는 사람들이다.

●

신은 간절히 답을 기다리는 선량한 사람들에게는, 뒤돌아앉아 처음부터 듣지 않거나, 듣더라도 아주 늦게 답해 준다. 이것이야말로 신의 수치다. 신은 게으른 것인가? 아니면 선량한 사람들이 고통의 늪에서 허우적거리는 걸 즐길 정도로 가학적 성격인가? 고통받는 이를 위해 신이 늦게 응답한다고 하지 말라. 그런 변명은 신전의 사제나 하는 것이다. 진실로 신이 존재한다면, 신은 그 직책에 맞게 좀 더 부지런해져야 한다.

___1 모든 신은 인간의 형상을 하고 있다. 자유자재한 신이 왜 굳이 불편한 인간의 형상을 하고 있는가? 신도 무언가를 먹고 배설하며 생식을 위해 여신을 찾는 것인가? 그렇다면 그는 신으로 남아 영원히 영예를 누릴

수는 없다. 나는 다시 의문을 가지고 있다. 신이 우주와 만물을 만들었다면 왜 하필 인간에게만 자신의 형상을 베푼 것인가?

그리고 신이 있다면, 신이 한 분이든 열 분이든, 셀 수 없이 많아서 도시를 이루고 살든, 신이란 완전무결한 존재들이므로 직무를 게을리 할 까닭이 없다. 왜 신은 즉각적인 응답을 하지 않는 것인가?(오늘날 거의 모든 종교는 유일신이다. 세상에서 가장 오래된 '종교적 경전'이라고 할 수 있는 '브리하다란야까 우파니샤드'에 나오는 '창조'에 대한 설명 역시 신은 여러 모습으로 등장하지만 '브라흐만'이라는 유일신으로 귀결된다) 신이 도대체 무슨 생각으로 인간을 시험에 들게 하는 데 재미를 붙인다는 말인가? 신이라는 직업은 그렇게 제멋대로인가?

___ 2 칸트I.Kant 1724-1804의 『순수이성비판』 중 「선험적원리론」 제3장 제5절은 '신의 존재에 관한 우주론적 증명의 불가능성에 대하여' 쓴 에세이다. 신의 존재에 대한 의심을 이처럼 명료하게 반박한 철학자는 없다. 그렇다. 신은 있다! 굳이 칸트의 난삽한, 지나치게 사변적인 글을 끌어오지 않더라도 신은 분명히 존재한다. 신이 없다면, 도대체 무엇이 있다는 것인가? 무신론자들은 이 명제에 대한 답변부터 해야 한다.

신의 존재가 우주론적이든 현상계에 근거한 것이든, 선험적이든 이상론이든 증명될 수 있다면, 철학哲學은 사라지고 종교만 남는다. 마치 물리학이 천체물리학이든 양자론이든 가설에 그치지 않고 증명되어 버린다면, 그래서 물리학이 고등학교 교실로 전락한다면, 신학神學과 함께 신이 사라질 것처럼. 이것이야말로 공포의 미래다. 근원이 해결된 다음의 세계는, 정신적인 공황이 휩쓸고 간 뒤의 황량한 폐허가 될 것이다. 나는 정말이지 과학이 두렵다!

___3 신이 인간을 창조한 것이 아니라, 인간의 필요에 의해 신이 창조되었다 하더라도 신은 영원불멸이다. 신이 부재한다면 인간은 무의미한 존재로 추락할 것이기 때문이다. 그러므로 신은 있어야 한다. 니체F.W.Nietzsche는 차라투스트라의 입을 빌려, '우리 모두가 신을 죽였다'고 했지만, 그건 '자신이 앉아 있는 의자의 다리를 톱질하는' 것이다. 신이 없다면, 죽일 수도 없다! 니체의 말대로 '진리가 없다'면, 오류 또한 없다. 니체는 기독교는 '가장 치사하고 유혹적이며 치명적인 사기극'이라고 질타했다. 그러나 그 본의는 기독교, 더 나아가 종교에 대한 사면赦免임을 나는 안다.

유한한 인간이 궁극적으로 지향하고 있는 존재가 바로 신이다. 그렇다. 신으로 나아가는 길이 곧 인생이다!

칼

바보는 항상 칼을 차고 다니지만, 현인은 언제나 칼을 숨기고 다
닌다.

●

바보는 늘 자신의 무기를 드러낸다. 조직폭력배들이 칼 같은 흉기를 자랑스레
내보이는 것과 같은 이치다. 노출된 칼은 쉽게 녹스는 법. 그래서 바보의 칼은
쉽게 녹슬고 무디어져 결국 아무것도 베지 못한다. 그러나 현인은 자신의 무
기를 늘 감추고 있다. 현인의 칼은 언제나 예리하여 가장 부드러운 비단도 베
는 것이다.

___1 무딘 칼은, 썩은 고기를 자를 때도 피를 묻힌다.(이런 짓을 한 자들이 이
나라의 역사를 만들었다. 그들은 개새끼들이다!) 그러나 현인의 칼은, 늘 칼집에
숨어 있다가 마침내 뽑혀져 사람을 벨 때 검광만 흐를 뿐 피 한 방울 묻
히지 않는다. 베인 자는 목이 떨어질 때까지 자신이 베인 것을 모른다. 그

극치의 검이 바로 심검心劍이다.

가끔 평범한 이도 한恨을 가지면 '작은' 심검을 가지는 바, 나에게 '과연 그런 심검이 무엇이냐'며, 다시 그 예를 묻는다면 '여인이 한을 품으면 오뉴월에 서리가 내린다'로 답하겠다.

___2 잘 벼린 칼은 예도銳刀다. 이에 비해 벼리지 않아 날카로움을 잃은 칼은 둔도鈍刀다. 일본 전국시대 동해도 제일의 무사로 불리던 이마가와 요시모토今川義元 1519-1560는 다케다 신겐武田信玄 1521-1573의 누이를 아내로 맞으면서 소자사몬지宗三左文字라는 칼을 선물 받는다. 2자 6치에 이르는 그 긴 칼을 찼던 이마가와는 오다 노부나가織田信長 1534-1582에게 단칼에 쓰러졌다. 오다는 '좋은 칼은 주인을 지키는 칼'이라는 말을 남겼다. 아무리 예리한 칼이라도 주인의 몸에 맞지 않아 결과적으로 주인을 지키지 못했다면 그건 둔도에 불과하다는 것이다.

그러나 예도보다 정말 무서운 칼은 둔도다. 둔해 보이는 칼은 누구도 경계하지 않는다는 뜻이 아니다. 둔한 칼로써 적을 벨 수 있는 자가 검객으로서 고수라는 뜻이다.

___3 아라비아에서는 칼의 예리함을 알기 위해서는 가장 부드러운 실크

를 허공에 던져 칼 위에 내려앉을 때 어떻게 잘리는가로 시험한다. 실크의 부드러움을 시험할 때엔 가장 예리한 칼 위로 그 실크를 내려앉게 한다. 극치의 부드러움을 가진 실크는 가장 날카로운 칼로도 잘리지 않는다. 아라비아 판 '모순矛盾'이다.

___4 칼을 좋아하는 문왕文王에게 장자莊子가 칼에 대해 말한 것이 『장자』「설검편說劍篇」에 있다. 그 요지는 다음과 같다.

> 문왕이 세 가지 칼에 대한 얘기를 청하자, 장자는 천자天子의 칼과 제후諸侯의 칼과 서인庶人의 칼이 다 다르다고 하였다. 즉, 천자의 칼은 제후들로 이루어진 칼이고, 제후의 칼은 선비들로 이루어진 칼이며, 서인의 칼은 싸움에 나서 적을 찌르는 데 쓰이는 칼이다. 따라서 천자인 문왕이 서인의 칼을 좋아해서는 안 된다.

무릇 다스리는 자에게는 사람이 곧 칼과 같은 도구이다. 장자가 말씀한 칼을 오늘날 위정자들이 제대로 알았으면, 백성들이 이리 고단하지는 않을 것이다.

간통 姦通

대개 간통은, 간통이 아니다. 사랑의 배신이 아니기 때문이다.

●

간통이 되려면, 진정한 사랑이 전제되어야 한다. 간통은 '사랑에 대한 배신'이어야 하기 때문이다. 이상李箱은 「정조貞操」에서 '정조는 금제禁制가 아닌 양심이다. 이 경우의 양심이란 도덕성에서부터 우러나오는 것을 가리키지 않고 절대적 애정 그것이다'라고 썼다. 우리는 오랫동안 간통죄의 존치를 두고 논쟁을 벌여왔다. 사적인 '성적性的자기결정권'을 국가가 규제할 수 있는 것인가가 논란의 핵심이다. 웃기는 건 논쟁에 가담한 이들의 성향이다. 간통을 죄라고 여기는 자는 간통죄를 형법전에서 빼자고 하는데, 간통이 죄인가를 의심하는 자는 그대로 두자고 한다.

___1 불륜不倫은 서로에 대한 연민에서 시작된다.

그렇지 않은, 단순한 욕정으로 인한 간통은 성의 탐닉_{耽溺}에 불과한 것으로 불륜조차 되지 못한다. 거기에 윤리적인 어떤 판단도 할 여지가 없기 때문이다. 불륜이라고 부를 수 있는 간통은 절대 사랑해선 안 되는 남녀가 서로의 상처를 핥아주는 행위다. 우리가 간통이라고 정의하는 행위의 대부분은, 불륜이 아닌, 욕정의 거래에 불과하다.

___2 구약성서 「잠언」에는 놀라운 아포리즘이 있다.

훔친 물이 더 달고 몰래 먹는 떡이 더 맛있다.(9:17)

남의 아내를 범하는 일은 '훔친 물'을 마시는 일이요, '몰래 먹는 떡'이 되는 일이다. 중국에서는 '일도이승삼랑사비오기육첩칠처—盜二僧三娘四婢伍妓六妾七妻'라는 저급한 말이 전해진다.('일도이랑삼기사첩오처'라고 줄여 쓰기도 한다) 이 역시 남의 아내를 훔치는 것을 남자의 성희 중에 첫째로 하였으니 동서를 막론하고 인간의 본성은 다르지 않다는 걸 알 수 있다.

___3 육체로 하는 간통보다 더 무서운 간통은 '정신의 간통'이다.

말의 간통, 느낌의 간통, 생각의 간통을 지나면 '정신의 간통'에 이른다. 몸은 여기 있어도 정신은 다른 이에게 있다. 설령 육체적 교접은 없다

진실의 적들

해도 그런 간통은 '지독한 간통'이 된다. 그런데도 사람들은 육체적 간통을 잣대로 죄를 따진다. 도대체 육체의 무엇이 소중하여, 정신을 더럽혀도 육체만 온전하면 깨끗하다는 것인가.

___4 신약성서 「마태복음」에는 '누구든지 여자를 보고 음란한 생각을 품는 사람은 벌써 마음으로 그 여자를 범했다'고 하고 있다.

우선 이 말씀은 중대한 오류가 있다. '음란한 마음'과 '마음으로 범하는 것'을 구분한 것이 바로 그것이다. 섹스와 연관되지 않은 음란한 마음이란 없다! 결국 그 둘은 같은 것이다. 예수가 진정 하고 싶었던 말씀은 '누구든지 여자를 보고 마음으로 범한 자는 이미 그 여자의 육체를 범한 것과 같다'일 것이다.

그리고 이 말씀이 진리라면 세상의 남자들은 거의 다 지옥불에 던져져야 할 것이다. 사람은 결코 완전한 동물이 아니다. 나는, 매혹적인 여자를 보고도 음란한 생각을 품지 못하는, 차가운 감성을 가진 자를 벗으로는 삼지 않겠다. 그런 자를 친구로 두어 무슨 지혜를 빌릴 수 있을 것인가.

눈물

인간이 신과 다른 점은 언제나 울 수 있다는 것이다.

●

인간의 감성의 뿌리는 슬픔이다.(작가 박경리 선생께서 일찍이 강조하신 적이 있었다) 그것이 슬픔 따위를 오래 전에 초월한 신과 다른 점이다. 슬픔은 눈물의 원천이다. 그러나 인간이 흘리는 많은 눈물 가운데 회한悔恨의 눈물만이 진하다. 뉘우침이 수반되지 않은 단순한 슬픔은 결코 진한 눈물을 만들지 않는다.

__1 인간은 슬퍼도 울고 기뻐도 울며, 아파도 울고 고통으로 울며, 분노를 못이겨 울기도 한다. 매운 음식을 먹으면서 울고, 하품을 하면서 운다. 인간은 동물 중에 웃을 줄 아는 유일한 동물이라고 하지만 그건 오류다. 모든 동물은 웃는다. 다만 얼굴에 웃음을 표현하는 근육이 없을 뿐이다. 동물들도 울지만 인간이 동물과 다른 점은 '언제나' 인간은 울고 있다는

것이다. 그리고 인간은 그 눈물을 닦을 줄 안다는 것이다. 내가 관찰하기로는, 동물 중에 눈물을 닦거나 감출 줄 아는 동물은 인간뿐이다. 더군다나 인간은 눈물을 '삼키기까지' 한다.

____ 2 눈물에 관한 좋은 아포리즘이 있다.

니체F.W.Nietzsche 1844-1900는 『인간적인, 너무나 인간적인』에서 '남자는 상대방에게 고통을 주었다고 생각할 때 운다'고 하였고, '탈무드'는 '기도 앞에 천국의 문은 닫혀 있어도, 눈물 앞에는 열려 있다'고 하였다. 니체야말로 눈물의 진정성에 대해 고민한 철학자다.

「법구경法句經」에는 '남에게 고통을 주어 자신의 즐거움으로 삼는 자는 원한의 사슬에 얽매여 벗어날 기약이 없다'고 했다. 죄를 짓고 제대로 울지 않는 자는 이미 인간이 아니다. 굳이 원한의 사슬에 얽매이지 않아도 그를 옭아맬 사슬은 많다.

____ 3 눈물은 참는 것이다. 인간은, 오랜 인내 뒤에 일을 마쳤을 때, '참았던 눈물'을 흘린다. 그리고 그런 눈물들은, '감동의 눈물'이 되며, '뜨거운 눈물'로 묘사된다. 그러나 진정 진한 눈물은, '회한의 눈물'이다. 환희나 감동에 의한 눈물은 묽다. 회한에 의한 눈물이야말로, 인간이 일생에 한

번 우는 눈물이요, 보석 같은 눈물이다.

___ **4** 악어의 눈물crocodile tears은 이집트 나일강에 살고 있는 악어가 사람을 잡아먹고 눈물을 흘린다는 전설에서 유래하여, 셰익스피어W.Shakespeare 1564-1616가 『햄릿』과 『오셀로』 등에서 인용하면서 널리 알려진 말이다. 이 악어의 눈물은 위선僞善의 눈물이다. 실제 악어는 먹이를 삼키기 위해 수분을 보충시키는 방법으로 눈물샘과 연결된 신경을 움직인다. 악어의 눈물은 위선의 눈물이라기보다, '포식자의 눈물'인 셈이다. 내가 본 대부분 정치인들의 눈물은, 악어의 눈물이지, 인간의 눈물이 아니다. 나는 악어의 눈물을 집단적으로 흘린 사건으로, 2003년 벌어진 탄핵결정 때 의사당에서 야당의원들이 애국가를 부르며 흘렸던 눈물을 꼽겠다.(내가 2003년 중앙일보에 연재했던 '시대읽기' 중 '침묵하는 다수를 두려워하라'를 참조하라)

2인자二人者

권력의 2인자로 불리는 자나 스스로 2인자라고 여기는 자는 지능
이 아주 낮은 주구走狗에 불과하다.

●

2인자를 부러워하지 말라. 2인자는 가장 비극적인 권력자다. 그는 늘 처형과
불명예의 늪이 널려 있는 벌판을, 안대로 눈을 가린 채 걷고 있다.

____1 여기에 저 유명한 경구 '토사구팽兎死狗烹'의 어원이 된 범려의 고사를
줄여 첨添하기로 한다.(토사구팽에 대한 두 번째 전례는 한신韓信의 고사故事이다)
원전은 사마천司馬遷의 『사기史記』「세가世家 월왕구천越王句踐」편에 있다.

월나라의 범려范蠡는 구천을 도와 20년 만에 오吳나라의 부차夫差를 죽
인 뒤 오나라를 평정했다. 구천은 주실周室에 공물을 바치고 패자霸者라
는 칭호를 받았으며 스스로 패왕霸王이라 불렸다. 이 무렵 범려는 몰래

구천을 떠났다. 그는 나라를 둘로 나누어 다스리자는 구천의 제의조차 거절했다. 그는 제濟나라로 옮겨가 월나라에 남아 있던 대부 문종文種에게 편지를 썼다.

'바퀴살새가 사라지면 좋은 활을 거두어 넣고, 교활한 토끼가 죽으면 따르는 개를 삶습니다.(비조진 양궁장 교토사 주구팽蜚鳥盡 良弓藏, 狡兎死 走狗烹) 월왕은 목이 길고 까마귀의 부리처럼 입이 튀어나오고 검습니다.(월왕위인 장경오훼越王爲人 長頸烏喙) 고생은 같이 할 수 있어도 기쁨은 남과 나누지 못할 것입니다.(가여공환난 불가여공락可與共患難 不可與共樂)'

편지를 받고 크게 깨달은 문종은 칭병하고 칩거했다. 그러나 구천에게 누군가가 이를 참소했다. 구천은 문종에게 문병을 가서 다음과 같이 말했다.

'귀공은 오나라를 토벌하는 비결이 일곱 가지라고 말했으나 내가 실제 쓴 것은 그중 세 가지다. 나머지 넷은 귀공의 가슴속에 있다. 이제는 돌아가신 선왕先王 곁에 가서 그것을 시험해 보는 것이 좋겠다.' ('저승에 가서 선왕을 만나, 저승에서도 오나라에 복수해 달라'는 취지다)

구천이 떠난 자리에는 촉루검屬鏤之劍이 놓여 있었다. 문종은 그 검으로 스스로 목숨을 끊었다.

촉루는 일찍이 오나라 명장名匠 구야자歐冶子가 만든 명검으로서 오왕 부차가 2인자였던 오자서伍子胥에게 내려 자결하게 한 칼이다. 그러니까 촉루는 2인자를 둘이나 죽인 모진 칼인 셈이다.

2인자의 비극을 진작 알았던 범려는 나라를 반씩 나누자는 구천의 호의조차 뿌리친 채 도망쳤고, 그걸 알지 못했던 문종은 죽었다. 범려는 사리事理를 안 것이다. 범려가 문종에게 보낸 편지에서 '토사구팽'이라는 말이 나왔다. 또한 구천을 비꼰 '장경오훼'라는 말도 두고두고 인구에 회자되어 '목이 길고 입이 튀어나온 사람'의 평판에 쓰였다.

___ 2 독자들이여, 무릇 힘들여 권력을 잡은 자일수록 권력을 잡기까지 가장 큰 공을 세운 아랫사람을 버리는 법이다. 2인자가 자기의 권력을 훼손하거나 훼손할 것이라고 믿기 때문이다. 이 나라가 민주화가 된 뒤 2인자 혹은 후계자가 어느 권력 아래서든 제대로 키워진 적이 있던가 생각해 볼 일이다.(독재자는 권력훼손을 염려해 2인자를 키우지 않는다. 그러나 민주적 정부는 '2인자'라고 불리는 후계자들을 길러낸다. 인적 자원이 풍부할수록 국민의 선택 폭이 넓어지고 민주주의는 튼튼해진다) 더욱 실세니 2인자니 하면서 떠벌려졌던 자들은 하나같이 2인자가 아니었으며, 지능 낮은 주구走狗에 불과했다.

___**3** 형편없는 조직의 2인자는 1인자에게 절대적 충성을 다하면서 부하들에게는 혹독하다. 2인자로서 살아남는 비결이지만 그런 조직은 실패한다. 2인자에게 필요한 두 가지 요소는 겸양과 성실이다. 그러나 이 두 가지는 원래 1인자의 덕목이지 2인자의 것이 아니다. 2인자에게 진짜 필요한 것은 살아남는 지혜인 것이다.

역사상 가장 성공한 2인자는 주은래周恩來 1898-1976다. 그는 모택동毛澤東 1893-1976을 도와 중국 공산혁명을 완성했다. 27년간 모택동 아래 2인자로서 거의 잠을 자지 않고 일했던 그가 1976년 죽었을 때 남긴 유산은 단돈 5천 위안이 전부였다. 죽기 전에 그는 친척들이 북경에 오지 말 것과 오더라도 정부에서 한 푼도 지원받지 말 것을 당부했다. 그가 죽자 유엔 사무총장 발트하임K.Waldheim은 조기를 내걸 것을 지시했다. 이에 반발하는 국가들에게 발트하임은, 중국이 금은재화가 부지기수인데 주은래가 한 푼의 저축도 없었으며 중국의 인구가 10억인데 주은래는 한 명의 자식도 없다며, 앞으로 어느 나라 원수든 이 두 가지 중 한 가지에만 부합해도 유엔은 조기를 걸 것이라고 답했다.

핑퐁외교로서 중국과의 국교를 다시 열었던 리처드 닉슨R.Nixon 대통령은 '모택동이 없었으면 중국 혁명은 결코 불붙지 않았겠지만, 주은래가 없었다면 그 불길은 다 타서 재가 되고 말았을 것이다'고 했다.

진실의 적들

소설 小說

소설의 주인공은 정상인正常人이 아니다. 사람들이 비정상적인 인물에 빠져드는 것은, 자신은 절대 할 수 없는 행동을 하기 때문이다.

●

소설에 대한 몇 가지의 오해가 있다. 그 첫째는, 소설이 허구虛構라는 것이고, 둘째는 소설에 등장하는 인물들이 정상인正常人이라는 것이고, 셋째는 소설이 예술이라는 것이다.

___1 팩트fact가 아니란 뜻에서는, 소설이 허구라는 말이 맞다. 그러나 소설은 허구가 아니라, 있었던 이야기거나, 있었다고 알고 있는 이야기거나, 장래 있을 법한 이야기를 흥미롭게 배치한 것이다. 그것들은 전부 사실이거나, 사실을 약간 변형變形, transformation 했거나, 곧 사실이 될 근거 있는 것들이다. 대부분의 소설가들은 '변호사들처럼' 전혀 없는 사실을 창조할 정도로 머리가 우수하지 않다. 소설가들이 작품 속에 등장한 인물

이 특정인을 왜곡해 묘사했다는 이유로 명예훼손 등으로 공격받을 때 흔히 허구라고 변명하는 것은, 따라서 참으로 뻔뻔스러운 행동이다.

___2 정상인을 주인공으로 쓰는 순간 그 소설은 소설이 아니다.

단언하건대 정상인을 그린 소설은 없다.(미국 대중작가 시드니 셸던S.Shel-don은 소설『거울 속의 이방인A stranger in the mirror』에서 90%의 인간이 정신질환을 가지고 있고, 그 나머지 10%도 멀지 않아 정신질환을 가질 사람이라고 했다) 소설이든 영화든, 등장인물이 비정상적일수록 재미있고, 평론가들로부터 높게 평가받는다. 이런 비정상인들을 그리면서, 사건조차도 아무런 인과관계가 없이 배치되는 경우가 있다. 비정상인들이 벌이는 사고事故와 그들의 행위로부터, 그리고 도저히 일어날 확률이 없는 사건으로부터 독자들이 감동을 받고 무얼 배운다는 것은, 그런 소설 속의 사건처럼 매우 놀라운 일이다.

하긴 정상인에 대한 평범한 이야기들을 돈을 내고 사 볼 사람이 어디 있겠는가.

___3 소설이 예술이라면 그 많은 문학평론가들은 먹고살 수 없었을 것이다. 왜냐하면 예술은, 논리logic로 이루어지는 것이 아니어서, 논리적으로 굳어진 평론가들의 머리로는 결코 평론할 수 있는 것이 아니므로.

안목 眼目

개도 주인의 안목을 알아본다.

●

내가 기르는 진돗개 암놈은, 내 집 마당에 던져지는 편지 신문 광고지 등을 검문한다. 개는, 주인인 내가 읽는 신문이나 편지 등은 절대 물어뜯지 않고 무사 통과시킨다. 그러나 주인이 거들떠보지 않거나, 않아도 되는, 신문이나 광고지는 어김없이 걸려든다. 그리고 개의 평가는 참으로 냉정하고도 철저하다. 하도 발기발기 찢어 재조립은커녕 조각들을 줍기조차 어렵다. 더군다나 그 조각들은 온 마당에 골고루 분산되어 있는 것이다.

나는 소나무 밑과 국화 사이를 엉금엉금 기면서 찢어진 종잇조각들을 줍는데, 그럴 때마다, 개의 안목이 무섭다. 아, 개가 나보다 세상을 먼저 안다!

___1 안목이라 함은 사물을 분별하는 눈을 가리킨다. 그런데 그때 사물을 분별하는 것은 그 사물의 미래를 보는 것이지, 과거를 보는 것이 아니다. 좋은 안목은, 사실 사람의 제일 중요한 덕목이요, 자질이다. 그 안목을 가진 자를 알아보는 혜안慧眼이 또한 안목이다. 내가 개의 안목을 알아본 것 역시 안목인 것인가. 아, 그렇다면, 내가 윗글에서, 감히, '개의 안목'이라고 한 것은, 세상 사람들을 우습게 본 나의 방자함이다. 그저, '개의 식견識見' 정도로 적어야 했다.

___2 제齊나라의 환공桓公에게서 목숨을 구하고 나서 그 신하로 들어가, 환공을 춘추시대 첫 패자霸者로 만들었던 관중管仲은, 포숙鮑叔이라는 출중한 안목을 가진 벗이 있었다. 그리고 그런 포숙의 안목을 정확히 알아본 환공의 혜안이 없었다면, 후세에 어찌 관포지교管鮑之交라는 말이 전해졌겠는가.

관중은 포숙의 안목을 다음과 같이 말한다.

옛날 내가 가난했을 때 포숙과 더불어 장사를 했다. 이익이 나서 나눌 때, 내가 많이 가진 걸 포숙이 알았을 때도 포숙은 나의 욕심을 꾸짖지 않았다. 나의 가난을 알았기 때문이다. 또 내가 그를 이름나게 하려다가 일을 그르쳐 그가 곤경에 빠진 적이 있었는데, 포숙은 나를 바보라고 나무라지 않았다. 모든 일은 잘 될 수도 있고 그렇지 않을 수도 있다는 것을 알았기 때문이다. 또 내가 세 번 싸워 모두 패해 달아 났지만, 포숙은 나를 겁쟁이라 비난하지 않았다. 내게 늙은 어머니가 있는 것을 알았기 때문이다. 공자 규가 환공에게 패해서 나는 잡혀 욕된 몸이 되었지만, 포숙은 나를 부끄러움을 모르는 자라고 욕하지 않았다. 내가 작은 일보다 천하에 뜻을 펴지 못하는 것을 부끄러워하는 줄 알았기 때문이다.

관중은 '나를 낳아준 사람은 부모지만 나를 알아준 이는 포숙이다(생아자부모, 지아자포숙 生我者父母, 知我者鮑叔)'라고 하였다.

세리 税吏

생선가게를 지키는 고양이에게 생선을 먹지 않게 하는 유일한 방법은 미리 고양이를 포식 飽食시키는 방법 외엔 없다.

●

고양이에게 생선가게를 맡기면서 고양이가 생선을 먹지 않기를 기대한다는 건 참으로 어리석은 일일 것이다. 사람에게 돈을 지키게 하는 것이 고양이에게 생선을 지키게 하는 것과 무엇이 다른가? 나쁜 고양이일수록 눈치채지 않게 생선을 먹어치운다.

___1 세리와 형리 刑吏들에게 정직을 기대한다는 것은, 제비족에게 윤리를 기대하는 것이나 건달들에게 신사도를 기대하는 것과 같다. 그들은 그들이 함양한 정신에 비해 너무 무거운 일을 한다.

문득, 세리나 형리를 선한 인간으로 묘사한 문학작품이 있는지에 대한 의심이 들었다. 없었다! 세리나 형리로서, 청백리의 반열에 오른 자가 있던가?(중국에 '포청천_{包靑天}'이 있다고? 송나라 때 포청천으로 불렸던, 포증_{包拯}은 형리가 아니라 판관이다) 과문_{寡聞}인지, 없었다! 그렇다면, 세리나 형리라는 자리는 결코 탐해서 안 되는, 업보_{業報}를 만드는, 업보의 자리다.

___2 나는 여기서 세리와 형리들을 위로하기 위해, 정약용_{丁若鏞 1762-1836}이 쓴 『목민심서_{牧民心書}』의 한 구절을 들려주겠다.

> 각자의 생업에 힘써서 위를 섬기는 일을 하는 사람들을 백성이라고 하고, 백성을 어루만져주는 사람들을 선비라 한다. 선비는 벼슬하는 사람이다. 그러니 적어도 벼슬하는 사람이라면 어느 벼슬임을 가리지 않고 다 백성을 어루만져주는 사람이다. 모두가 목민관_{牧民官} 아닌 것이 없다.

나는 다시 에리히 프롬_{E.Fromm 1900-1980}의 노작 『소유냐 삶이냐』의 한 구절을 첨_添하겠다.

> 아이히만은 관료의 극단적인 예다. 아이히만은 유대인이 미워서 수십만의 유대인을 가스실로 보낸 것이 아니다. 그는 누구를 미워하지도 사랑하지도 않았다. 아이히만은 다만 의무를 다했을 뿐이다. 그는 유대인을 죽음으로 몰아넣을 때 마치 그들을 독일로부터 신속히 이민

시키는 책임을 맡았을 때처럼 의무에 충실했던 것이다.

칼 아이히만Karl Adolf Eichmann 1906-1962은 나치스의 친위대 중령이다. 그는 히틀러A.Hitler 1889-1945의 인종주의 정책에 따라 독일과 독일 점령지의 유대인들을 체포하여 강제이주 시켰다. 아이히만은 전후 아르헨티나로 도망쳐 리카르도 클레멘트라는 이름으로 자동차 기계공 일을 하면서 숨어 살았으나 1960년 5월 모사드에 체포되어 이스라엘로 압송되었고 1962년 5월 교수형에 처해졌다.

정약용은 관리의 본분이 백성을 위한 것임을 강조한 것이요, 에리히 프롬은 이 비극적인 아이히만의 예로써, 명령에 충실할 수밖에 없는 '직책의 결과적 책임'을 말한 것이다. 관리들이 아무런 인간적인 연대감도 없이 의무를 다하는 것만으로도, 잔인할 수 있고 도덕적으로 완벽히 타락할 수 있다는 사실은 실로 끔찍한 일이다. 그렇다. 오늘의 세리들이 얼마나 잔인한지를 생각하라. 그리고 오늘의 형리들이 얼마 되지 않는 권한을 남용하여 스스로 더욱 권세를 부리는 것을 보아라.

___3 모름지기 세리든 형리든 백성의 편에 서야 한다. 그건 자기들이 다루는 사람들을 '물건이 아닌' 사람으로 보는 일이다. 그러나 그들은 그렇게 하지 않는 것이 자신들의 의무와 책임을 다하는 것으로 생각한다. 다시 에리히 프롬의 『소유냐 삶이냐』에 있는 글을 옮긴다.

관료주의적 방법은 첫째 인간을 물건처럼 다루고, 둘째 수량화數量化와 통제를 보다 쉽고 값싸게 하기 위해서, 이 물건을 질적인 면보다는 양적인 면으로 다루는 것이라고 정의될 수 있다. 관료주의적 방법은 통계자료에 의하여 지배된다.

여론 輿論

대부분의 여론은 특별한 의도를 가지고 만들어 낸 것들이다. 그런데 이런 여론에 가장 빨리 속는 자가 바로 그 여론을 만든 정치인과 언론인이다.

•

정치는 '대중조작 大衆操作 mass manipulation'을 하는 작업이다. 정치인들이 뻔뻔스럽게도 '정치는 예술'이라고 하는 이유다. 대중조작이란 사전적으로는 정치권력이 강제력을 쓰지 않고 대중을 조종하여 정치적 목적을 달성하는 것을 말한다. 대중은 익명 匿名의 권위에 이끌려서 자신도 모르게 선동되어 획일화된다.

민주주의의 가장 큰 함정은 중우정치 衆愚政治다. 오늘날 미디어를 통한 광범위한 대중조작은 '필연적으로' 중우정치를 낳는다. 그런 대중조작의 첫 단계가 여론조작이다. 정치인들은 언제든 여론조작이 가능하다고 믿기 때문에, 누구보다도 먼저 대중을 오해하게 되고, 언론인은 드러난 사실(팩트 fact)만 보도한다는 명분으로 그러한 조작을 가속화시키면서 두 번째로 대중을 오해한다.

진실의 적들

___1 하위I.M.Hauer는 '정치를 직업으로 가지면서 정직할 수는 없다. 대개 정치는 준비가 필요없다고 생각되는 유일한 직업이다'라고 설파하였다.

더군다나 정치인은 표와 연관되는 사람들을 만나느라 대단히 바쁘면서도 정작 본업인 정책 연구에는 게으르다. 그래서 다선의원이 될수록 노회해지는 대신에 무식해지는 것이다. 정치인의 경력과 무식은 비례한다! 그러나 정치인은 그 어떤 경우라도 자신의 무지를 고백하지 않는다. 그들이 정직하지 않기 때문이다.

___2 대중조작은 여론을 조작하는 것이다. 정치인이나 언론인, 몇 명의 지식인들이 미디어를 통해 이미지를 만들어 내고 여론을 창출한다. 놀라운 것은 스스로 여론을 조작하는 위치에 있는 자들이 여론을 방패막이로 쓰고 있다는 것이다.

마치 그들과는 아무런 상관없이 대중이 그렇게 생각하며 주장하고 있는 것처럼 꾸며대는 농간은 가증스럽기 짝이 없다. 대부분의 '정책 입안立案'과 '선거 결과'는, 특별한 목적을 가진 인간들에 의해 좌지우지된다. 오늘날 우리가 민주주의라고 부르는 제도의 실체는 사실 이런 대중조작이다. 다만 그 대중조작에 나선 자가 선의에 입각할 때는 대중은 고통 받지 않지만, 악의에 차 있거나 단순히 자신의 이익에 집착해 행동했다면 대중은 질곡桎梏에 빠지게 된다.

니체F.W.Nietzsche 1844-1900는 『반시대적 고찰反時代的 考察』에서 여론을 조롱했다.

> 여론과 함께 생각하는 것 같은 사람들은 모두 자기 스스로 눈을 감고 자기의 귀를 막고 있는 것이다.

한때 노엄 촘스키Noam Chomsky 1928-는 열정적으로 미국의 좌파인 리버럴(현대 자유주의, Contemporary Liberalism)을 비난했다.(나는 촘스키를 정직한 지식인으로 보지 않는다. 그는 '킬링필드'를 두고 미국이 벌인 살인극이라는 주장을 했던 자다) 그들 파워 엘리트들이 '결탁하여' 거짓말과 신화를 퍼뜨렸다는 것이다. 그는 미국의 양당 체제 자체가 기업 국가가 조작한 환상에 불과하다고 조롱했다. 미디어를 통해서 광범위하게 벌이는 그런 조작들을 그는 '세뇌'라고 불렀다.

> 조셉 매카시나 리처드 닉슨 또는 복음주의 설교사처럼 카리스마 넘치는 자들은 자신을 파괴하는 사기꾼들이다. 만약 정직하지 못한, 카리스마 있는 자가 나타나면 이 나라는 진정한 위기에 빠질 것이다.(『누가 내 생계를 위협하는가』, 크리스 헤지스 저, 노정태 역, 프런티어 간 참조)

노엄 촘스키는 『여론조작Manufacturing Consent』이라는 책을 쓴 자다. 엉터리 전거로써 여론을 만들어 온 촘스키 같은 자 역시 여론이 조작된다는 것을 너무 잘 알고 있다는 사실에 나는 소름이 끼친다.

진실의 적들 ───

＿3 대개 여론조사는, 특정인이나 특정정책을 위해 하는 것이다. 원하는 결론으로 유도하기 위해, 질문 내용은 교묘하게 조정되고 배치된다. 그러므로 여론조사로 사람을 선택하는 것보다, '가위 바위 보'를 하거나 '사다리를 타는 것'이 훨씬 공정하다. 여론조사야말로 중우정치의 결정체다.

＿4 독재자는 세 가지의 특질을 가진다.

첫째, 인민들에게 통계를 내세운다. 대표적인 통계가 성장률, 국민소득 같은 경제와 연관된 것들이다. 둘째, '역사만이 자신을 평가할 것'이라고 주장한다. 교묘한 자기변명이다. 셋째, 독재자가 또 하나의 통치수법으로, '전형典型'을 내세우는 걸 볼 수 있다. 독재자와 그 전형을 동일시하게 만드는 것이다. 고급스러운 대중조작이다. 박정희 대통령은 이순신을 내세워 성공했고, 전두환 대통령은 세종대왕을 내세워 실패했다.(전두환 대통령과 세종대왕은 도저히 맞지 않는 이미지를 가지고 있다.) 진보좌파가 김구 선생을 내세우는 것 역시 같은 맥락인데, 그들이 선점했다는 사실 외에, 그들이 김구와 함께할 특별한 이유가 없다.(김구를 속인 자는, 이 나라 종북좌파가 받드는 김일성이었다)

그러나 인민을 사랑하는 정치인은, 통계를 내세우지 않는다. 통계에 가려져 있는 진실을 잘 알기 때문이다.

선거選擧

선거란 자기가 혐오嫌惡하는 자의 반대편에게 투표하는 것을 말한다. 그리고 그 혐오는, 반대편이 만드는 것이다.

●

혐오를 만들어 내는 전략을 네거티브negative 전략이라 한다. 여기에 언론이 가담하고 여론조사기관이 동맹을 맺는다. 이런 네거티브 전략은 투입되는 비용에 비해 그 효과가 매우 커서 생산성이 높다. 혐오를 만드는 상품인 '사건'이 사실일 때는 '검증'이라 부르지만 거짓이면 '마타도어matador'다. 검증이든 마타도어든 대중이 흥미를 가지니 후보자도 열을 낸다.

___1 사람들은 머리 아픈 정책대결보다는 말초적인 네거티브에 더욱 흥미를 느끼는 법이다.

문제는 네거티브를 당하는 쪽의 전략이다. 네거티브에 교묘하게 편승

하여, 검증을 마타도어로 돌리고 자신을 약자로 보이게 함으로써 대중의 동정을 유발하고 진실이 가려지게 만든다. 이것을 '역逆네거티브 전략'이라 부른다. 혐오냐 동정이냐, 이 승부가 선거를 결국 판가름한다. 여기에 정책은 없다. 아무리 좋은 정책도 이슈가 되지 못하고, 형편없는 정책인데도 토론으로 이를 검증하지 못한다.

___2 선거에서 정책을 내걸고 무엇을 약속하는 것이 '공약公約'이다. 이 공약으로 대중을 유혹하여 자신에게 투표하도록 하는 '포지티브positive 전략'이 사실 민주주의의 정도正道다. 그런데 사람들이 공약보다는 네거티브로 떠오른 스캔들에 더 빠져드니 어지간한 공약은 안 하느니만 못하게 된다.

그래서 정직한 공약은 애초 공약대접을 못 받는다. 뜬 구름 잡는 공약이 난무하는 이유다. 방금까지 나라를 거덜 낸 데 일조한 후보가, 당장 내일 곳간을 가득 채우겠다는 약속을 스스럼없이 한다. 청년실업이 사상 최고다 보니 일자리를 만들겠다는 공약을 거침없이 하는데 그 숫자가 4백만 개, 5백만 개 하는 식이다. 그렇게 쉽게 만드는 일자리를 왜 지금까지 못 만들었을까 하는 의문을 가지는 유권자는 없다.

사람은 허황된 약속일수록 믿고 싶어지는 법이다. 후보들의 공약을 보면 집값도 쉽게 잡고 기름값도 낮추고 넘쳐나는 비정규직도 단숨에 해결한다. 참으로 전지전능한 후보자들이 넘쳐난다. 기가 막히는 것은, 기업주도 살리고 귀족노조의 정규직도 챙겨주면서 비정규직도 전부 정규직으로 만든다는 정책을 대중들이 전혀 의심하지 않는 것이다. 이러다 보니 선거 후유증은 크다. 공약의 대부분은 지켜지지 않는다. 아니 원천적으로 지킨다는 것이 불가능하다. 문자 그대로 공약은 공약空約이 된다.

어느 대통령은 자신이 한 공약들을 수첩에 빼곡히 적어 놓고 시행여부를 점검했다. 언론은 하나같이 이분을 칭찬했는데, 자신이 한 공약조차 제대로 기억하지 못했다면 얼마나 그 공약이 주먹구구였겠으며 필요 없는 것이었겠는가. 그런 공약의 대부분은 옳지 않았거나, 시행되지 않아도 그만이었거나, 국민을 옥죄는 규제였을 것이어서 그는 수첩을 들고 악정惡政을 점검한 꼴이 되고 만 것이다.

___3 그런데 선거는 필연적으로 네거티브를 이용하거나, 그런 엉터리 공약을 남발하는 자가 이기게 되어 있는 게임이다.

미국의 린든 존슨L.B.Johnson 1908-1973 전 대통령이 '선거는 무책임한 사람이 이긴다'고 고백한 것도 그런 연유에서다. 엉터리 공약들은, 그걸 내놓은 정치인도 빨리 잊지만 대중들도 빨리 잊는다. 사실 대중들은 선거판에 횡행하는 공약들이 다 지켜지리라 아무도 믿지 않는다. 이미 충분한 학습효과가 있었기 때문이다. 대부분의 공약들은 기실 후보자들을 포장하는 포장지에 불과하다. 선거가 끝나면 아무리 좋은 포장지라도 찢겨져 쓰레기통에 버려진다.

__4 결국 선거의 승패는, '사람들 앞에 서서 거짓말을 하면서 누가 더 태연한지'에 따라 결정된다. 로마시대 집정관執政官 후보는 원로원에서 흰 옷을 입었다. 백색 – candida가 곧 정직을 상징했기 때문이다. 오늘날 후보자를 뜻하는 영어, candidate는 여기에서 유래한다. 정직을 상징하는 옷을 입고 거짓을 경쟁하는 것이, 선거인 것이다.

아날로그_{Analogue}

나는, 사람들이 사는 곳에서 사람들을 만나고 싶다.

●

오늘날 아날로그는 분명 '복고_{復古}'다. 아날로그는 느리다. 그리고 읽는 노력이 필요하다. 아날로그는 정확하지 못하다. 아날로그는 곧 사람이다.

디지털_{digital}이 상징하는 '기술과 속도'와는 반대적인 개념이 되고 있다. 앞으로 몇백 년 후의 사가_{史家}들은 인류 역사를 문자의 발명에 따라 선사시대와 역사시대로 나누고, 다시 역사시대를 아날로그시대와 디지털시대로 구분할 것이다. 디지털시대에는 모든 것이 기록되기 때문이다.

___1 그래도 사람들은 아날로그를 찾는다.

시계나 온도계의 외관은 아직도 아날로그 방식이 압도적이다. 속은 전자기계로 되어 있어도 겉은 아날로그 방식으로 되어 있는 전자식 아날로그시계나 온도계를, 숫자만 명멸하는 디지털식보다 더 선호한다. 시, 분침의 바늘을 읽어내는 불편을 감수하는 인간의 노력은 이해되지 않을 정도다. 그건 아날로그식 시계가 훨씬 더 인간적이기 때문이라는 것 이외에 달리 설명할 길이 없다.

'인간적이다'는 말은 '정확하지 않을 수 있다'는 의미가 앞선다. 아날로그analog에서 파생된 애널로지analogy의 뜻이 '유추類推'인 것을 보아도 알 수 있다. 그러나 '인간적이다'는 말은, 이와 함께 '온정적이다' '따뜻하다'는 의미를 함축하고 있다. 바로 이 점 때문에 사람들은 아날로그를 버리지 못한다.

___2 이에 비해 디지털은 0과 1이라는 숫자를 이용한 2진 펄스이다. 정확하다. 빠르다. 그리고 기계적이고 기술적인 것을 상징한다. 요즘은 영상신호도 디지털로 전송하여 전송과정에서 발생하는 신호손실을 없애 깨끗한 영상이 전달된다.

그러나 디지털은 차갑다. 디지털은 오류가 용서되지 않는다. 그런 무결점을 추구하는 것은 인간관계를 삭막하게 만든다.

그래서 아직 흑백브라운관 모니터를 찾는 이가 있는 것처럼 디지털 카메라보다 로모 카메라를 선호하는 이도 많다. 그 이유는 하나다. 아날로그 방식이 인간적인데다 무엇보다도 평범한 하나가 아닌, 개성화되고 차별화된 '나만의 하나'를 얻을 수 있기 때문이다.

___3 디지털은 가볍다. 아날로그는 인간이 쌓아온 모든 문명의 총체다. 디지털은 그걸 압축해 손톱 크기의 칩에 넣어버렸다. 그 가벼운 칩은 큰 기둥과 높은 천장으로 권위를 갖춘 도서관보다도 더 많은 정보를 담는다. 도서관에 가득 찬 오래된 서가들에 꽂힌 수백만 권의 책이 무슨 소용이란 말인가.

그러나 디지털의 세계에는 사람들의 손때가 묻어있지 않다. 사람들이 다녀간 흔적이 없는 도서관은 도서관이 아니라 창고에 불과하다. 디지털은 그래서 사람들의 온기가 없는 냉정한 숫자의 세계다.

침묵沈黙

분노는 남자의 마지막 무기이고, 눈물은 여자의 마지막 무기이며,
침묵은 현인賢人의 마지막 무기이다.

●

분노는 남자를 결단決斷하게 하고 눈물은 여자를 보호받게 하며 현인은 침묵하
여 스스로를 지킨다.

이 세 가지 무기 중에 가장 무서운 무기는 침묵이다. 영국 속담에 '웅변은 은이
요, 침묵은 금이다Speech is silver, but silence is gold'라고 한 것도 침묵이 결국 스스
로를 지킬 수 있는 덕목임을 말하는 것이다.

___1 침묵은 현인의 무기이기도 하지만 어리석은 자가 할 수 있는 최고의
처세술이기도 하다.

구약성서 「잠언」에는 '어리석은 사람도 잠잠하면 지혜로워 보이고 입을 다물고 있으면 슬기로워 보인다'라고 하고 있다. 셰익스피어W.Shakespeare가 『베니스의 상인』에서 '단지 말이 없다는 이유로 똑똑하다는 평을 받는 인간들이 이 세상에는 많다'고 한 것이나, 핀다로스Pindaros가 『네메아의 승리의 축가』에서 '침묵은 인간이 가진 가장 뛰어난 지혜'라고 한 것 역시 같은 맥락이다.

___2 침묵에 대한 예찬으로 흔히 토머스 머튼T. Merton의 글이 인용된다. (머튼은 신부 서품을 받은 시인으로, 동양사상 특히 장자莊子에 몰두한 분이다)

> 침묵은 내 권리를 주장하지 않고 나를 방어하지 않을 때는 어질고 착함(양선良善)이며, 상대의 잘못을 들추지 않고 용서하고 남을 탓하지 않을 때는 자비慈悲이며, 내 고통을 남에게 호소하지 않고 내면에서 용해할 때는 인내忍耐이며, 나를 내세우지 않고 남이 나를 무어라 해도 상관 않을 때는 겸손謙遜이며, 그리고 침묵은 믿음과 흠모와 공경함(흠숭欽崇)이다.

___3 그러나 잠언부터 머튼의 말까지 침묵은, '말하지 않는' 의미의 침묵이다. 그렇다면 침묵의 반대어는 '말하는 것'인가? 그렇지만은 않다.

진실의 적들

일찍이 카뮈A.Camus 1913-1960가 지적한 대로 침묵의 원형原形은 '말'과는 무관하다. 쉬지 않고 무엇인가를 말하고 있는 자가, 기실 침묵 속에 빠져 있는 자임을 나는 본다. 실제 그렇다. 그 반대로 입을 꾹 닫고 다니는 과묵한 자도 전혀 침묵하고 있지 않는 것일 수 있음을 나는 안다. 진정한 침묵은 바로 고립孤立인 것이다! 따라서 진정한 침묵에 빠져 있는 자는, 한 인간으로서 우뚝 서 있는 자이다.

그런 진정한 침묵을 두고 토머스 무어T.Moore는 '가장 깊은 감정은 언제나 침묵 속에 있다'고 했다. 에리히 프롬E.Fromm은 『건전한 사회』에서 '진리는 위대하지만 실제적인 관점에서 보면 침묵은 더욱 위대하다'고 썼다.

___4 단 두 권의 책(『논리철학 논고』, 『철학적 탐구』)으로 철학계를 흔든 비트겐슈타인L.Wittgenstein 1889-1951은, 첫 번째 책으로 이미 철학계의 스타가 되었는데도 모든 것을 버리고 초등학교 교사로 부임했다. 그는 전통 철학의 제諸문제에 대해서, 현시대의 언어 용법으로 인한 잘못된 물음인 것을 지적하면서 다음과 같이 말했다.

말할 수 있는 것은 명료하게 말하라. 그러나 말할 수 없는 것에 대해서는 침묵을 지켜야 한다.

신뢰 信賴

인간은 전혀 모르는 상대에게는 무한한 신뢰를 보낸다.

●

인간은 생면부지 生面不知의 면도사에게 목을 내놓는 대범함을 보이면서, 벼락이 자기 머리 위로 떨어질까 봐 불안해한다.

___1 잘 모르는 사람을 믿기 쉬운 까닭은 아직 특별한 이해관계가 쌓이지 않았기 때문이다.

배신은 '입안의 혀'처럼 굴던, 자신을 잘 아는 자가 하지, 자신을 모르는 사람이 하는 것이 아니다. '믿는 도끼에 발등 찍힌다'는 속담이 있다. '설마가 사람 죽인다'는 속담도 있다. 그렇다. 모르는 도끼는 발등을 찍지 않는다! 그리고 발등을 찍는 '믿었던 도끼'는 생각보다 많다.(이 책, 배

신 참조)

___ 2 신뢰는 자기 자신을 먼저 믿는 것이다.

에리히 프롬E.Fromm 1900-1980은 『사랑의 기술』에서 '자신을 신뢰할 수
있는 사람만이 타인을 신뢰할 수 있다'고 썼다. 위대한 정복자들은 자
신을 신뢰한 인물들이었다. 역사에 기록된 세 정복자, 알렉산더Alexander
the Great BC356-323, 칭기즈칸成吉思汗Chingiz Khan 1162-1227, 나폴레옹Napoleon
Bonaparte 1769-1821이 그렇다. 그들은 모두 자신의 능력을 과신하여 세계정
복에 나섰으며 부하들을 신뢰해서 많은 것을 맡겼다. 자신을 신뢰하는
자가 인민을 지배한다.

___ 3 정직과 신뢰는 정치가의 가장 큰 덕목이다.

프랑스혁명은 인권을 위해 싸운 '자유주의 시민혁명'이다. 이 혁명을
마르크스주의 학자들은 '급진 부르주아 자유주의혁명'이라고 부른다.
그들이 말하는 부르주아bourgeois는 소위 '유산계급'을 의미하는 단어로
'무산계급'을 뜻하는 프롤레타리아proletarian(임금노동자)와 대비되는 '계
급'이다. 이렇게 부르는 까닭은 프랑스혁명 같은 자유주의혁명이 마르
크스의 과학적 역사관에 따라 부르주아에 의해 필연적으로 일어나는 한

과정으로 이해하기 때문이다.(부르주아의 어원은 '성안 사람'이다. 당시의 부르주아지는 납세와 병역의 의무를 다한, 소시민, 지식인, 자영업자였다)

프랑스혁명은 자유를 향한 위대한 전진이었지만 '시민들'은 역설적이게도 20만 명을 광장의 단두대에서 처형했다. 비인도적이고 잔인한 살육殺戮이었다. 한때 '아라스의 촛대'라고 불리던 겸손한 변호사 로베스피에르M.Robespierre 1758-1794는, 공포정치를 하다가 혁명동지들에게 신뢰를 잃으면서 테르미도르(열월熱月, thermidor)의 반동으로 처형된다. 그런 뒤 나폴레옹 제정帝政이 열린다. 지배계급의 이익에만 몰두했던 부르봉 왕조에 저항하여 봉기한 프랑스 시민과 군대에게 나폴레옹은 '정직'과 '신뢰'를 주어 권력을 얻었다. 프랑스 시민들은 왕정을 증오한 것이 아니라, 부정직한 왕에 저항한 것이다. 나폴레옹에 대한 믿음이 어느 정도였는지는 나폴레옹이 패망하여 쫓겨났다가 엘바섬을 탈출한 과정을 보면 알 수 있다.

1815년 2월 26일 저녁 일곱 시, 7척의 배에 불과 천 명의 호위대만으로 나폴레옹은 엘바섬을 탈출한다. 병사들은 행선지를 몰랐다. 망망대해에 이르러 어디로 가느냐고 병사들이 묻자 나폴레옹은 '파리까지 총 한 방 쏘지 않고 간다'라고 대답했다. 병사들은 그 말을 신뢰했다. 사흘 뒤인 3월 1일 나폴레옹은 프랑스의 쥐앙만에 닿았다. 나폴레옹은 유배지를 탈출한 죄인이 아니라 개선장군이 되어 국민들의 열렬한 환호에 묻혀 진군했다.

왕당파가 장악한 정부군은 '반역자 나폴레옹에 가까이 접근하는 자는 무조건 발포하라'라는 명령을 내렸다. 나폴레옹은 정부군에 다가갔고 정부군 장교는 사격 개시를 명령했으나 병사들은 어느 누구도 총을 쏘지 않았다. 나폴레옹은 혼자서 정부군 앞에 서서 '병사들이여, 나는 그대들의 황제다. 알고 있겠지? 그대들 중에 자신의 황제를 죽이려는 자가 있으면 쏴도 좋다. 나는 이렇게 여기에 있다'라고 외쳤다. 정부군에서는 '황제 만세'라는 외침이 울려퍼졌다.

루이 18세(루이 16세의 동생이다)는 두려움에 떨며, 한때 나폴레옹의 친구였으나 나폴레옹을 배반하고 그의 퇴위에 가담했던 네이 장군에게 진압을 명령했다. 착잡한 네이에게 나폴레옹이 편지를 보냈다. 우정과 신뢰가 넘치는 편지를 읽고 네이는 울었다. 그는 칼을 빼들고 병사들에게 나폴레옹과 함께 승리로 나아가자고 외쳤다. 네이의 항복 소식을 들은 루이 18세는 3월 19일 파리를 탈출했다.

다음날 나폴레옹은 대중의 환호에 모자를 벗어 답례하면서 튈레리엔 궁전의 계단을 올랐다.

후일 나폴레옹 숭배자인 작가 발자크H.Balzac 1799-1850는 그때의 광경을 두고 '일찍이 나폴레옹 이전에 어느 누구도 단순히 모자를 벗음으로써 제국을 얻지는 못했다'고 묘사했다.

나폴레옹 유배 후 빈회의는 궁정무도회와 와인에 빠진 채, 땅나누기로 허송하다가 나폴레옹의 귀환으로 당황했다. 그들은 영국과 프랑스의

왕당파, 프로이센, 오스트리아, 러시아 군대들을 긴급 소집하여 파리로
진군했다.

격정 激情

격정에서 한 말은 아무리 그럴듯해도 거짓말이다.

●

승리가 확인되는 순간, 승자가 패자에게 보내는 찬사가 그렇다. 가장 흔한 찬사는 선거에서 승리한 자가 패자를 동반자로 치켜세우는 것이다. 상대방은 어리석게도 그런 말들을 감동으로 받아들인다.(그런 말을 모욕으로 받아들일 정도로 냉정을 차리는 자는 드물다) 그러나 승리의 흥분이 채 가라앉기도 전에 승자는 패자를 더욱 깊은 구렁텅이에 빠뜨리기 위해 골몰한다. 패자의 비극이다.

__1 격정은 격렬한 감정이다. 격정은 예고 없이 찾아온다. 예고된 격정은 대부분 격정이 아니다. 격정이라 부를 수 있다 하여도 자제될 수 있다. 마음의 준비를 하고 있기 때문이다. 그러나 갑자기 찾아든 격정은 쉽게 주체하지 못한다. 아무리 점잖은 사람이라도 그런 격정에서 한 말은

전부 거짓말이다.

철인 황제 마르쿠스 아우렐리우스Marcus Aurelius는 『명상록』 서두(제1편)에 '나는 조부 베루스에게서 선량한 행실과 격정의 절제를 배우고, 아버지의 명성과 회상에서 겸손과 남성적인 기질을 배웠다. 어머니에게서는 경건과 인덕仁德, 그리고 나쁜 행위뿐만 아니라, 나쁜 생각도 버려야 할 것을 배웠으며, 부자들의 습성에서 멀리 떠나 소박하게 사는 법을 배웠다'라고 쓰고 있다.

인간은 감정의 동물이다. 격정을 다스린다는 것은 보통 일이 아니다. 수양이 깊어 어떤 충격에도 흔들리지 않는 경지에 이르러야 된다. 격정을 자제하게 되면, 슬픔도 기쁨도 분노도 전부 다스리게 된다.

____2 격정에 쉽게 빠져드는 자들은 대개 선량한 자들이다.

그들의 감성은 풍부하며 맑고 때 묻지 않았다. 그러므로 격정에서 이내 평온을 되찾았을 때, 그들은 격정의 한 순간을 매우 부끄러워하거나 심지어는 기억조차 하지 못하는 경우가 있다. 그런 선량한 자도 격정에서 토해낸 말은 좀처럼 지키지 않는다. 평온을 되찾고 나면 냉정히 일의 선후와 그 파장을 생각하기 때문이다.

___3 격정에서 하는 사랑의 고백도 지켜지지 않는다.

남자는 격정 아래서 쉽게 자기의 속을 드러내지만 그런 속내는 기실 오랜 숙고를 거친 것이 아니기 때문이다. 격정에 들떠 쏟은 말들은 지나치게 달콤하거나 너무 과장되어 있다. 여자는 격정에서도 처음부터 '거짓말인 것을 자각하면서' 거짓말을 한다. 그렇기 때문에 황홀한 시간이 지나면 여자는 자신이 한 말들을 전부 기억하면서도 그런 말을 한 사실을 부인한다.

효자 孝子

부모가 죽어 매일처럼 눈물로 그 비석을 닦는 것은 불효를 뉘우쳐서가 아니다. 불효라도 저지를 부모가 없기 때문이다.

●

우리 속담에 '병신 자식 효도한다'라고 한다. 또 '사후효자死後孝子'란 말도 있다. 전자는 생각지도 않은 아들이 효도를 한다는 뜻인데, 그 배경에는 잘난 자식은 효도하지 않고 못난 자식이 효도한다는 의미가 함축되어 있다. 후자는 부모 살아생전에는 불효하던 자식이 부모가 죽은 뒤에 때늦게 효도한다는 뜻이다. 그러나 그 말에는, 생전의 불효자가 부모가 죽자 다른 형제들에게 효도 않는 것을 나무라고 효도를 강조하는 것을 비아냥거리는 뜻이 담겨 있다.

__1 효는 원래 동양의 정신이다. 섬나라 일본을 제외하면 충효와 의리는 동양을 관통하는 사상의 뼈대라고 할 수 있다.(우리는 '충효', 중국은 '의리', 일본은 '염치'의 나라다. 충효와 의리는 일맥상통한다)

진실의 적들

『장자莊子』에 이르기를 '경敬으로써 효도하기는 쉽고, 사랑으로써 효도하기는 어렵다. 사랑으로써 효도하기는 쉬워도, 부모를 잊기는 어렵다. 부모를 잊기는 쉬워도, 부모 때문에 나를 잊기는 어렵다'라고 하였다. 제대로 된 효도가 그만큼 어렵다는 얘기다. 효가 본시 동양의 덕목이라서 그런지, 서양보다는 동양에 효에 관한 가르침을 담은 문헌, 속담과 고사들이 많다. 『논어論語』와 『효경孝經』이 대표적이다.

흔히, 불가佛家는 효에 어긋난다는 비판이 있다. 불가가 출세간出世間을 통한 깨달음을 강조하는 데 대한 비판이다. 그러나 이는 오해다. 『부모은중경父母恩重經』을 보면 부모의 은혜는 열 가지다. 아이를 태중에 품은 은혜, 해산의 산고, 자식을 얻어 기뻐하는 은혜, 쓴 것을 삼키고 단 것을 먹여주는 은혜, 젖은 자리는 부모가 차지하고 마르고 따뜻한 자리에 눕혀주는 은혜, 젖을 먹이고 길러준 은혜, 대소변을 받고 씻겨준 은혜, 자식을 위해 어떤 조악造惡도 서슴지 않은 은혜, 자식이 외출하면 돌아올 때까지 염려하는 은혜, 백세의 어머니가 팔순의 아들을 염려하는 은혜가 그것이다. 이 은혜는, 왼쪽 어깨에 아버지를 오른쪽 어깨에 어머니를 모시고 백 천겁 동안 수미산須彌山을 돌아도 다 갚지 못한다고 한다.

___2 자식을 지나치게 사랑하는 자들은, 대개 부모에게는 효를 다하지 못한다. 내가 변호사라는 직업에 회의를 느낀 이유 중의 하나가, 바로 그런 '속물'들을 부득이하게 대리하거나, 또 상대해야 하는 처지 때문이

었다.

어머니를 상대로 소송을 하는 자는 흔하다. 자신을 낳아준 은혜보다 눈앞의 돈이 더 소중하기 때문이다. 그런 자들 중에는 심지어, 자신은 자신이 소유한 빌딩의 꼭대기 층에 '펜트하우스'를 만들어 자식들과 호의호식하면서 팔순 어머니가 그 건물의 뒤편 창고로 쓰는 곳에서 혼자 밥을 해 먹는 걸 모른 체하는 자가 있었다. 그는 어머니에게서 집세까지 받았다! 그의 어머니는 자식이 치과대학을 졸업할 때까지 온갖 노동을 한 분이었다. 놀라운 것은, 그런 불효한 인간이 자식을 끔찍이 사랑한다는 사실이다. 얼마 안 되는 아버지의 상속재산이 실제 자기가 맡긴 것이라고, 어머니를 상대로 소송을 하러 온 그를 내 사무실에서 쫓아내면서 나는 패주지 못했다. 그런 자의 소송을 대리하는 변호사를 나는 증오한다.

3 여기에 '결초보은 結草報恩'의 고사를 적어 무엇이 효인지 새겨야겠다. 『김구용 金丘庸 열국지 列國志』를 대폭 줄였다.

전국시대 진晉나라 경공景公 때 부장副將 위파의 아버지 위주에게 조희祖姬라는 첩이 있었다. 평소 위주는 출병 때마다 위파에게 '내가 죽거든 너는 마땅히 조희를 좋은 사람에게 개가시켜라. 결코 조희에게 적막한 일생을 보내지 않게 해야 한다. 그래야만 내가 죽어도 눈을 감을

진실의 적들

수 있다'고 하였다. 그러나 위주는 늙어 병이 들어 죽게 됐을 때 태도를 바꿔 '조희는 내가 사랑하고 아끼는 여자이다. 내가 죽거든 조희를 나와 함께 묻어다오'라고 유언했다.

위주가 죽자 위파는 조희를 개가시켰다. 동생인 위기가 왜 아버지의 유언을 지키지 않느냐고 묻자, 위파는 '효자는 부모가 평소에 하시던 말씀을 따르는 법이다. 숨을 거두실 때 정신없어 하신 말씀을 어찌 따르겠느냐'라고 하였다.

그 뒤 세월이 흘렀는데, 진경공이 노魯나라 제후 영아에게 시집 간 누이가 목매 죽자 이를 핑계 삼아 노나라를 쳤다. 진경공은 노나라를 정벌한 뒤 위파를 시켜 적적赤狄의 땅을 평정시켰다. 이에 진경공과 패권을 다투던 진秦나라의 환공桓公이 장군 두회杜回를 출병시켰다. 두회는 중국의 역사에 나오는 장수 중에 가장 기골이 장대한 장수다. 그러니까 노나라 땅을 두고 진晉과 진秦이 맞붙은 전쟁이다. 위파는 두회에게 일방적으로 밀렸다. 120근이나 되는 개산대부開山大斧(산을 쪼개는 도끼)라는 도끼를 휘두르는 두회에게 아무도 접근하지 못했다. 동생인 위기까지 응원군으로 왔지만 위기도 두회를 이길 수 없었다.

위파는 두회를 꺾을 계책을 골몰하다 삼경三更에 쓰러져 잠이 들었다. 누가 '청초파青草坡'라고 속삭였다. 꿈이었다. 착각인 줄 알고 다시 누웠는데 비몽사몽간에 다시 '청초파'라고 하였다. 동생 위기가 이 꿈 얘기를 듣고 '십리 길에 보씨輔氏의 못이 있는데 거기 청초파라는 둑이 있다면서 이는 신인神人이 승전할 곳을 일러준 것'이라 하고 자신이 매복할 터이니 형님이 두회를 유인하라고 하였다.

이튿날 위파가 여성戎城으로 돌아간다며 짐짓 철군하는 척하자 두회는 위파를 뒤쫓아 청초파에 이르렀다. 동생 위기의 복병이 나섰다. 그래도 두회를 이길 수 없었는데, 갑자기 두회가 비틀대기 시작했다. 위파의 눈에 보이길, 삼베로 짠 도포를 입고 짚신을 신은, 농군처럼 보이는 한 노인이 둑 위의 푸른 풀을 한 움큼씩 갈라 잡고 두회가 움직일 때마다 그 발을 묶는 것이었다. 마침내 쓰러진 두회를 위파가 생포하였다. 위파는 동생과 함께 두회의 목을 벴다.

그날 밤 위파가 편안하게 잠을 자는데 낮에 본 그 노인이 나타나 정중히 읍을 하며 말했다.

'나는 조희의 아비 되는 사람입니다. 장군은 생전 아버지의 말씀을 잘 지켜 내 딸을 개가시켜 주었으므로 이 늙은 사람이 구천에서 여간 감격하지 않았습니다. 장군은 내 딸을 살려준 은인이니 은혜를 갚고자 했을 뿐입니다.'

열국지에는 이 일을 '결초보은'이라 이름 붙이고, 그 의미를 '풀을 묶어 은혜를 갚는' 데 두고 있으나, 그 배경은 진정한 효가 무엇인지를 말하는 것이다.

진실의 적들

문자 文字

밭 가는 데선 소의 말을 잘 알아듣는 이가 대접받는다.

●

소의 말은 농부가 듣는다. 제 아무리 똑똑한 선비라도 소가 말하는 걸 알아들을 수는 없다. 그러니 밭가는 데 가서 선비가 문자 文字를 자랑해서 무얼 하겠는가. 세상은, 문자로는 도저히 얻지 못하는 지혜로 가득하다.

___1 황희 黃喜 1363-1452 정승이 남긴 '불언장단 不言長短'의 고사가 있다.

황희는 1392년 고려가 망하자 두문동에 칩거했다. 태조 3년 다시 관직에 나아갔으나 정종 때 언사 言事로 두 차례나 파직되었다. 그 무렵 그는 정치의 뜻을 접고 전국을 유람했다. 어느 날 들길을 가다 보니 어느 농부가 소 두 마리로 밭을 갈고 있었다. 황희는 그 옆 나무그늘에 앉아 쉬면서 밭갈이를 구경하다가 마침 농부가 가까이 오기에 소 두 마리 중 어느 놈이 일을 더 잘하느냐고 물었다. 농부는 황희의 소매 자락을 잡고 밭에서 멀찍이 떨어진 곳으로 가더니 귀에다 대고 낮은 목소리로 속삭였다.

'저기 누렁 소가 일을 잘하고 말도 잘 듣습니다. 이쪽 검은 놈은 꾀만 부리며 틈만 나면 빈둥대지요.'

농부의 하는 짓에 어이가 없어진 황희는 그 말을 하면서 왜 이리 끌고 와서 귓엣말로 하느냐고 재차 물었다. 농부는 황희에게 대답했다.

'두 마리가 다 일하는데 한 놈을 잘한다 하면 다른 놈은 섭섭하지 않겠습니까. 아무리 하찮은 짐승이지만 제 흉을 보면 좋아하지 않습니다.'

황희가 크게 깨달아 그 뒤로 평생 남의 단점을 말하지 않았다. 문장과는 거리가 멀었던 농부가, 훗날 영의정으로 치사致仕(나이가 많아 벼슬을 물러남)할 때까지 18년간 봉직하면서 위대한 세종시대를 연 정승 황희를 가르친 셈이다.

이 고사를 보건대 농부의 지혜는 평범하다. 소에 대한 사랑이 그 지혜의 전부다. 실제 주인과 오래 한 소는 주인과 소통한다. 천하의 '문장文章'도 알아듣지 못하는 소의 말을 농부는 알아듣고 농부의 말을 소가 알아듣는 것이다. 농부가 알아듣는 소의 말은 곧 소의 마음이고, 소가 알아듣는 농부의 말은 곧 농부의 마음이다.

진실의 적들

___ 2 문자에 얽매이기 시작하면 진리가 보이지 않는다. 불가의 선가禪 家에서는, '문자를 세우지 말라(불립문자不立文字)'고 하여, 참된 정법正法이 아닌 단순한 문자에 얽매이거나 집착하는 것을 경계한다.

선禪의 역사를 보면, 조사 달마達磨가 2조祖 혜가慧可에게 답하기를, '나의 법은 이심전심以心傳心(마음으로 마음을 전한다)이요, 불립문자다'고 하였다. 그 뜻이 6조 혜능慧能에 이르러 선가의 가풍으로 정착된 것이다. 원래 혜능은 문자를 몰랐다. 그런 까닭에 그는 경전의 문자에 얽매이지 않아, 마침내 '닦을 마음조차 없음'을 깨달아 선가의 6조가 되었고, 남종선南宗 禪을 개창하여 오늘날까지 이어지는 선맥禪脈의 발원지가 된 것이다.(이 책, '거울' 참조)

선종禪宗은 이와 같은 연유로 교학教學 체계로부터 단절을 강조한다. 이것이 곧 '불립문자'다. 나중에 선종에도 수많은 전적典籍이 나오지만 체계만은 부인한다. 그리고 진리를 직관에 의해 파악하려 한다. 그 방법 중의 하나가 좌선坐禪이다. 진리는 문자의 밖에 있으므로(교외별전教外別傳), 직접 자신의 본성인 마음을 꿰뚫어 깨달아야 한다(직지인심견성성불直指人心見 性成佛).

___ 3 기원에 가면 바둑 잘 두는 한량이 으뜸이고, 무도회장에서는 춤 잘 추는 난봉꾼이 왕이듯이, 세상의 모든 무대에는, 다 주인이 있는 법이다.

마찬가지로 제 직분에 충실하면 되지, 남이 자신을 알아주지 않는다 해서 탓한다면 소인배에 불과하다. 국수집에 가서 부잣집 마님 대접 해주지 않는다고 '사람을 뭐로 보느냐'고 따지는 사람은(사람을 뭐로 보다니? 당연히, 국수 먹는 사람으로 보지!) 고깃집을 가서도 대접받지 못한다.

논어의 첫머리에 나오는 말씀을 무릇 식자識者들은 늘 새겨야 한다. '사람이 나를 알아주지 않는다 해서 성내지 않으니 이 또한 군자가 아니겠느냐(인부지이불온불역군자호 人不知而不慍不亦君子乎).'

개

'개 같다'는 말은 대부분 개보다 못한 자에 대한 평가로서, 명백한
과대평가다.

•

개를 사람에 대한 평가기준으로 삼지 말라. 일찍이 블레즈 파스칼Blaise Pascal
1623-1662은 개와 사람을 통찰한 다음 이 경구를 남겼다.

나는 인간을 관찰하면 할수록 내가 기르는 개를 더욱더 사랑하게 된다.

개는 99퍼센트 정직하며, 미치지 않고는 주인을 배신하지 않기 때문이다. 살
아오면서 못된 사람을 반드시 만나게 된다. 피하려 해서 피해지지 않는 운명
같은 것이다. 그중에서도 은혜를 원수로 갚는 악질이 있다. 그럴 때 '개보다 못
하다'는 말을 쓴다.(그러나 개는 자존심이 없단 말인가?)

___1 로제 그르니에R.Grenier가 쓴 개에 대한 에세이 『내가 사랑했던 개, 율리시즈Les Larmes d' Ulysse』(김화영 역, 현대문학 간)를 보고, 몇십 년 개를 기른 내가, 얼마나 개에 대해 무지했는지 알게 되었다. 그 책 앞부분에 있는 「불가사의」란 제목의 글 일부를 여기 첨添한다.

> 몇 해 전에 어떤 관광객이 남프랑스의 항구 세트에 있는 바닷가 공동 묘지를 찾아가서 묘지기에게 폴 발레리의 무덤이 어디쯤 있는지를 물었다. 묘지를 관리하던 시청 공무원은 옆에 자고 있던 개를 흔들어 깨우더니 명령하는 투로 말했다.
> — 발레리!
> 그러자 개가 혼자 앞장서서 손님을 시인의 무덤으로 안내해 주었다. 파리의 문화성에서는 — 간섭할 걸 해야지! — 그런 방법이 불경스럽다고 판단했는지 개한테 이런 문학순례 안내역을 맡기는 것을 금지했다.

___2 내 어머니는 개를 두고 늘 '주인을 닮는다'고 하신다. 게으른 것이나 순한 것이나 하는 짓이 다 주인인 나를 닮았다는 것이다. 개 두 마리 중 수놈은 묘하게도 땅을 파는 버릇이 있었다. 한번 땅을 파기 시작하면 여간 집요한 게 아니어서 아무리 나무라도 멈추지 않았다. 마침내 어떤 구덩이를 자기 몸집이 빠질 깊이로 파 놓고는, 앞발에 심한 근육통이 와서 절고 다녔다. 그래도 개는 파는 걸 멈추지 않았는데, 내가 구덩이를 메우

면 다시 파고 나는 다시 구덩이를 메우곤 하였다. 어머니가 한 말씀을 해서 나를 놀라게 하셨다.

"둘이 하는 게 똑같구나!"

그 수놈이 갑자기 죽자, 암놈은 몇 달 동안 눈물을 쏟았다. 그렇게 울고 있던 암놈이 어느 날부터 울음을 그치고 마당 여기저기 땅을 파기 시작했다. 그 꼴을 보시던 어머니가 기어이 한 말씀을 하셔서 나를 기절초풍하게 하셨다.

"둘이 하는 게 똑같구나!"

도대체 이 둘은 누구를 말씀함인가?

3 함께 살았던 진돗개 둘은 '완전한' 우리 식구였다. 수놈이 다리를 심하게 설자 거실까지 들여서는, 어머니와 아내까지 합세해서 다리 근육을 풀었다. 놈이 꼬리를 세차게 돌리면서 밖으로 나가는데, 암놈이 구석에서 웅크리고 있다. 암놈의 소외가 몹시 안쓰러워 머리를 쓰다듬으니 낑낑거리면서 한참을 운다. 제 서방보다도, 개에게는 여전히, 주인이 슬픔의 대상이다.

___**4** 사람을 짐승에 비유하려면 심사숙고할 필요가 있다. 쉴러겔Schlegel 의 낭만주의문학론에 의하면 비유Allegory는 본래 '낭만적 반어romantische irony'에 충실해야 성공하는 것이다.

사람을 개에 비교하는 것은 어떤가. 개는 동물 가운데 가장 정직한 동물이다. 적어도 내가 길렀던 진돗개 수놈을 제외하면(나는 그를 연극배우라고 부르곤 했다), 개가 거짓부렁을 하는 걸 나는 보지 못했다. 그러므로 사기꾼이나 부정직한 자를 개에 비유해선 안 된다. '개 같다'는 표현은 대개 정확하게 쓰인 말이 아니다. 그 말의 진의는 대부분 '개보다 못하다'는 것이다.

디자이너_{Designer}

디자이너의 작품을 사는 고객들은, 대개 통속적이다. 그 작품을 늘 돈으로 따지기 때문이다.

●

돈이 인간을 통속적으로 만든다는 사실은 얼마나 비극적인가? 통속적인 머리에는 영혼이 없다. 그리고 이것이야말로 디자이너가 먹고살 수 있는 유일한 이유이다.

___1 '패션디자이너'나 '헤어디자이너'가 예인藝人 대접을 받으려면, 그들이 만든 옷이나 가위질한 머리가, (디자이너에게 철학이 있든 없든 논외로 하고) 그 옷을 입는 사람이나 머리를 한 사람의 영혼을 조금이라도 위로해 줄 수 있어야 한다. 그러나 영혼이 없는 사람은 위로해 줄 방법이 없다.

나는 사실 디자이너에 대해 편견을 버리려 애쓴다. 그러나 그들의 '작품'이 아름다움을 추구한다 하여 예술의 범주에 넣기에는 여전히 망설여진다.(그리고 솔직히 나는 좀 우습다) 나는 대부분의 패션디자이너들이 색을 천 개 이상 분류하지 못한다는 데 내 모든 명예를 걸 수 있다!(그들의 본령은 색이다. 보통 사람은 천 개의 색을, 전문가는 2천 개 정도의 색을 구별한다)

그러나 소수의 문화 엘리트가 아닌 다수의 눈을 높이기 위해, 천재가 천박한 문화로 둘러싸인 우리 사회에서 고통을 얼싸안으며 부단한 작업을 하고 있다는 것도 믿는다. 어디든 가짜와 얼치기들이 대중을 속이는 데는 귀신같다. 천재들의 비극이다.

__2 브루노 무나리Bruno Munari가 자신이 쓴 책『예술가와 디자이너Artista e designer』(디자인하우스 간)에서 한 통박을 옮긴다.

맙소사. 예술이 비상업적이라고? 비상업적인 예술을 보여준다면, 이 말을 믿어보겠다. 예술가는 이슬만 먹고 사는가? 예술은 위장의 슬픔과 무관한 특정 엘리트들을 위해 일하지만, 디자인은 다수의 공동체를 위해 일한다. 범인凡人이 근접할 수 없는 천부적인 재능을 가진 소수의 이들만이 하는 것이 예술이라는 생각은, 오래된 편견에 불과하다. 사실 그리 오래되지도 않았다. 얼치기 예술가들이 차고 넘치는 반면에, 뛰어난 디자이너들은 점점 더 늘어나고 있다.

진실의 적들

맞다. 이제 예술가만 '고급할' 때는 아니다. 무나리의 말처럼 예술만이 천재가 하는 것이 아님은 물론, 예술가 중 대부분은 오히려 저급하다. 솔직히 그렇다! 더군다나 이 황금만능의 시대에 예술가가 돈에 봉사하지 않는다는 것이 말이 되느냐. 예술이든 디자인이든 천재가 하는 것은 천재의 것이요, 사기꾼들이 만든 쓰레기는 그저 쓰레기인 것이다.

___3 브루노 무나리는 예술과 디자인의 차이를 대량생산과 실생활에 사용할 목적으로 보는데, 한 가지 더 있다. 예술은 감상하는 것이지만 디자인은 이해하는 것이라는 점이다. 예술Art 의 경지에 이른 디자인은 예외겠지만 말이다.

문 門

반드시 다시 열릴 것으로 믿기 때문에 우리는 무슨 문이든 닫을 수 있다. 그러나 시간이란 문은 닫히면 다시 열리지 않는다.

●

인간이 문을 발명하지 못했더라면 어떤 구획도 불가능했을 터이므로, 차별도 존재하지 않을 것이다. 따라서 문이야말로 진정한 차별의 도구이다.

___1 나는 여기서 (주제와 다르지만) '좁은 문'에 대해 쓰지 않을 수 없다. 왜 나하면 기독교도 여부를 불문하고, 이 '좁은 문'에 대한 이해가 잘못되어, 불행한 내 이웃을 많이 보았기 때문이다. 「마태복음」에 '좁은 문'에 대한 예수의 말씀이 적혀 있다.

> 좁은 문으로 들어가라. 멸망으로 인도하는 문은 크고 그 길이 넓어 그리로 들어가는 자가 많고, 생명으로 인도하는 문은 좁고 길이 협착하

여 찾는 이가 적다.

앙드레 지드A.Gide는 소설 『좁은 문』에서 제롬과 알리사라는 사촌 간의 사랑을 이야기한다. 알리사는 두 살 아래 제롬을 사랑하지만, 동생이 제롬을 사랑하는 걸 알고 혼자 집을 나가 쓸쓸히 죽는다. 말하자면 이 소설이 나온 1909년 무렵에 풍미했던 '금욕주의禁慾主義'에다, 그저 착하고 순결하고 희생적이며 모든 것을 다 내줄 뿐인 알리사를 통해 작가 지드의 사랑관觀이 투영된 작품이다.

이 소설의 마지막에, 제롬은 알리사의 동생에게 정신적으로 사랑하는 여인을 배신할 수 없다는 것을 '주절대게' 하는데, 막상 지드는 알리사의 일기를 통해 예수의 말씀에 한 마디 항변함으로써, 그나마 작가의 '인간적인' 책임을 수행하고 있다.

당신이 우리에게 가르쳐 주시는 길은 좁은 길이나, 둘이서 나란히 걸어가기에는 너무 좁습니다.

나는, 굳이 지드가 (물론 작가의 경험이 바탕이 된 소설이지만) 기껏 사촌 간의 이루어지지 않은 사랑이란 문제를 두고 '좁은 문'이란 엄청난 주제를 다루었다는 사실을 탄핵하고 싶지 않다. 설마, 예수가 '좁은 문'을 누누이 강조하면서 기껏 남녀 간의 사랑을 염두에 두었겠는가. 예수는 가진 자나 배운 자의 오만을 염두에 두고, 그 말씀을 했을 것이다.

그러나 생각해 보라. 독자들이여. 넓은 문은 언제나 그런 것인가? 좁은 문도 언제나 그런 것인가? 예수는 문이 '크고 넓어' 들어가는 자가 많다고 일렀는데 그건 인간이 늘 탐욕의 선택을 할 것이라는 전제가 깔려 있다. 그러나 인간에게는 쓸데없는 욕심이 가득 차 있다 하여도, 오히려 그 욕심 때문에 넓고 평탄한 길이 있는 문이 열려 있음에도 지옥을 두려워하지 않고 '탐욕의 좁은 문'으로 나아가는 것이, 또한 인간이 아닌가. 아, 예수가 좁은 문이라고 한 것은 기실 넓은 문이요, 예수가 넓은 문이라고 한 것은 기실 매우 좁은 문인 것이다.

나는 감히 말하겠다. 넓고 큰 길로 가라. 거기에는 문이 없다!(대도무문大道無門)

___2 문은 한 구획에서 한 구획으로 넘어가는, 구획 간 통로다. 또, 문은 밖에서 안으로 혹은 안에서 밖으로 출입의 '형식'으로, 소통의 수단이다. 문은 '가둠'의 수단이며, 문은 '차단'의 수단이다. 이 모든 형식과 수단은, 문이 다시 열릴 것이라는 믿음 때문에 가능하다. 다만, 시간만은 그렇지 않다는 것이다. 이미 닫힌 시간의 문을 연 자는 아직 없다. 그러므로 인간은 현재에 늘 충실해야 한다. 매일의 문은 매일 닫힌다!

___3 기독교와 불교의 차이가 바로 이 '문'에 대한 인식이다. 불가佛家에

는 애초에 구획이 없고 문이 없다. 본시 없는 것을 구할 길이 없다! 그러니 본시 없는 그 자체를 보아라. 그러나 기독교는 다르다. 「마태복음」제7장의 말씀을 옮긴다.

구하라. 그러면 너희에게 주실 것이요, 찾으라. 그러면 찾을 것이요, 문을 두드리라. 그러면 너희에게 열릴 것이니 구하는 이마다 얻을 것이요, 찾는 이가 찾을 것이요, 두드리는 이에게 열릴 것이니라.

정치인 政治人
정치인은 건달이 아니면 게으름뱅이다.

●

정치인들은 유식한 자는 게으르고, 부지런한 자는 무식하다.('머리 나쁜 자가 부지런한 것보다, 머리 좋은 자의 게으른 정치가 좋다'는 말이 여기에서 나왔다. 머리 나쁜 자가 권력을 가지면 백성을 괴롭히기 때문이다) 머리 빈 늙은 정객政客들은 같은 처지의 젊은 정치인보다 형편이 낫다. 그들 대부분은 무슨 죄를 지었는지 모른 채 곧 죽을 것이므로.

____1 국회의원이든 장관이든 대중의 관심을 받는 공직에 오르면 도대체 '나쁜' 짓을 하려야 할 수가 없다. 지켜보는 눈들이 많기 때문이다. 그런 '도덕률에 어긋난 행동을 전혀 할 수 없는' 국회의원이 되기 위해 발버둥치는 수많은 이들을 보면, 인간의 명예욕이 얼마나 무서운지 나는 소름

진실의 적들

이 끼친다. 그들은 인생의 참맛을 포기하더라도 별것 아닌 명예를 가지고 싶은 것이다.(그들에게 소명의식이 없다는 것은 그들 스스로 안다. 차라리 그 정열로 주지육림에 묻혀 사는 것이 나을 것이다) 나는 여기서, 공자孔子의 말씀을 옮겨야겠다.

공자가 제齊나라 태산泰山밑을 지날 때 어떤 여인이 목 놓아 울고 있는 것을 보았다. 공자는 수레를 멈추고 제자 자공子貢을 보내 연유를 물었다. 그 여인이 답하기를, 시아버지가 범에 물려 죽은 뒤 남편이 범에 물려 죽었으며 다시 아들이 범에 물려 죽어 운다고 하였다.
자공이, 그렇다면 어찌 이런 기막힌 일을 당하면서 이곳을 떠나지 않고 그대로 살고 있는지를 다시 물었다. 여인은 다름 아니라 이 고을에는 까다로운 정치가 없기 때문에 머물러 살고 있다고 하였다. 자공이 들은 바를 공자에게 고하자, 공자가 자공에게 일렀다.
'소자小子야, 기록해 두어라. 까다로운 정치는 사나운 범보다 더 무서운 것이다.'
보아라. 게으르거나 무식한 자들이 하는 정치를 견디느니, 그러한 정치가 없는 벌판에서 차라리 목숨을 내놓고 사는 게 낫다.

___2 일찍이 현인(소피스트Sophist) 아리스토파네스Aristophanes는 '오늘날 정치를 하는 사람은 이미 학식이 있거나 성품이 바른 사람이 아니다. 정치는 못 배우고 무식한 깡패에게나 알맞은 직업이다'고 설파하였다.

정치인의 세 가지 요소는 돈과 뻔뻔스러움, 그리고 동물적 감각이다. 정치인은 돈을 만들고 그 돈으로 표를 얻기 위해 시간을 쓴다. 그들은 자신의 신념이나 정의를 관철하기보다 언제든 그러한 신념과 정의에 반할 수 있어야 하고 그때 아무렇지도 않게 행동하는 뻔뻔스러움이 필요하다. 그리고 '살아남기 위한' 동물적 감각이 요구된다.

계파의 보스에게 충성을 의심받으면 다음 선거의 공천은 없다. 그러니 정치판은 두목에게 충성하고 조직원을 보살펴야 하는 조직폭력배의 세계와 흡사한 구조다. 그러나 두목이 죽는다고 정치판에서는 졸개도 죽는 것이 아니다. 비용은 들겠지만, 말을 바꿔 타면 된다. 이러니 정치인에게 무슨 공부가 필요하겠으며 무슨 도덕이 소용 있겠는가. 정치인은 불학무식不學無識한 깡패로 살다가 다선多選이 되면, 문자 그대로 '정치가 아니면 아무 짝에도 쓸모없는 노인'이 될 뿐이다.

__3 정치인에게 거의 유일한 경구가 있다. 클라크K.Clark는 '정상배는 다음 선거를 생각하고 정치인은 다음 세대를 생각한다'고 하였다. 정치인에게 한 경구가 전하지 않는 것은, 그들이 남의 충고에 귀를 열 재능이 전혀 없기 때문이다.

이별 離別

진정한 이별은 더 이상 사랑하지 않는 것이다.

●

사랑한다면, 설령 죽음이 갈라놓는다 하여도 이별은 없다. 또한 평생을 이별하여 함께 있지 못해도 사랑은 모자라지 않는다.

___1 우리는 얼마나 많은 이들과 이별하였던가!

인생은 이별의 연속이다. 나와 인연을 맺었던 온갖 생명들과 이별한다. 산과 강과 들판과 이별한다. 부모와도 이별하고 자식과도 이별한다. 그러나 이별은 또 다른 만남을 만든다.

__ 2 회자정리會者定離란 말이 있다. 만나면 반드시 헤어지기 마련이라는 말이다. 회자정리에다 '산 자는 반드시 죽는다'는 뜻의 생자필멸生者必滅을 함께 쓰기도 하고, '떠난 자는 반드시 돌아온다'라는 의미의 거자필반去者必返을 붙이기도 한다.

석존이 베사리성의 큰 숲에 있을 때, 자신의 열반을 슬퍼하는 아난다 존자에게 한 말씀이 『대반열반경大般涅槃經』에 전한다.

> 인연으로 이루어진 이 세상 모든 것들은 빠짐없이 덧없음으로 귀착 되나니, 은혜와 애정으로 모인 것일지라도 언제인가 반드시 이별하기 마련이다. 이 세상의 모든 것들은 으레 그런 것이거늘 어찌 근심하고 슬퍼만 하랴.

석가모니는 사랑하는 제자에게 다시 생사의 경계가 덧없음을 이른다.

> 아난다여. 참으로 내가 전에 사랑스럽고 마음에 드는 모든 것과는 헤 어지기 마련이고 없어지기 마련이고 달라지기 마련이라고 그처럼 말 하지 않았던가. 아난다여. 그러니 여기서 무슨 소용이 있겠는가. 아난 다여. 태어났고 존재했고 형성된 것은 모두 부서지기 마련인 법이거 늘 그런 것을 두고 절대로 부서지지 말라고 한다면 그것은 있을 수 없 는 일이다.

___3 나는, 내가 쓴 이별의 시편들이나 세상의 어떤 시편들보다, 만해卍海 한용운韓龍雲의 절창絶唱 「님의 침묵」을 여기 첨添하지 않을 수 없다.

님은 갔습니다. 아아 사랑하는 나의 님은 갔습니다.
푸른 산빛을 깨치고 단풍나무숲을 향하여 난 작은 길을 걸어서 차마 떨치고 갔습니다. 황금의 꽃 같이 굳고 빛나던 옛 맹서는 차디찬 티끌이 되어서 한숨의 미풍에 날아갔습니다. 날카로운 첫 키스의 추억은 나의 운명의 지침을 돌려놓고 뒷걸음쳐서 갔습니다.

나는 향기로운 님의 말소리에 귀먹고 꽃다운 님의 얼굴에 눈멀었습니다. 사랑도 사람의 일이라 만날 때에 미리 떠날 것을 염려하고 경계하지 아니한 것은 아니지만 이별은 뜻밖의 일이 되고 놀란 가슴은 새로운 슬픔에 터집니다.

그러나 이별은 쓸데없는 눈물의 원천을 만들고 마는 것은 스스로 사랑을 깨치는 것인 줄 아는 까닭에 걷잡을 수 없는 슬픔의 힘을 옮겨서 새 희망의 정수박이에 들어부었습니다. 우리는 만날 때에 떠날 것을 염려하는 것과 같이 떠날 때에 다시 만날 것을 믿습니다.

아아 님은 갔지마는 나는 님을 보내지 아니하였습니다. 제 곡조를 못 이기는 사랑의 노래는 님의 침묵을 휩싸고 돕니다.

보아라. 용운은 이별이 무엇인지를, 그리고 사랑이 무엇인지를 알고 있지 않느냐. '날카로운 첫 키스의 추억은 뒷걸음쳐서 갔'다는 것, '사랑도 사람의 일이라 만날 때에 미리 떠날 것을 염려하고 경계하지 아니한 것은 아니지만 이별은 뜻밖의 일이 되고' 만다는 것, '만날 때에 떠날 것을 염려하는 것과 같이 떠날 때에 다시 만날 것을 믿'는다는 것, 그리고 무엇보다도 모든 이별의 진정한 의미로서, '님은 갔지마는 나는 님을 보내지 아니하였'다는 진실이다.

세상 사람들은 이 시의 '님'을 두고 조국이니 부처니 하여, 해석들을 한다. 다 엉터리다. 용운 같은 천하의 문재文才가, 무슨 조국이나 부처를 저리 '님'이라는 정감어린 호칭으로 에둘러 쓰겠는가. 더욱 오도悟道했다고 믿어 의심치 않는 선사禪師가 독자를 구렁텅이에 빠뜨릴 장난을 칠 리 없다! 명색이 평론가니 교수니 하는 자들이, '님'을 곡해함으로써, '님의 침묵'은 절창으로 남지 못하고 평범한 노래가 되고 말았던 것이다. 나는 차라리 용운이 '진실로 사랑했던 불멸의 연인'이었다고 하겠다.

독자들의 의심을 줄이기 위하여 1926년 '님의 침묵' 초간본에서 용운이 쓴 췌사贅辭,「군말」을 다시 첨한다.

님만이 님이 아니라 기룬 것은 다 님이다. 중생이 석가의 님이라면 철학은 칸트의 님이다. 장미화薔薇花의 님이 봄이라면 맛치니의 님은 이태리다. 님은 내가 사랑할 뿐 아니라 나를 사랑하느니라. 연애가 자유라면 님도 자유일 것이다. 그러나 너희는 이름 좋은 자유의 알뜰한 구속을 받지 않느냐. 너에게도 님이 있느냐. 있다면 님이 아니라 너의 그림자니라. 나는 해저문 벌판에서 돌아가는 길을 잃고 헤매는 어린 양이 기루어서 이 시를 쓴다.

용운이 본 '길을 잃고 헤매는 어린 양'은 도대체 누구란 말인가? 독자들이여. 용운이 '맛치니의 님은 이태리'라 한다고 해서 용운의 님이 조선이었다는 상상은 거두어라. 시는 발표되는 순간 독자의 것이다. 더욱 용운이 그러했다면 이런 '군말'을 남기지 않는다! 진실은 용운이 밝혔다. (님이 조선이었다면 용운이 이태리를 들먹일 리 없다는 것이다) 용운이 이만큼이라도 '군말'을 하는 것은, 사랑은 결코 집착이 아니요 이별은 절대 단절이 아닌 것을, 선사라는 신분 때문에 둘러둘러 말한 것이다.

추억 追憶

이 세상에 나쁜 추억은 없다. 살아가면서 나쁜 일들은 추억하지 않
는 법이다.

●

추억의 본질은, 지나간 시간에 대한 안타까움과 후회다. 그리고 추억의 대상은
그 시간 그곳에 있었던 사람에 관한 것이다. 내가 굳이 '나쁜 일'이라고 쓴 것
은 '일이 바라지 않은 방향으로 끝난 것'을 의미하는 것이 아니라(첫사랑은 좋
지 않은 방향으로 끝나기 마련 아닌가?), 문자 그대로 '나쁜 자'들에 관한 기억이라
는 의미이다.

___1 나는 추억이라는 단어와 함께, 늘, 기타리스트 프란시스코 타레
가Francisco Tárrega Eixea가 작곡한 「알함브라궁전의 추억」을 떠올린다. 나어
린 제자 콘차에 대한 실연의 아픔과, 알함브라Alhambra궁전이 가진 비극
적 서사敍事가 절절히 녹아 있는 선율은 슬프다 못해 아름답다.

1492년은 에스파냐España왕국이 콜럼버스Christopher Columbus 1451-1506를 후원해 아메리카대륙을 발견한 해이기도 하지만, 770년간이나 지속된 이베리아반도의 이슬람제국이었던 그라나다왕국을 여왕 이사벨라Queen Isabella가 무혈로 무너뜨린 해이기도 하다. 나스르왕조의 마지막 왕이었던 아부 압달라Abu Abdallah가 백성의 생명을 지키기 위해 이사벨라에게 왕국과 함께 저 빛나는 알함브라궁전을 바쳤을 때, 그의 어머니는 '네가 남자답게 왕국을 지키지 못했으니 여자처럼 울어라'고 꾸짖었다.

그 알함브라궁전의 폴보로사탑塔에는 다음과 같은 경구가 새겨져 있다.

여인이여!, 그에게 적선하시오. 그라나다에서 눈이 먼 것보다 인생에서 더한 시련은 없을 것이오.

___2 두 번째 시집 『수련睡蓮의 집』 첫 머리에 릴케R.M.Rilke의 산문을 얹었다. 추억은 피로 용해되는 것이다. 릴케는 추억이라는 고통에 빠져 『두이노의 비가悲歌』를 썼던 것이리라.

추억이 많으면 그것들을 잊어야 한다. 추억이 되살아 올 것을 기다리는 길고 긴 인내가 있어야 한다. 추억이 내 안에서 피가 되고, 시선과 몸짓이 되고, 나 자신과 구별되지 않을 만큼 이름 없는 것이 되어야,

그때서야 비로소, 그 한가운데서 아주 가끔, 시 첫 행의 첫 단어가 떠오른다.

___**3** 추억은 만들어지는 것이 아니다. 사실 대부분의 추억은 '결코 의도하지 않은 방향으로 끝나는' 고통 어린 기억들이다. 그러나 그 추억에 감사하라. 단테는 『신곡神曲』에서 '행복했던 시간을 그리워하는 것보다 더 큰 고통은 없다'라고 했다.

골프Golf

골프를 치거나 요트를 타는 좌파左派는 없다. 있다면 그는 독재자거나, 얼치기 좌파다.

●

골프란, 인간이 얼마나 이기적利己的이고, 자기합리적이며, 뻔뻔스러운지를 잘 보여주는 '운동'이다. 그들이 골프를 치는 풀밭에서 '양羊'을 길렀다면 세계는 얼마나 아름다웠겠는가!

___1 이 세상에는 골프를 치는 사람과 치지 않는 사람 두 종류가 있다.

골프는 원래 목동들의 심심파적 놀이다. 우리의 자치기와 아주 흡사하다. 골프는 아직도 부자들의 운동이다. 이 말에 심한 거부반응을 보이는 이들이 있다. 자신은 절대 부자가 아닌데도 골프를 하니, 골프는 부자들의 운동이 아니라는 것이다. 그렇다면 내가 정답을 말하겠다. 부자가 아니면서도 골프를 친다면, 당신은 주제넘거나, 아주 잘못된 선택을 한 바보거나, 그도 저도 아니라면 미쳤다.

골프라는 운동은 '라운딩'을 위해 너무 많은 시간을 그 준비와 연습으로 보내야 하는 운동이다. 골프를 위해서 쓰는 시간이 아깝지 않을 정도로, 당신에게 시간이 언제나 넉넉하다면, 당신은 필경 바보일 것이다. 인생은 보기보다 대단히 짧기 때문이다. 아니면 당신은 당신과 같은 바보들과, 수많은 살아 있는 나무들을 베어내고 땅을 파헤친 뒤 깔아놓은 잔디 위를 즐겁게 담소하면서 맑은 공기를 쏘인다는, 마약 같은 즐거움에 빠져 다시는 다른 선택을 할 수 없게 된 불행한 사람이다. 그런데도 부자가 아닌 자가 골프를 한다면 그걸 어찌 미쳤다고 하지 않겠는가.

___2 골프를 일찍 시작한 것을 결코 자랑하지 말라. 당신은 읽어야 할 책과 들어야 할 음악과 사색의 즐거움까지 포기하고, 유희에 빠졌던 것이다. 그것도 너무 일찍!(내가 골프를 치는 대부분의 정치인들과 교수들, 변호사들을 '가짜'라고 부르는 이유이다)

역설적으로 나는 부자에게 충고하겠다. 당신은 재능과 노력, 그리고 행운으로 부자가 되었다. 본시 부자가 인생의 참 즐거움을 깨닫기는 어려운 법이다. 가난이 결코 미덕은 아니지만, 부자가 되어 인생을 낭비하는 자들을 보면 나는 참을 수 없는 조소를 느낀다. 작은 공을 멀리 있는

구멍에 넣는 유희에 당신이 몰두해서 얻는 것이, '돼지들의 포만감' 외에 또 있다면 당신은 골프를 계속하라.

__3 흔히 골프는 인생의 축소판이라는 말을 한다. 이런 유치한 말을 들으면 하품이 나온다. 세상의 모든 일은 다 인생의 축소판이다. 그러니 차라리 인생에 도락 한 가지는 있어야 되지 않느냐고 항변하는 것이 옳다. 그러나 골프는 한 가지 도락으로 치부하기에는 너무 많은 희생을 필요로 한다. 자신만의 희생이 아니라 가족의 희생, 자연의 희생이 뒤따른다. 인생에 필요한 지혜를 구할 데가 없어 하필 골프에서 찾았다면 더는 할 말이 없다. 나무를 잘 타는 걸 자랑하는 원숭이는 나무타기가 삶의 전부다. 그런 원숭이를 앞에 두고 생의 의미를 얘기한들 무엇 하겠는가? 당신이 골프에서 인생을 배운다는 것은 매춘굴에서 사랑을 구하는 것과 같다.

낙엽 落葉

낙엽이 덮여 길을 감추지 않는다면 누가 길 위에서 울 수 있을 것
인가.

•

낙엽은 주검이 아니다. 나무의 긴 일생에서 반복하는 이 적선積善의 미학美學!
그것은 바로 기다림이다. 겨울이 지나면 다시 돌아올 생명을 우리는 기다려야
한다. 흔히 우리는, 잊고 평생을 살아가다가, 문득 깨닫는다. '이렇게 기다리는
동안, 참 많은 시간이 지났구나!'

우리는 늘 '잊는 것'을 슬퍼하지만, 기실 그 긴 시간을 보내며, '잊혀짐'을 기다
리고 있다.

___1 이브 몽땅Y.Montand이 1946년 영화 「밤의 문」에서 불렀던 「낙엽」은
(「고엽孤葉」으로 번역되어 있다), 시인 자크 프레베르J.Prevert의 시를, 롤랑 프

티R.Petit의 발레 「랑데부」를 위해 조지프 코스머J.Kosma가 곡을 붙인 것이다. 청년 시절 나는 줄리에트 그레코J.Greco를 무진 좋아했는데, 그레코가 청중 앞에서 처음 부른 노래이기도 하다. 이 노래는 1950년 조니 마너J.Maner가 영어로 불러 전세계에 알려졌다.

> 낙엽은 흩어져 쌓이고, 잊혀지지 않는 추억과 회한도, 저 낙엽처럼, 북풍은 싸늘한 망각의 어둠 속으로 쓸어가버리네.

> ― 「낙엽」 부분

프레베르의 우수에 찬 시는, 우리의 '추억과 회한이 잊히는 것'을 슬퍼하지만, 기실 시인은, 떨어져 쌓이는 낙엽처럼 그 추억과 회한에 늘 젖어 있는 것이다.

__2 기다림은, '잊힘'을 기다리는 것이다. 잊으려고 할수록 잊히지 않는 것이 또한 인간의 숙명이다. 그러나 언젠가는 잊어진다. 적어도 잊었다고 깨닫게 된다. 나는 여기서 김소월의 「먼 후일」을 첨하여 프레베르의 슬픔을 달래고자 한다.

> 먼 후일 당신이 찾으시면
> 그 때에 내 말이 "잊었노라"

당신이 속으로 나무라면
"무척 그리다가 잊었노라"
그래도 당신이 나무라면
"믿기지 않아서 잊었노라"
오늘도 어제도 아니 잊고
먼 후일 그때에 "잊었노라"

— 「먼 후일」 전문

소월이 누군가? 「초혼招魂」이라는 절창 한 편으로 시인으로 남은 이 아니닌가. 그러나 소월의 진정한 절창은 아무도 절창이라 하지 않는 「먼 후일」이다. 시인은 잊힘을 기다리지만, 먼 후일에 다가올(다가올 것으로 믿는) '잊힘'마저도 현재의 원망으로 점철되어 있는 것이다. 「먼 후일」은 그 마지막 연 '오늘도 어제도 아니 잊고 먼 훗날 그 때에 잊었노라' 이 외마디 같은 시구로 영원히 살아 있는 노래가 되었다.

___3 낙엽을 태우지 말라. 그대는 한때의 푸른 열망을 누가 한 줌의 재로 돌려보내는 걸 원하는가? 낙엽은 바람에 쓸려서 여기저기 제 집으로 찾아든다. 낙엽은 어차피 땅의 것이다.

귀부인貴婦人

남자들이 귀부인을 흠모하는 것은, 단지 정복하기 어렵기 때문이다.

●

그리고 여자들이 귀부인을 흠모하는 것은, 자신도 그런 남자들의 시선을 받고 싶기 때문이다.

귀부인은 지체가 높은 부인이다. 상류층 부인을 일컫는 말로도 쓴다. 우리 사회에서 귀부인이라는 말을 쓸 때는 단순히 고관대작의 부인을 의미하지는 않는다. 현숙한 아내로서 품위와 덕망을 갖추어야 비로소 귀부인의 반열에 오를 수 있었다.

___1 에피크테토스Epiktetos의 『사색록』에는 「부인의 가치」에 대해 다음과 같이 쓰고 있다.

여성은 14세부터 남성에 의해 숙녀라고 불리운다. 그녀들은 자기의 아름다움에 대한 가치 이외의 것을 인정하지 않고, 용모를 아름답게 꾸미며, 모든 소망을 외부적인 매혹에 두기 시작한다. 그러나 그녀들이 고상한 기품氣品이나 태도가 무엇보다도 매력을 끈다는 것을 깨닫도록 해야 할 것이다.

당시에도 오늘날처럼 여자들은 모름지기 자신의 외모를 가꾸는 데 집중했던 모양이다. 그러나 에피크테토스가 지적한 바대로 여성의 매력은 단순한 외모가 아니라 기품 있는 외모이다.

여성을 정복하기 어렵게 보이는 요소가 바로 '기품'이다. 그냥 기품이 아니라, 감히 범접할 수 없는 기품을 말함이다. 기품은 고상한 품성이 뿜어내는 기운이다. 귀부인의 그러한 기품은, 남자들에게 요구되는 학식과 정의감, 의리, 정직, 그리고 희생정신이 빚어내는 기품처럼, 결코 쉽게 배양되지 않는다.

지혜가 없는 단순한 아름다움은 천박하다. 그러나 지혜는 있지만 기품이 없는 여자도 천박하긴 마찬가지다. 지혜가 없어 천박한 여성보다 남자를 더 괴롭히는 것이 다를 뿐이다.

___2 귀부인과 비교되는 여자로 나는 작부酌婦를 들어야겠다. 어느 시대

든 작부는 외모를 밑천으로 하여 돈을 버는 직업이다. 그런데 작부에게 가는 남자의 대부분이 작부를 두고 '귀부인처럼' 미추 美醜를 가린다는 건 놀라운 일이다. 잠깐 한 잔의 술을 따를 여인을 품 品해 무엇 할 것인가.

1983년 조계종정 성철 性徹이 내린 초파일 법어 法語에 있는 말씀이다.

교도소에 있는 죄수도 술집 작부도 다 부처이니 부처님 오신 날이 바로 당신들의 생일입니다.

그 당연한 말씀을 그때까지 왜 그리 듣기 힘들었을까. 『법화경』의 「약초유품 藥草喩品」은, '모든 초목과 약초, 크고 작은 나무들에게 똑같이 비가 내리고 비를 받지만, 한 구름에서 내리는 비인데도 크고 작은 나무들이 그 종류와 성질에 따라 받아들이는 것이 다 달라, 자라고 크고 꽃이 피고 열매를 맺는다는 것'을 가르치고 있다.

하물며 인간은 말할 것도 없다. 사람도 크고 작은 나무와 같아 꽃이 피고 열매를 맺는 것이 다 다를 뿐이지, 근본은 다 사람이지 않은가. 스스로 부처인 것을 알면 부처요, 스스로 고해에 빠진 중생인 것을 알면 중생이다. 작부집의 작부가 그대들의 눈에 '부처'이면 '부처'로 대할 것이요 한낱 작부로 보이면 작부로 대하여, 이 또한 그뿐이다. 그대들의 눈앞에 있는 술 따르는 여인이 부처면 부처인 것이요, 작부면 작부라는 뜻이다.

「마태복음」에도 이 비슷한 구절이 있다.

> 하느님께서는 악한 사람에게나 선한 사람에게나 똑같이 햇빛을 주시
> 고 옳은 사람에게나 옳지 못한 사람에게나 똑같이 비를 내려 주신다.
> (5:45)

도시 都市

도시에는 시간이 존재하지 않는다.

●

도시에는 낮 아니면 밤이 있을 뿐이다.

분초를 다투며 돌아가는 도시에 시간이 존재하지 않는다니! 그러나 돌아보라. 우리는 언제, 부여받은 자유의 시간을 제대로 쓴 적이 있던가. 풍랑의 바다에 표류하거나 심산深山에 고립되어 문명이 없는 세상에 팽개쳐졌다가 돌아온 이들은, 흔히 그곳이 '낮 아니면 밤이었다'고 진술하지만, 진실로 도시에는 '낮 아니면 밤'인 모호한 시간 단위만 있다.

___1 영국에는 '대도시는 대사막이다.A great city is a great desert'라는 속담이 있다. 우리가 문명이라고 부르는 곳은 곧 '인간'을 의미한다. 그런데 문

명의 상징인, 도시가 사막이라니!

나는, 이 속담에 진지하게 동의한다. 거대도시 서울에서 살아오면서 내가 도시에서 떠올리는 이미지는, 넘쳐나는 소음과 쓰레기들, 거짓말들, 도둑고양이와 살찐 비둘기들, 매연, 허영, 음흉함, 온갖 냄새들, 냉정함, 끊임없는 낭비, 그리고 거드름, 욕정 같은, 인생에서의 비극적 요소밖에 없다. 장담하건대 인간은 없다!

도시는 정치 경제의 중심이 되는 곳이며 문명이 모인 곳이다. 도시의 상징은 관청과 시장市場이다. 그러니 도시는 사람이 모여드는 곳이다. 촌락이 '자연自然'이 존재하는 곳이라면 도시는 인간이 존재하는 곳인 것이다. 그런데 역설적으로 도시에는 '인간'이 사라지고 없다.

대량유통과 대량소비만 있을 뿐 개인은 철저히 소멸된다. 모든 교섭은 일회적이고 형식적이며 계산적이다. 이러니 도시에 어쩔 수 없이 필요한 것은 하수도, 변소, 전단지들, 뒤엉킨 전선들(요즘은 지하에 감춘다), 보이지 않게 행해지는 폭력, 비굴한 웃음, 더러운 섹스, 짜증, 천박한 화장化粧, 명함들, 그리고 거들먹대는 경찰 같은, 컴컴하고 악취 나는 것들이다.

__2 도시에서 유추하는 문화적 두 단어는 '낭만'과 '고독'이다.

낭만浪漫(roman을 일본식 발음대로 표기한 단어다. 일본식 조어造語인 이 단어가 나는 싫다)은 너무나 인간적인 유혹이고, 고독孤獨은 시인 박인환朴寅煥이 일찍이 '고립孤立'이라고 하였듯이 너무나 지적인 사치다. 그러나 적어도 낭만이든 고독이든 고립이든 문화적인 일상을 추구하는 이들은 악인이 아니다. 도시에 적응하지 못한 채 살아갈 수밖에 없는 소시민일 뿐!

___3 오늘날 도시에 밀집한 사람들은 다들 눈을 뜨고 있지만 아무것도 보고 있지 못하는 군상이다. 우리가 보지 못하거나, 깨닫지 못하거나, 비겁하게 정당화시키는 폭력들은 대부분 스스로가 연루된 폭력들이다!

1998년 노벨문학상을 수상한 포르투갈 작가 주제 사라마구Jose Sara-mago가 쓴 『눈먼 자들의 도시』는 그런 인간 본성을 적나라하게 파헤친 소설이다.

눈이 멀어버리는 전염병이 휩쓸자 정부는 눈먼 환자들을 병원에 격리 수용하는데, 그곳엔 남편과 함께하기 위해 눈먼 것처럼 행동하는 한 여인이 있다. 소설은 이 여인의 눈을 통해 인간이 갑자기 극한상황에 내몰렸을 때 스스로 존엄성을 포기하고 얼마나 추악해질 수 있는지를 잘 보여준다. 생존이 위협받는 수용소는 여러 형태의 폭력이 난무하는 곳이다. 자신도 볼 수 없지만 자신도 남에게 보이지 않는다는 것만으로, 그들은 먹을 것을 위해 모든 것을 던질 수 있다. 심지어 정조까지도! 살아남기 위해 여인들은 스스로 몸을 유린당하지만 그런 일들조차 정당하게 받아들여진다.

줄리안 무어Julianne Moore가 열연한 동명의 영화가 소설보다 한결 편하다.

___4 인간은 도시에서 소멸할 것이다.

1800년 무렵만 하더라도 도시인구는 5퍼센트 정도에 불과했다. 그러나 산업발달과 교역확대로 급격한 도시화가 이루어져, 오늘날 인구의 대다수가 도시에 살게 되었다.(미국은 인구 2천5백 명, 일본은 5만 명, 우리는 2만 명을 기준으로 도시로 간주한다)

이러한 도시화는, '도시성 都市性urbanism'이라는 생활양식이 일반화되면서 '비인간화'를 일으킨다. 도시성의 대표적 성질은 냉정 冷情이다.('정답지 않고 차갑다'는 뜻으로, 같은 발음인 冷靜과는 전혀 다른 의미다) 냉정은 인간을 메마르게 한다. 인간성을 죽이고 인간을 죽인다. 결국, 인간은 도시에서 죽는다!

2부

오늘날의 '무법자'로 군림한 방송보다는 덜하지만, 신문은 가벼운 지식들의 상점이다. 그런데도 사람들은 신문에 몇 줄 적혀 있는 지식으로 무장하는 것을 좋아한다. 결국 신문은 스스로 대중을 깨운다고 믿지만 기실 몽환에 빠져있게 한다. 앙드레 브르통A.Breton은 '신문은 사상의 무덤이다'라고 했다.

별

별은 신의 손에 남겨두어야 한다.

●

인간이 별을 탐해서는 안 된다. 그건 과욕이다. 만약 인간이 별을 가진다면, 그것으로 끝이다. 신이 준 선물 가운데 마지막 하나쯤은 남겨두어야 하지 않겠는가.

별은 인간에게 영원한 미답未踏이다. 그것이야말로 별이, 심약한 인간의 가슴에서 마지막 위안으로 빛나는 이유다. 과학은 인간을 파멸로 이끈다!

___1 그러나 그 위안은 한편으로는 고통이다. 칸트I.Kant는 별에 대해 인식이 커질수록 인간은 보잘것없는 피조물임을 자각하고, 자신 안의 도덕률에 대한 인식으로 자신의 중요성과 존엄성을 회복한다고 하였다.

칸트의 무덤에는 다음과 같은 비명 碑銘이 있다.

> 내가 더욱 자주 더욱 진지하게 생각할수록, 언제나 새롭고 높아지는
> 감탄과 경외로 내 마음을 가득 채우는 것이 두 가지가 있다. 그것은
> 내 위에 있는 별이 빛나는 하늘과, 내 안에 있는 도덕률이다.

내가 굳이 위안으로 빛난다고 적은 것은, 독자들이여, 인간들 대다수
는 고민하는 인간이기보다는 만족하는 돼지를 선호하는 존재이기 때문
이다.(돼지에게도, 불가해하고 불가침한 존재가 하나쯤은 있어야 하지 않겠는가? 존 스
튜어트 밀 J.S.Mill이 한, 정확한 말은 '배부른 돼지보다 배고픈 인간이 되는 편이 낫고, 만
족하는 바보보다 불만족에 찬 소크라테스가 되는 것이 낫다'이다)

___2 신이 나에게 은하수를 보게 한 것은 감동이다. 이 은하의 한 자락에
서 보면 지구는 얼마나 보잘것없는 행성 行星이겠는가. 작은 불조차 밝히
지 못한 채 끝없이 태양을 돌고 있는, 캄캄한 별!

칼 세이건 C.Sagan이 쓴 책의 제목 『창백한 푸른 점 Pale Blue Dot』은 지구
를 의미한다. 이 책 맨 앞 페이지는 검은색 종이 같은 사진이다. 지구로부
터 64억 킬로미터 밖에서 명왕성 옆을 초속 18킬로미터로 지나던 보이
저 1호에서 보내온 이 사진을 보면 캄캄한 화면에 아주 작은 희미한 점
하나가 있다. 그것이 신이 만물을 창조하면서 특별히 인간을 배려하여

선택한, 지구라는 별이다. 신이 이 세계를 창조했다면, 저 희미한 빛의 한 점 지구를 만들면서 왜 굳이 엄청난 별들로 가득 찬 우주를 안배한 것인가. 신은 그렇게 할 일이 없었던가?

> 다시 이 빛나는 점을 보라. 바로 여기 있다. 여기가 우리의 고향이다. 우리가 사랑하는 이들, 아는 사람들, 들어보았던 사람들, 예전에 있었던 모든 이들이 이곳에서 살았다. 우리의 즐거움과 고통, 확신에 찬 수많은 종교, 이데올로기, 경제이론, 사냥꾼과 약탈자, 영웅과 겁쟁이, 문명의 창조자와 파괴자, 왕과 농부, 서로 사랑하는 연인들, 모든 아버지와 어머니들, 희망에 찬 아이들, 발명가와 개척자, 윤리 도덕의 교사들, 부패한 정치가들, 슈퍼스타들, 초인적 지도자, 성자와 죄인 등 인류의 역사에서 그 모든 것의 총합이 여기에, 이 태양빛 속에 부유하는 먼지와 같은 작은 천체 위에서 살았던 것이다.

세이건은 '지구는 광활한 우주에 떠 있는 보잘것없는 존재에 불과하다는 사실을 사람들에게 가르쳐 주고 싶어' 보이저 1호의 카메라를 지구 쪽으로 돌려 이 사진을 찍었다.(세이건의 요청을 NASA는 처음에는 반대했다) 1977년 9월 5일 태양계 행성을 탐사할 목적으로 발사된 보이저 1호는 13년이 지난 1990년 2월 초, 마지막 남은 에너지로 NASA의 명령을 수행한 뒤 우주 속으로 떠났다. 55개국 언어로 된 인사말이 「지구의 속삭임」이라는 원판에 수록되어 실려 있다.(보이저 1호는 최소한 몇백만 년을 달려야 또 다른 문명을 만날 수 있을 것이다)

세이건은 위 책 제1장「우리는 여기에 있다」의 머리에 마르쿠스 아우렐리우스Marcus Aurelius가『명상록』에서 쓴 글을 옮겨 적고 있다.

지구 전체는 하나의 점에 불과하고, 우리가 사는 곳은 그 점의 한 구석에 지나지 않는다.

독자들이여. 한 번쯤은 벌판에 나가 별이 쏟아지는 밤하늘을 지켜보라. 인간이 얼마나 왜소하고 왜소한 것인지 알 것이다. 그 황홀경을 바라보고 있으면, 번뇌와 고통이 얼마나 사소한 것인가를, '나'라는 존재가 얼마나 소중한지를, 살아가는 지금 이 순간이 얼마나 아름다운지를 알게 될 것이다.

___3 1920년대 허블E.Hubble은 빛을 내는 물체가 멀어질 때 붉어져 보이는 현상을 통해, 외부 은하들이 우리가 있는 은하로부터 멀어지고 있다는 사실을 밝혀냈다.

우주는, 마치 별을 촘촘히 그려 넣은 풍선을 불면 풍선이 커지면서 거기 그려진 별들이 서로 멀어지는 것처럼, 모든 별들이 서로 멀어지고 있다. 우주는 엄청난 속도로 팽창하고 있는 것이다. 그렇다면 과거의 우주는 매우 작았을 것이 틀림없다. '빅뱅 이론'을 빌려 말하자면, 우주는 무無에 근접한 작은 점에서 빅뱅을 거쳐 분열하는 힘에 의해 엔트로피를 증가시키며 카오스에서 코스모스로 전개되어 나가고 있는 중이다.

그러나 영원히 팽창한다는 것은 불가능하다.(풍선을 불면 커지다가 압력을 견디지 못하고 터진다) 언젠가는 우주도 팽창을 멈추고 수축하기 시작할 것이며, 엔트로피는 거꾸로 감소할 것이다. 마침내 우주는 아주 작아져 종말을 맞이하고 새로운 우주가 창조될 때를 기다려야 할 것이다. 도대체 우주 밖에는 무엇이 있는 것인가? 그것은 신만이 알고 있다.

___4 불가佛家에서는 이미 2천5백 년 전, 석가가 '만법萬法은 귀일歸一한다' 하였다. 우리는 그 만법의 벌판에서 별을 보고 있다. '조주포삼趙州布衫'이라는 활구活句가『벽암록碧巖錄』에 전한다.

> 어떤 중이 조주趙州에게 물었다.(조주는 당唐나라 말기의 선승이다)
> '만법이 하나로 돌아간다면, 그 하나는 어디로 가는 것입니까?(만법귀일 일귀하처萬法歸一一歸何處)'
> 조주가 답했다.
> '내가 청주에 있을 때 삼베로 적삼 하나를 만들어 입었는데, 그 무게가 일곱 근이었다.'

이 공안公案을 놓고 대개 선지식들은 '만법이 하나로 돌아가는 것을 논리에 얽매여서 따지지 말고 그 본 모양으로 받아들여라'는 뜻으로, 조주가 삼베로 만든 적삼의 무게를 말하였다고 한다. 뜨겁다! 조주가 무슨 꾀로써 말씀을 그리 어렵게 하셨다는 말인가? 그런 뜻이라면, 차라리 '여기 있지!' 하면서 궁둥이를 까 보이면 그만일 터이다. 선사의 말씀들은 다 이중언어二重言語다. 조주가 오늘 다시 같은 질문을 받는다면, 어쩌면, '하늘에는 별도 많구나' 한 말씀 하시지 않았을까. 조주의 대답은 이렇다. '돌아가긴 어디로 돌아간단 말인가? 만법이 이미 하나로 돌아갔으니 그 하나가 눈에 보일 까닭이 없다. 그러므로 바로 보라.' 그대 눈앞의 모든 것이 하나로 돌아간 그대로다. 삼베 적삼이 일곱 근 역시 그대로다.

___5 도시에서는 별이 보이지 않는다. 문명의 불빛 때문이다. 도시인들의 가장 큰 불행은, 스스로가 켠 불빛들로 인해 '신의 불빛'을 볼 수 없다는 것이다. 그건 누구도 부인할 수 없는 '진실의 모래밭'이자, 적게는 몇만 년 많게는 몇백만 년을 달려온 빛들의 향연이다.(사람들은 꿈을 표현할 때, 대개 별을 그린다. 그 꿈들이 밤하늘에 펼쳐져 있다. 그대는 1년에 밤하늘을 몇 번 쳐다보는가? 그대가 보는 별은 인간의 개념으로는 '영원히' 훼손되지 않는 꿈이다)

권력權力

권력이 좋아 보이는 것은, 아직 권력의 맛을 모르기 때문이다.

●

흔히, 권력의 맛을 본 자가 권력을 좇고 탐하며 권력에 굽실대는 것은, 권력의
참맛을 보지 못했기 때문이다. 권력의 참맛은, 똥맛일 수밖에 없다. 권력이란
것은, 역사歷史에 봉사한다는 명분으로 벌이는 엄청난 식탐食貪이기 때문이다.
(이 말에 더럽다 하지 말라. 먹으면 반드시 똥으로 나온다. 그것이 진리다)

___1 권력의 정당성은 언제나 정의롭다는 데 있다.

파스칼B.Pascal이 『팡세』에서 '권력의 본래 의미는 보호하는 데 있다'
라고 한 것은 진정한 권력에도 내재된 한계가 있음을 가리킨 말이다. 제
퍼슨T.Jetterson은 '모든 권력은 인민에 속한다'는 유명한 아포리즘을 남겼

는데, 이 말은 권력은 인민에게서 나오는 것으로 권력이 정당성을 가지고 정의롭기 위해서는 인민에게 그 권력이 복종하여야 한다는 의미이다. 권력이 인민에 복무하지 않고 비대해지면, 권력은 반드시 남용되어 권력자는 타락의 길을 걷게 된다. 세네카L.A.Seneca가 '강자強者란 자기 자신에게 권력을 휘두르는 사람'이라고 한 것은 바로 권력자의 타락을 경계한 말이다.

철학자들을, 대체로, 권력을 긍정하는 자들과 혐오하는 자들로 나눌 수 있다.(권력을 긍정적인 시각으로 본다고 해서, 권력을 추종하는 것은 아니다. 권력 자체도 철학자가 해석하는 현상에 불과하기 때문이다) 그중 세네카처럼 권력을 혐오하는 이야말로 권력의 속성과 그 실태를 정확히 알고 있는 자다.

___2 철학적으로 권력, 즉 '힘'에 대한 이해를 더하려면, 니체F.W.Nietzsche가 쓴 『권력에의 의지Wille zur Macht』를 읽으면 좋다. 니체는 인간 존재의 본질을 도덕과는 무관한 '힘'에 대한 의지로 본다.

선善이란 인간에게 있어서 권력의 감정을, 권력에로의 의지를, 권력 자체를 드높여 주는 모든 것이다.

니체에 있어서 모든 인간은 권력에의 의지를 가지고 있으며 이러한 이유로 권력은 언제나 주관적이다.

___3 어떤 권력이든 권력을 가진 자는 뒤가 구린 데가 있다. 권력을 잡을 때까지 돈이나 폭력 둘 중 최소한 하나를 사용하면서, 휴지를 불태워 장미꽃을 피워내는 마술처럼 온갖 기만으로 사기극을 펼쳤기 때문이다.

권력을 쥔 자가 돈이나 폭력에서 자유롭다면, 그는 권력자의 아들이거나 수없이 인간을 배신한 배덕자背德者임이 틀림없다. 인간적인 온후함과 자애로움이 넘치는 자는 절대로 권력자가 되지 못한다. 대개 권력자들이 자애롭게 보이는 것은 그들이 그만큼 위장에 능하기 때문이다.

권력자는 정의라는 이름으로 가장 가까운 벗을 배신할 수 있어야 한다. 그만큼 권력에 이르는 길은 멀고도 험하다. 정직함만으로 승부하여 수없는 권모술수를 이겨낸 권력자는, 역사를 뒤져보아도 나는 아직 찾지 못했다. 그런 의미에서 '정치는 도덕과는 구별되는 영역'임을 전제로 쓴, 마키아벨리N.Machiavelli의『군주론』은 권력자를 위해 쓴 도덕교과서이다.

___4 권력은 기실 독점하는 것이다. 권력은 '절대 나눌 수 없는' 속성을 가진다.

오늘날 민주주의가 대부분 삼권분립의 원칙에 충실한 대의정치의 형태로 운용되고 있고, 권력이 일정한 제도적 제한을 받고 있지만, 소인배가 아닌 대인大人적인 권력자라 할지라도 권력을 나누어 가지지 않으려 하는 경향이 있다. 그러므로 권력자에게 제동장치가 많으면 많을수록 인민에게는 이로운 법이다. 좋은 정책은 인민이 동의하기 때문에 그 누구도 제동을 걸 수 없기 때문이다.

부자富者

악마를 미워하는 자들 대부분은, 언제든 악마가 될 준비가 되어 있다.

●

악마가 제 뜻대로 사람으로 태어난다면 당연히 부자로 태어날 것이다. 부자를 선택하는 것은, 돈이면 안 되는 것이 없기 때문이다. 돈이 모든 것에 우선한다는 사실을 부자들은 잘 알고 있다. 부자들은 대개 '황금만능黃金萬能'을 부인하는 체 할 뿐, 진지하게 믿는다. 소설과 영화 속에 자주 등장하는 위의 잠언 위에 한 마디를 덧칠하면 '부자를 미워하는 자들 대부분은, 언제든 부자가 될 준비가 되어 있다.'

___1 졸부猝富일수록 가난한 이들을 경멸한다. 더 놀라운 것은, 졸부들은 대개 턱없이 가난한 이들로부터 존경받는다고 믿는 것이다.

사실 부자는 존경의 대상이 아주 드물다. 조용헌 기자가 쓴 『명문가_{名門家}』를 보면 만석꾼 십만석꾼이 존경받기가 얼마나 어려운지 알 수 있다. 존경받는 큰 부자들은 대를 이은 부자들이지 졸부들이 아니다.

대부분의 부자들은 부러움의 대상이지만 오히려 질시_{疾視}의 대상이면서 경멸의 대상이다. 그들이 부를 악착스럽게 이루는 과정에서 부정을 저질렀거나 남에게 못할 짓을 많이 했기 때문이다. 적어도 내가 읽은 글 중에는 부자를 상찬한 글이 없다.(부자들이나 부자가 되기를 갈구하는 못난 자들이 쓴 부자예찬 같은 글은, 글이 아니니 예외로 하겠다) 소크라테스_{Socrates}는 '부자가 그 부를 자랑하더라도 그 부를 어떻게 쓰는가를 알기 전에는 그를 칭찬하지 말라'고 하였다.

___2 석가는 욕심을 버릴 것을 설하여, 무소유를 가르친다. 불가_{佛家}가 '가진다'는 탐욕을 경원하는 것과 마찬가지로 기독교는 '마음이 가난한' 박애_{博愛}를 추구한다. 성경에서 예수가 '분명히 말하고' '거듭 말해서' 강조하는 것이, '부자가 하나님 나라에 들어가는 것보다는 밧줄이 바늘귀로 빠져 나가는 것이 더 쉬울 것이다'라는 말씀이다.(『마가복음』 10:25) 원천적으로 부자는 선인_{善人}이 될 수 없다는 경구다.

현인_{賢人}들이 말하는 '밧줄이 바늘귀를 통과하듯' 해야 하는 '선한 부자가 되는 길'은 다 한결같다. 재물에 대한 욕심을 버리라는 것이다. 키케로Cicero는 '자기의 소유 이상으로 바라지 않는 자가 부자다'라고 하여 진짜 부자는 재물의 많고 적음에 의해 정해지지 않음을 말했고, 베르그송H. Bergson은 '부자는 빈자貧者를 위해서가 아니고 자기 자신을 위해서 자신의 부를 버려야 한다'고 하여, 빈자를 돌볼 것을 가르쳤다. 프랭클린B.Franklyn은 『가난한 리처드의 책력冊曆』에서 '가진 것을 늘리는 사람은 걱정도 그만큼 는다'고 하여 부자의 욕심이 끝이 없어 불행한 것을 쓰고 있다. 예나 이제나 졸부에 대해서는 더 혹독하다. 로마 시인 푸블릴리우스 시루스Publilius Syrus는 '벼락부자치고 선량한 인간이었던 예는 아직 없다'고 적고 있다.

그러나 현재의 부는 사후의 천국보다 더 달콤하고 유혹적이다. 솔직히 그렇다! 영국에는 '신神보다는 돈이 낫다Better gold than God'라는 속담이 있다. 이 말은 '기도보다는 돈이 문제를 해결한다', '신보다 돈을 믿는다', '돈이라면 신도 웃는다'라고 번역되기도 한다. 사람들은 부유함이 가난보다 조금 더 편리한 것이라고 속삭인다. 마치 '가난은 그저 불편한 것일 뿐이다'는 역설처럼. 그러나 돈은 사람도 부리고 귀신도 부린다. 어느 교회든 어느 법당이든 가진 자에 대한 대접이 다르다!

그런데도 왜 가지지 말라는 것인가. 이 세상 재물이 영원한 것이 없으니 그 재물을 제대로 쓰라는 뜻이다. 그러니 졸부들이여. 돈을 제대로 쓰지 못하는 자는, 천국에 들기는 고사하고 이 세상에서도 늘 뒤통수에다 하는 욕을 듣는 것이다.

___ **3** 아담 스미스A.Smith는『국부론國富論』에서 '대재산이 있으면 반드시 대불평등이 있다. 한 사람의 부자가 되기 위해서는 5백 명의 가난한 자가 있지 않으면 안 된다'라고 하였다. 경제적 자유주의를 주창한 스미스가 부자에 대한 혐오를 드러낸 것은 놀라운 일이다.『노동의 조건』을 썼던 헨리 조지H.George는「사회적인 제문제諸問題」에서 '부자가 되는 길은 세 가지밖에 없다. 근면과 증여贈與, 그리고 도둑이다. 그런데 근면한 자가 차지하는 몫이 왜 그렇게 적은가 하는 분명한 이유는, 거지와 도둑이 너무 많이 차지하기 때문이다'라고 하였다. 남의 것을 빼앗아 차지하지 않고는 결코 부자가 될 수 없다는 독설이다.

___ **4** 루소J.J.Rousseau가 1753년 디종아카데미의 논문현상「인간 사이에 불평등의 기원은 무엇인가. 그리고 그것은 자연법에 의해 정당화되는가」에 응모하였다가 낙선한『인간불평등기원론人間不平等起源論』은, 재산의 사유화가 시작되고 산업발전으로 부자와 빈자가 생기면서 불평등이 시작되었다고 설파한다.(그는 이미 1749년 디종아카데미의 논문현상「학문과 예술의 진보가 도덕의 발전에 기여하였는가, 풍속을 부패시켰는가?」에 논리가 빈약하기 짝이 없는『과학과 예술론』으로 당선되어 하룻밤 사이에 파리의 명사가 되었다) 사유재산이 불평등의 기원이라는 것이다. 가진 자는 자신의 소유물을 지키기 위해 법과 제도를 만들고 세습을 정당화한다. 그래서 법률과 사회적 제도는 바로 권력이다. 국가는 빈부의 차差를 합법화하는 제도로서, 강자에겐 법률과 권리는 많아지고 의무는 적어진다. 그래서 정부가 해야 할

일은 사유재산의 극심한 불평등을 막는 일이다. 이런 루소의 사상은 원류 좌파들의 이론적 근거가 되었다. 사실 좌파적 시각에서 보지 않아도, 2백60년이 지난 오늘 이 책을 읽어보면 수긍할 부분이 많다.

돈

돈을 부끄러워하는 자는 어김없이 돈을 밝히는 자다.

●

식자識者들은, 정치권력에 고개 숙인 자를 비웃으면서도 돈의 권력에 고개 숙인 자는 인간적이라고 변호한다.(돈의 권력에 고개 숙인 자야말로 어떤 경우에도 변명되지 않는다. 그러나 세상은 그렇지 않다. 돈 앞에선 만인이 지조와 웃음을 판다) 그런데 대부분의 식자들은 정치권력 앞에서도 돈 앞에서도 언제나 고개 숙인다. 그들이 정치권력에 고개 숙인 걸 비웃는 것은, 그 권력에서 소외되었거나 줄을 잘못 섰을 때뿐이다.

＿1 막심 고리키M.Gorky는 「쓸모없는 사람의 일생」에서 '어떤 인간이든 돈으로 매수되지 않는 사람은 없다. 문제는 그 금액이다'고 썼다. '돈이 많으면 귀신도 부릴 수 있다'는 우리 속담과 같은 말이다. 동서고금을 막

론하고 돈에 약한 것이 인간의 속성이다. 그러나 그 돈도 대하는 사람에 따라 무게가 다른 것이 또한 분명한 사실이다.

____2 사마천司馬遷이 쓴『사기史記』「월왕구천세가越王句踐世家」에 범려范蠡의 돈에 대한 고사故事가 있다.

범려는 월나라의 구천을 도와 오吳나라를 멸하고 패왕에 오르게 한 뒤, 홀연히 제齊나라로 떠났다. 구천의 상相으로 보아 2인자가 살아남지 못할 줄 알고 도망친 것이다. 그는 제나라에서 치이자피鴟夷子皮라고 이름도 바꾸고 근면히 일해 큰 부자가 되었다. 그러자 제나라에서 재상에 취임하라 간청했다. 범려는 '들판에서 천금을 모으고 관에서는 재상에 오른다. 이보다 더 큰 영달이 없다. 그러나 영예가 길면 상서롭지 못하다(구수존명불상久受尊名不祥)'고 하고 재물을 주위에 나눠준 뒤 다시 도陶나라로 갔다. 그는 그곳에서 이름을 도주공陶朱公이라 바꾸어 신분을 감추고 큰돈을 벌어 다시 부자가 되었다.

도나라에서 막내가 태어나 서른 살이 되었다. 이때 차남이 초楚나라에서 살인을 해 붙잡혔다. 범려는 '사람을 죽였으니 사형이 당연하나, 부호의 자식은 거리에서 죽어선 안 된다(천금지자불사어시千金之子不死於市)'라고 하고 막내에게 황금 천 일鎰을 주어 초나라에 보내려 했다. 이때 장남이 '장남은 집안일을 책임지는 것이니(가독家督), 저를 보내주지 않으면 제가 무능하다고 생각하시는 것이어서 죽고 말겠다'고

하였다. 범려가 할 수 없이 장남을 보냈다. 그는 장남에게 초나라에 있는 옛 친구 장생莊生에게 황금을 전하고 그가 시키는 대로 하라고 당부했다.

장남은 초나라에 가서 장생에게 황금을 주었다. 장생은 장남에게 '이곳에 머물지 말고 돌아갈 것과 아우가 석방되어도 그 이유를 묻지 말라'고 하였다. 그러나 장남은 떠나지 않고 몰래 고관들에게 별도로 청탁하며 기다렸다. 장생은 청빈하여 초왕이 존경하는 현자였다. 그는 아내에게 장남이 준 돈은 주공에게 돌려줘야 할 돈이니 잘 간수하라 이르고, 왕에게 가서 '천문을 보니 재난이 있을 것 같아 덕을 베풀어야 한다'고 진언했다. 왕은 이 말을 듣고 대사大赦를 하라 하고 그에 앞서 관례에 따라 부고府庫를 봉인했다.

부고가 봉인되는 걸 보고 장남은 대사면이 있는 줄 알았다. 돈이 아까워진 장남이 장생에게 가, '당신 손을 빌리지 않아도 사면되었다'고 말하고 돈을 돌려달라고 하자 장생은 황금을 도로 내주었다. 장생은 어차피 돌려줄 금이었지만 애송이한테 수치를 당하자 다시 초왕에게 갔다. '왕께서 덕정을 베푼다 하니, 도나라 주공이 감옥에 있는 아들을 살리기 위해 중신들에게 뇌물을 써서 대사를 한다는 소문이 돈다'고 진언하자, 왕은 노하여 범려의 차남을 즉각 죽인 다음에 이튿날 대사령을 내렸다.

장남이 동생의 시체와 함께 돌아오자 모두가 우는데 범려는 오히려 웃고 있었다. 그가 말했다.

'이런 결과를 미리 알았다. 장남은 나와 함께 어려움을 맛보았기 때문에 좀처럼 돈을 수중에서 내놓지 않는다. 거기 비해 막내는 태어나면서 부유하게 자랐고 돈을 모으는 고통을 모른다. 그래서 쉽게 돈을 쓴다. 내가 막내를 보내려 한 것은 막내라면 가서 아무렇지 않게 돈을 쓸 수 있기 때문이었다. 장남은 그걸 못해 아우를 죽이고 말았다. 나는 처음부터 둘째가 죽어서 온다는 것을 알았기 때문에 슬프다고 할 수 없다.'

범려는 도나라에서 죽었고 이후에도 도주공으로 후세에 알려졌다.

독자들이여. 무릇 돈을 어렵게 번 자는 돈을 쓰지 못하고 돈을 쉽게 번 자는 돈을 아끼지 못한다. 장생은 청빈한 현자였으나 옛 친구 아들의 경망함에 화를 참지 못하고 끝내 징벌한 것이니, 그 역시 제대로 된 현자는 아니었다. 그리고 범려는 그런 장생의 그릇까지 알았다.

___3 청부淸富는 필요한 곳에 돈을 쓸 줄 안다. 정당한 돈의 가치를 알기 때문이다. 그래서 청부는, 자신은 검소하면서 남에게 자애롭다. 졸부는 돈을 자랑하고 함부로 쓴다. 그러나 정작 필요한 데 쓰지 못하여 남들로부터 손가락질을 받는다. 졸부가 돈을 자랑하는 것은, 돈 이외에는 그 어떤 것도 자랑할 것이 없기 때문이다.

___4 돈은 곧 속박이다. 사람들은 누구나 이 진실을 알고 있지만 돈을 모

으기 위해 갖은 노력을 다한다. 돈이 그런 속박을 넘어서는 행복을 준다고 믿기 때문이다. 그러나 재물은 온갖 편리함을 가져다주지만 걱정을 함께 동반하는 것이다.

러셀B.A.W.Russell은『행복의 정복』에서 다음과 같이 말했다. '내가 돈에서 얻으려고 하는 것은 안전과 한가함이다. 전형적인 현대인이 목적으로 하는 것은 돈을 더더욱 많이 모으는 것이요, 돈을 많이 모으는 목적은 허영과 명성과 타인에 대한 우월감이다.' 도스토예프스키F.M.Dostoevskii도『죽음의 집의 기록』에서 '돈은 주조鑄造된 자유다'라고 하였다. 돈이 곧 인간의 품위를 결정하는 것은 아니지만 돈은 인간에게 그만큼 자유와 안전을 준다는 말이다. 그렇다. 2천 년 전 반고班固가『한서漢書』에서 이미 말했다.

모름지기 현인은 재물이 많으면 그 뜻을 잃고 우자愚者는 재물이 많으면 과오를 더할 뿐이다.

죄 罪

신은 인간을 심판할 정도로 명청하지도 한가롭지도 않다.

●

신이 직접 나서서, 굳이 악한 자를 지옥으로 보내는 수고를 하다니! 신이 그렇게 우매한 존재란 말인가. 아니면, 신의 눈으로 보아도 인간의 죄들은 그렇게 혐오스러운 것인가?

__1 「창세기」는 유대 건국신화다. 그 제2장의 말씀은 이렇다.

> 동산의 여러 과일을 마음대로 먹어도 되지만, 선악을 알게 하는 과일
> 을 먹지 말라. 먹는 날 반드시 죽음을 맞이할 것이다.

이 말씀은 어느 거짓말쟁이가 조작한 것이 분명하다.(그것도 문자가 만들

어진 역사시대일 것이다) 이것이 역사적 사실이 분명하다면, 창조주든 그 누구든 피조물에게 애초에 '선악'을 따질 기회조차 주지 않았다는 것이 말이 되는가? 또, 자신이 만들고 안배한 세계에서 왜 굳이 공들여 흙으로 빚어 만든 아담을 시험에 들게 한 것인가?

순진한 이브는 뱀의 진실로 가득 찬 유혹에 넘어간다. 그런데 '과일을 먹으면 신처럼 될 것이고, 선악이 뭔지 알 것이다'는 뱀의 유혹은, 진실이다. 약아빠진 아담은 이브가 먹고 죽지 않은 걸 알고 나서야 '인식의 과일'을 먹는다. 그런데도 신은 추방으로 일을 마무리하다니! 결국 신은 자신이 창조한 '피조물'들을 풀어 놓고 그저 즐기겠다는 것이 아닌가? 그렇지 않다면, 왜 자신이 만든 자들 중에 죄지은 자를(그 죄, '계명'이라는 것도 자신이 규정했다) 지옥에 빠뜨리는 수고를 한단 말인가. 신의 눈으로 죄짓는 자는 귀엽지 않단 말인가? 신이 그만큼 옹졸한가?

독실한 크리스찬이었던, 키르케고르S.A.Kierkegaard는『죽음에 이르는 병』제2편「절망은 죄이다」의 모두冒頭에서 죄가 무엇인지를 설파하고 있다.

> 죄란 신 앞에서 혹은 신의 관념을 받으면서 절망하여 자기 자신이라고 욕구하지 않는 것, 혹은 절망하여 자기 자신이려고 욕구하는 것이다. 그렇기 때문에 죄는 강화된 취약함, 혹은 강화된 반항이다.(박환덕 역, 휘문출판사 간 참조)

키르케고르는 신의 안배에 단순한 순응이 아닌, 존재론적 의미에서 신을 전제하고 신에 대한 태도를 규정하고 있다.

선과 악이 무엇이냐 하는 문제는 철학에 있어서 가장 근본적인 질문 중의 하나이다. 선악에 대한 의문은 철학의 시작이요, 종교의 시작이다. (이오니아Ionia 철학은 만물의 근원을 찾는 데서 시작되었다. 그다음의 문제가 바로 선악의 문제였다) 서구에서는 소피스트sophist의 상대주의 철학이 플라톤Platon에 의해 완전히 사장死藏되면서, 인간은 그저 신의 복제로서 규정된 선을 강요받아야 하는 존재였다. 그 '신'의 자리에 크리스트철학이 부합하면서, 서구는 2천 년간 아담의 후손으로 만족하는 기나긴 '철학의 암흑'시대를 보낸다.

___ 2 그러나 동양은 선악을 보는 눈이 매우 다양하였다.(장담하건대, 서구는 선악을 논함에 있어 동양에 결코 미치지 못한다) 장자莊子는 죄를 '지울 수 없는 상처'로 보았지만, 불가佛家는 깊이 들어가면 선악의 경계를 짓고 거기 얽매이는 것조차 넘어서라 하였다. 그러나 불가의 가르침은 스스로 죄업罪業에 빠져도 좋다는 뜻은 아니다. 『화엄경華嚴經』에는 '죄를 지었으면 다시 짓지 않도록 조심하고 그 일을 마음에 두지 말라'고 하였으며, 『법구경法句經』에서는 '정숙하지 못한 것을 여자의 때라 하고, 인색한 것을 시자施耆의 때라 하며, 이 세상의 모든 악한 행실은 이승이나 저승의 때'라 하여 한 번 쌓은 죄업의 무거움을 설하였다.

___3 헤세H.Hesse의 『데미안』, 이문열의 『사람의 아들』, 카뮈A.Camus의 『이 방인』, 카프카F.Kafka의 『심판』은 선악을 본격적으로 다룬 대표적인 소설 들이다.(내가 대학에서 '법과 문학'을 강의할 때 기본 텍스트였다)『데미안』과 『사 람의 아들』이 우리가 선악에 대해 가지고 있는 관념(기독교적인 고정관념이 다)을 사정없이 무너뜨리는 소설이라면,『이방인』과 『심판』은 부조리不條 理한 인간으로서 우리가 죄라고 알고 있는 것이 과연 무엇이며 그것이 가 벌성可罰性이 있는 것인지를 묻는 소설이다.

시인 롱펠로우H.W.Longfellow는 '죄악은 정도正道에서 벗어난 선善일 뿐 이다'라고 하였다. 원천적으로 선악의 구별이 무의미함을 말한 것이다. 『탈무드』를 보면 '노아의 방주' 때 모든 동물이 와서 배를 타기를 청하는 데 거기 '선'도 왔지만 노아는 짝이 없는 것은 탈 수 없다고 거절했고 이 에 선이 '악'이라는 짝을 데려와 함께 배에 올라 이후 선악이 공존하게 되었다고 하였다. 악이 있어야 선이 있다는 것을 잘 설명하는 예다.

___4 현인들이, 남에게 관대하고 자신에게 엄격할 것을 주문한 말씀들 은 많다.

널리 알려진, 「요한복음」에 있는 '너희 중에 누구든지 죄 없는 사람이 먼저 저 여자를 돌로 쳐라'라는 예수의 말씀은 탐욕스럽고 저열한 인간 들에게 부끄러움을 안겨 준 말씀이다. 파스칼B.Pascal은 '사람은 자기 탓이 아닌 외부의 죄악이나 잘못에 대해 크게 분개하면서도, 자기 책임 아래 있는 자기 자신의 죄악이나 잘못에 대해서는 분개하지도 않고 싸우려 하지도 않는다'고 하였다. 이 말씀들을 듣고 부끄럽지 않을 판관判官이 있다면, 그는 가짜다.

형법전刑法典

범죄가 성립되는 요건은 대중의 관심, 권력자의 감정, 그리고 집행자의 양심이다. 형법전엔 이를 적지 않는다.

●

형법학에 있는 죄의 성립요건은 구성요건해당성構成要件該當性, 위법성違法性 그리고 책임責任이다. 즉 구체적인 사실이 형법에 규정한 구성요건에 해당하고, 그 행위가 법률상 허용되지 않는 성질이어야 하며, 그런 행위를 한 자에게 '비난 가능성非難可能性'이 있어야 한다는 것이다.

그러나 법전의 그런 케케묵은 성립요건이 무슨 소용이라는 말인가. 천장 높은 법원의 법정法廷이든 거리의 법정이든, '정의는 강자强者의 이익'이라는 트라시마코스Trashimakos의 말은 오늘날에도 유효하다. 법은 오히려 스스로가 정의라고 부르는 정의조차도 다 적지 못한다. 오늘날 법은 배운 자의 무기일 뿐이다. 나에게 굳이 법을 말하라면 '진실로, 법 외의 법은 살아 있다'고 하겠다.

___1 정의는 강자의 이익이라는 말은, '정의는 각자에게 합당한 것을 갚는 것(친구에게는 좋은 것을 돌려주고 적에게는 나쁜 것을 갚아주는 것)'이라고 한 폴레마르코스Polemarchus에 맞서, 소피스트인 트라시마코스가 한 말이다. (소크라테스Socrates와 케팔로스Kephalos 폴레마르코스 부자父子 간의 '정의' 논쟁에 트라시마코스가 참다못해 끼어들었다. 플라톤Platon의 '국가' 대화편에 수록되어 있다)

소피스트들이 누군가. 니체F. W. Nietzsche가 그들을 복권시킬 때까지 2천3백 년을 궤변론자詭辯論者라는 이름으로 모욕받은 '현인賢人Sophist'들이다. 일찍이 프로타고라스Protagoras가 '인간은 만물의 척도'임을 밝혔다. 이러한 인간 중심의 사고에서 나온 지혜Sophia는 플라톤이라는 걸출한 논객에 의해 사장死藏된다. 니체에 이르러서야, 비로소 '진리는 없다'고 단언하여, '어떠한 진리도 존재하지 않는다. 진리가 있다 해도 우리는 그것을 알 수 없으며, 다른 사람에게 전할 수 없다'고 한 고르기아스Gorgias를 부활시켰다.

나 역시, 트라시마코스가 말한 '피지배자가 지배자에게 복종하는 것이 곧 정의이고 그 정의야말로 지배자가 만든 법이다'는, 그래서 '정의는 강자들이 이익이라고 판단한 것'이라는 그의 역설이, 방법론적으로 올바른 진술태도가 아니란 것은 안다. 지배자가 만든 법이, 언제나 지배자를 위한 법인 것은 아니기 때문이다. 다만 인간사회는 루소J.J.Rousseau가 『인간불평등기원론』에서 밝힌 것처럼, 필연적으로 가진 자와 배운 자들로 구성된 '힘 있는 자'들에 의해 자주 정의가 왜곡될 수밖에 없었다는 사실을 지적하고 싶은 것이다.

___2 그리고 흔히 인문주의자들이 범하는 오류로서, '정의正義'의 개념에 대한 문제가 있다. '정의가 무엇이냐'는 문제는, '무엇을 두고 우리가 그것이 정의라고 하느냐'의 문제와는 완전히 다른 문제이다. 헬레니즘 당시의 정의Dike, Dikaiosyne는 오늘날 정의가 의미하는 '개인 간 혹은 사회구성 간의 올바른 도리'라고 이해하는 것뿐 아니라, '일이 응당 그렇게 되어야 할 바'와 같은 자연적physis인 이치를 포함하는 개념이다.

___3 인간이 좀 더 철학적 동물이었다면, 지금 같은 사법제도는 가지지 않았을 것이다. 범죄가 되는 행위의 상당수는 죄가 아니다. 그 반면에 죄가 되지 않는 행위 가운데 상당수는 기실 철학적으로 용서받지 못할 죄이다.(아, 이 말을 해야 하는 나는 정말 부끄럽다!) 그런데 인간이 이를 수정하지 못하는 것은, 조금만 철학적이기 때문이다.

오늘날 사법제도는 민주주의의 모든 다른 제도처럼 차선次善의 제도이다. 차선의 제도는 엄격히 말해 차악次惡의 제도이기도 하다. 그러나 인간에게 인간이나 인간사人間事에 대한 심판을 맡길 수밖에 없는 것이라면, 최소한 지금의 사법제도보다 좀 더 지혜로운 인간을 판관判官으로 둘수 있는 제도를 마련할 필요가 있다. 인간이나 인생에 대해 아무런 진지한 고민도 해보지 않은 자가, 어떻게 타인을 법률 조항만으로 수학적으로 계산하듯 재단裁斷할 수 있단 말인가!

고르기아스는 '철학자가 왕이 되기 전까지는 이 세상에 정의는 존재하지 않는다'고 하였다. 우리 시대의 판사 검사는 물론 변호사들이 깊이 생각해 볼 말이다. 당신들의 노력, 당신들의 정직함과 고뇌에 찬 당신들의 시간이 한 인간의 생애를 구할지 모른다는 생각을 한다면, 매일 아침 경건하게 하루를 최선을 다해 살 수 있기를 기도할 일이다.

___4 사람을 죽여 토막 낸 자의 사형을 반대하는 자들은, 인간을 짐승과 같이 보고 있다. 그렇지 않다면 그들은 인간보다 좀 더 철학적인 신의 반열에 있어야 할 것이다.

사형제 폐지 논쟁에서 언제나 도외시되는 것이 있다. 바로 사형수에 의해 생명을 뺏긴 피해자의 생명의 가치다. 이 문제는 종교적 영향 탓도 크다. 이슬람 문화만이 피해자의 빼앗긴 생명을 저울의 한 쪽에 얹는다. 나머지 종교는 살인마에게 터무니없이 인도적이다. 사형 존치론자들도 유가족의 분노를 말할 뿐이지 막상 죽은 이의 생명은 말하지 않는다.

폐지론자들의 주장 중에, 도스토예프스키F.M.Dostoevskii 1821-1881가『백치白痴』에서 썼듯이, '사형은 산다는 일루의 희망조차 없는 고뇌를 주기 때문에 영혼의 모독'이라는 주장은 그래도 들을 만하다. 그러나 생명권은 신성불가침이라느니(생명 존중론자이면서, 많은 무고한 생명을 잔인하게 빼앗은 연쇄살인범의 생명을 존중하자고 주장하는 것은, 본말이 전도된 '착오'다. 나 역시 생명 존중론자다), 어떠한 흉악범도 죽기 전에는 참회하여 선한 인간이 된다느니, 사형은 범죄를 더 흉포화시키면서 예방효과는 없다느니 하는 주장은, 하품만 나오는 교언巧言들이다. 또 종신형이야말로 당사자에겐 사형보다 더 가혹하다고 하는 자가 있는데, 나는 그런 주장을 하는 자가 도대체 '절망'에 대해 어떤 고민을 해보았는지 매우 궁금해진다.

죽은 자의 영혼은 최소한 살인자의 영혼보다는 더 소중한 것이다! 그리고 종신형을 받은 자가 사형수보다 더 큰 절망에 빠진단 말인가? 사형수들에 대한 우리나라 최초의 기록인, 양수정이 쓴 『하늘을 보고 땅을 보고』를 읽어 보라. 양수정은 민족일보 편집국장으로 있다가 5·16 직후 체포되어 감옥에 있으면서, 민족일보 사장 조용수를 비롯한 사형수들의 마지막 모습을 이 책에 기록했다.(조용수는 억울하게 죽어, 지금에서야 신원伸冤되었다) 이 책에는 사형을 면할 수만 있으면 평생 절벽에서 물구나무서서 살 수 있다는 것이 사형수들의 심정이라고 적혀 있다.

천재 天才

천재를 이해하는 사람은 천재밖에 없다. 그것도 일방적인 이해일 뿐이다.

●

그러니 함부로 남을 천재라고 부르지 말라. 천재를 알아본 당신이 천재란 말인가? 천재란, 범인凡人이 알아볼 수 없는 사람이다. 그래서 당대에 인정받은 천재보다 후세에 가서야 천재로 평가받은 이가 더 많다. 당대에 쉽게 이해되었다면 어찌 천재로 남을 수 있겠는가.

대부분 천재의 가장 큰 결함으로, 천재는 말을 참지 못한다는 점이다. 바로 앞에 놓인 오류誤謬를 눈 감아 줄 수 없기 때문이다. 천재가 현인이 되기는 어려운 소이다. 천재는 요절하는 이가 많은데, 가끔 뜻하지 않은 죽음으로 천재의 반열에 오르는 이도 있다. 일찍 죽은 바람에, 매너리즘에 빠져 '명성이나 범작凡作만으로 먹고살 수 있는' 기회를 잃기 때문이다.

___1 천재의 사전적 정의는 '선천적으로 타고난 뛰어난 재주, 또는 그런 재주를 가진 사람'이다. 즉 하늘이 내린 재주를 말함이다. 재주 있지만 천재보다 못하면 '준재俊才'이고 그냥 재주가 평범하면 '범재凡才'이며 재주가 모자라면 '둔재鈍才'다. 그러나 천재는 재주만으로 되는 것이 아니다. 천재의 반열에 오른 이들은 모두 비상한 노력으로 자신의 재주를 점화한 이들이다.

역사는 천재들과 영웅들이 만든다. 진정한 역사는 인민의 역사겠지만 그 전면에 등장하는 이들은 천재와 영웅들이다. 많은 이들이 최고의 천재로 인정하는 동서양의 두 인물은 제갈량諸葛亮 181-234과 아인슈타인A. Einstein 1879-1955이다.

제갈량은 중국 삼국시대의 뛰어난 전략가다. 제갈량이 동양의 천재로 꼽히게 된 것은 다분히 소설 『삼국지연의三國志演義』 덕분이다. 『삼국지연의』는 진수陳壽의 『삼국지』를 바탕으로 나관중羅貫中이 쓴 소설로서 모종강毛宗崗의 모본毛本이 정본이다. 나관중이 이 책에서 영웅으로 만든 인물들은 촉蜀의 제갈량 외에도 관우關羽, 장비張飛, 조자룡趙子龍 등이지만, 실제 승리는 조조曹操의 위魏를 선양禪讓받은 서진西晉의 차지였다.)

아인슈타인은 현대 물리학의 기초를 연 '상대성이론'을 세운 천재다. 폴 존슨P. Johnson은 『모던 타임스Modern Times』에서, 아인슈타인의 특수상대성이론을 실험한 1919년을 20세기의 시작으로 본다. 어쩌면 또 다른 천재인 니체F.W.Nietzsche가 『차라투스트라는 이렇게 말했다Also sprach Zara-thustra』를 쓰기 시작한 1883년 어느 날이 새 시대를 연 문은 아닐까? 인간이 신으로부터 완전히 독립한 '진정한 20세기'는 과거와는 전연 다른 세계이다. 니체는 인간을 신으로부터 독립시켰다! 또 어쩌면 '문명의 세계화'라는 의미에서, 1차 세계대전이 일어난 1914년 7월 28일이 20세기의 시작이 아닐까?

___ 2 사람들은 흔히 어린아이가 암기에 재능을 보이면 천재라고 한다. 그러나 천재는 암기 능력과는 전혀 상관없다.

천재의 유일한 요소는 인간이 가지고 있는 감각기능 즉 오감五感이 남들보다 뛰어나다는 것이다. 그래서 천재는 타고나야 한다. 어릴 때 천재로 불리다가도 성장하면서 소식이 없는 '천재'는 천재가 아니다. 돋보이는 암기력은 천재의 징후가 아닌 것이며, 특별한 분야에 재능이 있다 하여 신동이니 천재니 부르는 것이나, 어릴 때 공부를 특출하게 잘한다 하여 천재라고 부르는 것은, 대부분 오류다.

천재의 감각은 범인과는 확연히 다르다. 천재는 범인의 감각으로 사물을 판단하지 않는다. 이런 천재의 감각은 범인들에게는 광기狂氣로 비친다. 아리스토텔레스Aristoteles는 '조금도 광기를 가지고 있지 않은 천재는 절대로 없다'라고 하였다. 아마 아리스토텔레스 스스로가 자주 광기에 사로잡혔을 것이다.

대부분의 천재들은 복잡한 사물이나 사건을 단순화시킨다. 사실 그것이야말로 천재의 특질이다. 천재는 이런 '단순화시키는' 일류의 감각으로 사물이나 사건의 핵심을 쉽게 찾아내는 것이다. 쇼펜하우어A.Scho-penhauer는 '단순함은 늘 진리이며, 또한 천재의 표지標識이기도 하다'고 하였다. 그러니까 복잡하고 난해한 것을 그대로 아는 것이 아니라 이를 단순화하지 못하면 결코 천재가 될 수 없다는 뜻이다. 이래서 천재는 동시대에 인정받지 못한 경우가 더 많았다. 범인의 눈으로는 천재가 한 '단순화'가 도저히 이해되지 않기 때문이다.

___3 오늘날 우리가 누리는 문명과 문화는 거의 다 천재들 덕분이다. 우리가 공항이나 기차역 백화점 자동차 안에서 늘 듣는 베토벤L.van Beethoven과 모차르트W.A.Mozart, 브람스J.Brahms는 부인할 수 없는 천재다. 고흐V.van Gogh, 피카소P.R.Picasso, 클림트G.Klimt 같은 이들은 천재로 인정받는 화가들이다. 다 빈치L.da Vinci는 다방면에 재능을 보인 천재였고 뉴턴I.Newton 같은 과학자나 스피노자B.de Spinoza, 루소J.J.Rousseau, 칸트I.Kant, 니체 같은 철학자들은 인류를 한 단계 격상시킨 천재들이다.

대부분 이런 천재들은 일생을 독신으로 보내거나, 광기에 사로잡혀 폐인처럼 생애의 말기를 보낸 공통점이 있다. 그들의 광기는 너무 지독

해서, 독신이더라도 칸트, 브람스, 뉴턴 같은 '정상적 삶'이 오히려 예외적인 것으로 보일 정도다. 그래서 천재 중에는 요절한 이가 많다. 영적으로 쏟아져 나오는 재능을 짧은 시간에 소진한 뒤, 광기에 사로잡혀 죽거나 의외의 사건으로 죽는다. 요절하지 않는 천재는 없다는 생각이 들 정도다. 모차르트, 고흐, 니체는 다 광기에 사로잡혀 요절한 경우들이다. 자동차 사고로 요절한 카뮈A.Camus, 폐결핵으로 죽은 카프카F.Kafka도 광기는 없었지만 천재들의 반열에 충분히 들 자격이 있는 작가다.

___ 4 우리 역사에도 많은 천재들이 등장한다. 조선조만 하더라도 장영실蔣英實 같은 과학자, 김시습金時習이나 김병연金炳淵(김삿갓) 같은 시인, 정선鄭歚, 김홍도金弘道 같은 화가가 있다. 허균許筠 1569-1618 같은 혁명가가 있고 이이李珥 이황李滉 같은 사상가도 있다. 이가환李家煥 유득공柳得恭 정약용丁若鏞 같은 실학가도 천재의 반열에 마땅히 들어야 될 이들이다. 이분들은 대부분 요절이나 광기와는 거리가 멀다. 김병연이나 허균을 제외하면 과묵한 분들이기도 하다. 그래도 내가 천재라고 부르는 것은 이 척박한 역사에 이분들이 이룬 경지가 그저 놀랍기 때문이다.

그중에서도 조선 최고의 천재를 꼽으라면, 나는, 김시습보다 허균을 꼽겠다. 김시습은 기껏 오물구덩이를 피해 도망쳤지만(그것도 평생을 피해 다녔다), 허균은 오물을 치우고 거기 집을 지을 것을 생각했다.

허균은 조선 중기의 문신이다. '홍길동전'을 쓴 소설가로, 여류시인 허난설헌蘭雪軒의 아우로, 이름을 전한다. 허균은 후실의 아들로 태어나 평생 서자들과 소외받은 이들, 기생들과 허물없이 어울렸다. 그는 어떤 거리낌도 없는, 자유분방한 천재였고, 우리 역사상 처음으로 대의정치를 꿈꾸었던 인물이다.

자는 단보端甫, 호는 교산蛟山 성소惺所 백월거사白月居士 등이었고, 선조 22년 생원이 되었으며, 선조 27년(1594) 문과 중시에 장원급제하여 황해도 도사가 되었으나 서울기생을 끌어들였다고 탄핵되어 첫 파직을 당했다. 이후 복직되어, 형조정랑刑曹正郎 수안군수遂安郡守 등을 지냈으며, 광해군 2년(1610) 진주부사陳泰副使로 명나라에 가서, 천주교를 배워 12단端을 받아 왔다. 같은 해 시관試官이 되었는데, 친척을 합격시켰다고 탄핵되어 다시 파직된 뒤, 태인泰仁에서 소설을 썼다. 광해군 5년 친교가 있던 박응서가 계축옥사癸丑獄事로 처형되자, 오히려 권신 이이첨에게 나아가(신봉승이 쓴 '정쟁'을 보면, 여기에서 허균을 심하게 비난하고 있다) 예조참의 호조참의 승문원 부제조承文院副提調를 거쳤고, 광해군 9년 폐모론廢母論에 가담하여 왕의 신임을 얻어 좌참찬左參贊으로 올랐다.

그러나 광해군 10년, 폭정에 항거하여 하인준河仁俊 김개金闓 김우성金宇成 김윤황金胤黃 등과 역성혁명과 대의정치를 모의하다 발각되어, 가산은 적몰되고 능지처참의 형을 받았다. 허균은 실록에 '천지 사이의 한 괴물'로 적혔고, 조선왕조가 망할 때까지 복권되지 않았다. 비록 천재가, 김시습처럼 초연하게 살지 못하고 혁명을 꾀했다가 실패하였지만, 그는 조선 5 백 년을 통틀어 첫째가는 대자유인이었다. 광해군은 허균을 처형한 2년 뒤, 인정전仁政殿에 나아가 그를 토평討平한 공을 스스로에게 얹어, '예철장 경장헌순정睿哲莊敬章憲順靖'이라는 긴 존호를 더했다.

5 현대에 와서는 이상李箱처럼 이름을 남긴 시인도 있지만, 이인성李仁星 같이 불우하게 생을 마치거나 이중섭李仲燮처럼 살아서는 조명받지 못한 화가도 있고 범인들에 지쳐 자살한 권진규權鎭圭 1922-1973 같은 조각가도 있다. 교통사고로 요절한 물리학자 이휘소李輝昭는 나라의 재산이었다.

권진규는 테라코타와 건칠乾漆로써 주로 흉상 작업을 해온 조각가였 으나, 천재를 알아보지 못한 주변의 질시를 견디지 못하고 화실에서 '인 생은 공空, 파멸'이란 유서를 남기고 자살했다. 그의 화실 벽에는 다음과 같은 말이 낙서처럼 남아 있었다.

범인엔 침을, 바보엔 존경을, 천재엔 감사를

천재를 알아보지 못하는 이는 '범인'과 '바보'다. 범인은 즉물적이다. 그들의 가벼운 지식으로 천재를 능멸하려 드니 침을 뱉을 수밖에 없다. 바보는 순수하다. 어린아이처럼 때 묻지 않은 시선은 '살아 있는 부처' 다. 어찌 존경을 보내지 않을 수 있겠는가. 일찍이 피카소는 어린아이의 시선을 강조한 바 있다. 그리고 천재는 천재를 만나면 그저 감사할 따름이다. 당대에 자신을 이해하는 '천재'를 만난다는 것은 대단한 행운이기 때문이다.

뇌물 賂物

영원히 안전하다는 것을 알고서도, 뇌물을 거절하는 자는 없다.

●

뇌물에 관한 진실 두 가지. 첫째 안전하지 않기 때문에 뇌물을 거절한다. 장담하겠다. 이 세상에 뇌물의 주요목록인 돈이나 여자를 싫어하는 남자는 없다는데 내 양심을 걸겠다. 둘째 까닭 없는 돈은 없다. 우리 속담에 '부처님 위해 공양하느냐'는 말이 있다. 온갖 명목의 돈이 오가지만, 기실 그 속뜻은 다 뇌물이라는 얘기다.

뇌물을 두고 '검은 돈'이라 부르는 것은, 뇌물을 밤에 받기 때문이 아니라 세상에 드러내 보일 수 없기 때문이다. 비밀리에 주고받은 더러운 돈은 세상이 먼저 안다. 정약용丁若鏞1762-1836이『목민심서牧民心書』에서 한 말이 있다.

뇌물을 주고받는 일을 누군들 비밀리에 하지 않는 자가 있겠는가. 그러나 밤중에 한 일이 아침이면 이미 널리 알려지기 마련이다.

___1 청백리 靑白吏는 예나 지금이나 드물다. 우리 역사에서 청백리를 찾으면 고려 말 '황금을 돌같이 본' 최영 崔瑩을 비롯해서 조선조의 황희 黃喜, 맹사성 孟思誠을 거쳐 이이 李珥, 이황 李滉 그리고 채제공 蔡濟恭, 정약용 丁若鏞에 이르기까지 많은 분들이 있지만, 긴 역사에 비해 그 수는 미미하다. 그래서 청백리는 두고두고 상찬된다. 청백리가 드물다는 것은 그만큼 뇌물이 흔했다는 방증이다.

모든 죄가 다 그렇지만, 뇌물은 특히 법으로 근절되지 않는다. 돈의 유혹을 이기기는 참으로 어렵다. 뇌물죄로 잡힌 자가 뻔뻔스러운 것은, 다들 도둑이거나 도둑 심보를 가진 마당에 운이 나빠 자신이 그렇게 된 것이라고 생각하기 때문이다. 정치자금이라는 명분으로 뇌물을 받아먹은 정치인이 반성의 눈빛을 보일 때는 자신을 심판하는 판사 앞에 섰을 때뿐이다. 누구나 기회가 닿으면 해먹으니 동업자인 동료 선배들에게 부끄러울 턱이 없다. 더욱이 큰 뇌물은 큰 도둑놈, 큰 정치인에게 간다. 그러니 올챙이들은 전혀 부끄럽지 않다고 자기최면을 건다. 뇌물이 형법으로 도저히 감당되지 않으니 '특정범죄가중처벌 등에 관한 법률'을 만들었다. 그러나 처벌이 엄해질수록 뇌물은 더 교묘해질 뿐, 늘면 늘었지 줄지 않는다.

___ 2 공직후보자 재산공개를 할 때 가끔 재산이 빚밖에 없는, 문자 그대로 '무소유'를 실천하고 있는 정치인이 있다. 언론은 이런 자를 청렴하다고 칭송하기 바쁘다. 성직자가 아니라면, 이런 자는 정치인 자격이 없는 자다. 공직자로서 뇌물을 멀리하여 재산이 없는 사람은 칭송받아 마땅하지만, 명색이 선량選良을 자청한 자가 빚만 있는 무능력자라서야 어찌 국민의 생명과 재산을 의탁하겠는가. 그가 의원으로 당선되어 할 일은 장담하건대, 오랜만에 포식하는 일밖에 없다!(오랜 야당 생활을 한 어느 정치인은 그가 모신 보스가 집권하자 특1급 호텔에서 샥스핀으로만 식사했다)

___ 3 황희1363-1452 정승의 맏아들은 벼슬이 참의參議(오늘날의 차관)에 이르자 집을 크게 짓고 잔치를 열었다. 황희는 그 주연酒宴에 갔다가 자리를 박차고 나갔다.

> 선비가 청렴하여 비 새는 집에서 정사를 돌봐도 나라일이 잘 될지 의문인데 거처가 이다지 호화스러워서야 어찌 뇌물이 오고 가지 않았다 하겠느냐. 나는 여기 잠시도 머무를 수 없다.

자식의 치부致富를 질타하는 황희는 참으로 당당한 아버지다. 오늘날 퇴임 후의 고관들 집을 보면 황희는 무어라 말할까. 평생 땅 한 평 갈지 않고 장사 한 번 한 적이 없는 전직 대통령과 그 아들이 몇천억 재산을 가지고 호화생활을 하면서 이런 황희의 말을 듣고도 마음에 찔리는 데가 없다면, 어디 검은 돈이 아닌 '흰 돈'이 하늘에서 떨어졌다는 말이 된다. 그런데 그들은 조금도 부끄러워하지 않는, 뻔뻔함을 가지고 있다. 거기에다 아무도 그들의 더러운 부富를 탄핵하지 않으니 우리가 그만큼 뇌물에 관대하다는 증거다. 그래서 우리 모두는 철면피鐵面皮다!

___**4** 효종의 부마였던 동평위東平尉 정재륜鄭載崙의 『공사견문록公私見聞錄』에 붙은 「인계록因繼錄」에 있는 일화다.

> 한 재상이 청음淸陰 김상헌金尙憲에게 말하기를 "우리 집 여자는 번번이 뇌물을 받는다는 비방誹謗을 듣습니다. 장차 어떻게 하면 좋겠습니까?"라고 하였다. 김공公이 이에 "부인이 청탁하는 것을 하나도 들어주지 않으면 비방은 없어질 것입니다"라고 하였다. 재상이 크게 깨닫고 한결같이 그의 말대로 하였다. 그 부인이 항상 김공을 욕하여 말하기를 "저 늙은 것이 자기나 청백리가 되었으면 그만이지 어째서 남으로 하여금 본받게 만들어서 나를 이렇게 고생을 시킨단 말인가"라고 하였다.

김상헌1570-1652은 정묘호란 때 척화론斥和論으로 저항하다 청나라에 끌려갔던 강직한 선비다. 이 고사故事에서 보듯, 예나 지금이나 뇌물을 받는 가장 흔한 창구는 바로 공직자의 아내다. 첫째 '배달사고'가 거의 없고, 둘째 들켜도 변명하기가 좋으며, 셋째 뇌물을 받는 데 덜 부끄러우며, 넷째 가족 중에 공범이 있어 마음으로 위안을 받는다는 장점이 있다. 그런데 뇌물이 들통나면 대부분의 공직자는 아내의 뇌물수수를 '전혀 몰랐다'고 발뺌한다. 그러나 공직에 아무리 바쁘더라도 아내의 치부책置簿冊을 남편 된 자가 전혀 몰랐다는 것은 말이 안 된다. 뇌물을 바친 자가 바라는 바가 어떤 경로를 거치든 간에 남편에게 전달되기 때문이다.

비밀 秘密

비밀은 무덤 속에서만 존재한다.

●

비밀은 특별한 관계를 전제로 한다. 공직자가 취득한 국가적 비밀부터 밀애에 빠진 남녀의 비밀까지 모든 비밀은 그 존재 사실부터 가려진다. 그래서 비밀의 조건은 비밀이 존재한다는 것을 아는 사람이 아무도 없어야 한다는 것이다. 비밀이 있다는 걸 누군가가 아는 순간 그것은 이미 비밀이 아니므로.

___1 비밀은 여자와 친하지 않다. 유대인들에게는 '여자에게 비밀을 말하기 전에 여자의 혀를 잘라라'라는 끔찍한 말이 있다. 여자에게는 비밀이 없다는 얘기다. 이를 두고 일찍이 철학자 세네카L.A.Seneka BC4-AD65 는 '여자가 지키는 유일한 비밀은 모르는 비밀이다'고 말했다. 아내를 짝사랑하는 프랑스 귀족과의 결투에서 죽었던 러시아 시인 푸시킨A.S.Pushkin

¹⁷⁹⁹⁻¹⁸³⁷도 '비밀이란 그것이 어떤 성질의 것이든, 아무래도 누군가에게 털어놓지 않으면 못 배기므로 여성의 가슴에는 무거운 짐이다'라고 하였다.

남자는 남의 비밀은 잘 지키면서도 어리석게도 자신의 비밀은 친구에게 곧잘 털어놓는다. 여자는 남자와는 반대로 남의 비밀보다 자신의 비밀은 잘 지킨다. 여자에게 자신의 비밀을 털어놓게 할 수 있다면 그 여자는 언제든 옷을 벗을 태세가 되어 있다. 대부분 여자의 비밀은 스스로 치부恥部라고 생각하는 것들이기 때문이다. 그런 비밀들은 정조만큼 소중한 것이거나, 정조와 관련된 것이다.

___2 믿는 친구에게 비밀을 털어놓는 순간 그것은 비밀이 아니다. 비밀을 말할 때 '이것은 비밀이다'라는 조건을 붙인다. 그러나 그것이 무슨 소용인가. 그 비밀은 '비밀이라는 조건이 붙어 있기 때문에' 자신의 비밀이면서 친구의 비밀이 된다. 그 비밀은 다시 비밀이라는 조건이 붙어 친구의 친구에게 건너간다. 이렇게 되어 그 비밀은 '공연公然한 비밀'이 된다.

___3 생을 살아가면서 누구나 한두 가지의 비밀은 있기 마련이다. 보통 사람들이 그 비밀이 샐 것을 두려워하는 대신, 현인은 그 비밀을 즐긴다. 그 비밀이 자신을 파괴시킬 정도로 큰 것일수록, 현인은 그런 비밀에서

쾌감을 얻는다. 그러다가 비밀을 통째 잊기도 한다.(비밀이라는 사실을 잊는 것은 아니다) 그래서 보통사람들은 비밀이 들통 나면 스스로 모든 것을 잃지만, 현인은 그때까지 즐겼던 쾌감만 잃을 뿐이다.

비밀을 가지고 있는 것은 사실 고통이다. 그러나 생의 활력소가 되기도 한다. 이웃이 모르는 비밀은, 이웃이 있음으로 해서 즐기는 법이다.

___4 '당신이 알고 내가 알고 하늘이 안다'는 말은, 이 세상에 비밀은 없다는 말이다. 『십팔사략十八史略』의 「양진전楊震傳」에 있는 고사故事에서 유래했다. 후한後漢 때 양진이 군수로 있을 때 어느 현령이 뇌물을 바치면서 '밤이 깊어 아무도 모른다'고 하자, 양진은 '하늘이 알고 땅이 알고 그대가 알고 내가 아는데(천지지지자지아지 天知地知子知我知), 어찌 아는 사람이 없다고 하는가'라며 꾸짖었다.

그러나 나는, 이 세상에는 비밀로 묻힌 일들이 많다고 생각한다. 그것도, 아주 많다. 승자의 영광을 위해 패자의 진실은 대부분 비밀로 묻힌다. 그래서 역사를 '승자의 기록'이라고 하지 않는가. 왕녀王女를 사랑했던 용사의 진정眞情은, 영화처럼 해피엔딩으로 끝나는 것이 아니라, 왕녀의 행복이나 왕실의 존엄을 위해 대부분 비밀로 묻힌다.(묻혔을 것이다) 진실이 땅에 묻혀 그 당사자의 육신과 함께 흙으로 돌아간 것은, 아마도 진실이 역사에 기록된 것보다 훨씬 많을 것이다. 인류의 역사는 비밀의 역사다!

다만 우리가 '이 세상에 비밀이란 없다'는 말을 믿게 된 것은, 비밀이 땅에 묻혀 지상에 드러나지 않음으로 해서, 이 세상에 비밀이 존재하였다는 사실을 우리가 알 수 없기 때문이다. 인간은 생각보다 비밀이 많은 존재다. 그것이 짐승과 다른 점이다. 다만 그런 비밀은 현인에게 있지 악인에게는 없다. 악인들은 대개 소인배로서, 굳이 비밀을 지켜 명예로운 것보다 비밀을 공개해 세속의 즐거움을 누리고 싶어 하기 때문이다.

___5 우리 속담에는 '귀신도 모른다'는 말이 있다. 어느 누구도 알아낼 수 없는 비밀이라는 뜻이다.

귀신도 모르는 일이라면서 어떤 사실을 얘기하는 사람이 있다. 그 귀신도 모르는 일을 화자話者가 알고 있으니 화자는 귀신보다도 더 귀신같게 된다. 만약 귀신도 모르는 일을 한 당사자가 화자라면, 화자뿐 아니라 듣는 청자聽者까지도 귀신을 능가하는 귀신으로 만들어 버리는 화법이다. 비유를 함부로 쓰면 상대를 모욕하게 되는 것이다.

또 '낮말은 새가 듣고 밤말은 쥐가 듣는다'는 속담도 있다. 아무도 안 듣는 데서도 말을 조심하라는 얘기인데, 이런 속담이 생긴 것은 그만큼 비밀이 존재하기 어렵다는 증거이기도 하지만 비밀의 생산이 많았다는 방증이기도 하다.

미인美人

가시 없는 장미는 없다.

●

아름다움에는 독이 있다. 무릇 모든 독물은 아름다움으로 상대에게 경계심을 풀게 하고 잡아먹는다. 미인에게도 독이 있다. 그러나 독자들이여, 슬퍼하지 말라. 가시 없는 장미가 무슨 매력이 있겠는가. 영국 시인 존 드라이든J.Dryden 은 『알렉산더의 향연』에서 '용감한 자만이 미인을 얻는다.Only the brave deserves the beauty'고 썼다. 아름다움을 취하기 위해서 목숨을 내놓은 영웅들이 무릇 기하인가.

___1 미인의 첫째 조건은 도도함이고 추녀醜女의 첫째 조건도 도도함이다. 미인이 도도한 것은 용인되지만, 추녀의 도도함은 추함을 더할 뿐이다. 또한 역설적으로, 도도하지 않은 미인은 진정 미인이 아닌 것이며,

진실의 적들

도도하지 않은 겸손한 여인은 결코 추녀가 아니다. 역사상 미인의 반열에 오른 여인들은 오늘날 미인들과는 사뭇 다르다. 특히 미인대회의 미인들이나 여배우들처럼 내놓고 아름다움을 자랑하는 것은, 솔직히 말해 도도한 것이 아니며, 스스로 관음觀淫의 대상으로 전락한 경우다.

그렇다면 도도함이란 무엇인가? '도도하다'는 놀랍게도 한자로 쓸 수 없는 순우리말로서 '거만하다'는 느낌을 내포하고 있다. 이 말의 뿌리는, '넓은 물이 거침없이 기운차게 흐르는 모양'을 뜻하는 형용사인 '도도滔滔하다'인 것이 분명하다. '도도한 연설' 등으로 쓰이기도 한다. 이미 죽은 말로 '화락和樂하다'의 의미인 '도도陶陶하다'도 있다. 그런데 우리가 미인에게 붙이는 '도도하다'는 말은 그런 의미들보다 '감히 범접할 수 없는 기운'을 뜻하는 말이다. 미인은 뭇 사내들이 감히 가까이 갈 수 없는 기운을 내뿜어서 도도한 것이다.

포사褒姒, 서시西施, 양귀비楊貴妃, 클레오파트라Cleopatra 등 동서양을 막론하고 미인들은 다 도도했다. 그런데 그 도도함은 '감히 범접할 수 없는 기운'뿐 아니라, '은근하여 간절함을 더하는 틈'을 보이는 것이었다. 그러나 도도함이 도를 넘으면 추녀가 되었다. 역사에 미인으로 기록된 여인들이 종국에는 탕녀나 음녀, 추녀로 기록되기도 한 소이가 여기에 있다.

미인과 추녀의 또 하나의 공통점은 둘 다 지성知性을 인정받기를 원한다는 것이다. 지성보다, 아름다움이라는 쉽게 계량할 수 없는 가치를 더하거나 보완하는 것은 없기 때문이다. 추녀는 대개 피나는 노력으로써 지성을 더해 외관적인 추함을 보완하여 내밀한 매력을 갖춘다. 그런데 미인이 지성을 쌓기는 정말 어렵다. 외모만으로 분에 넘치게 숭배받는 터에, 굳이 지성을 갖추기 위해 노력할 정도로 대부분의 미인들은 현명하지 않다.

그런 까닭으로 추녀는, '함께할수록' 그 가치가 드러나지만, 미인은 대개 시간이 지날수록 정이 가시고 싫증이 쌓여간다. 머리 빈 미인을 진실로 사랑하는 경우는 같은 수준의 남자 아니고는 없다. 또 머리가 비면, 자연스레 여자는 아름다움을 잃어간다. 역사상 미인으로 기록된 여인들은 당대의 지성을 갖추기 위해 외모를 가꾸는 것보다 더 많은 노력을 기울였다.

___2 만약 당신이 미인대회에서 미인을 볼 수 있다고 생각했다면 착각이다. 미인대회는 여자의 지혜를 보는 곳이 아니다.

성을 상품화한다는 이유로 비난받고 있는 '미스코리아 선발대회' 같은 미인대회는, 기실 상업주의로 벌이는 오류투성이인 경연競演contest이다. 그중 가장 큰 오류는 진眞,선善,미美로 순위를 매기는 것이다. 대체 어느 천재가 진, 선, 미라는 순서로 가치체계를 '키처럼' 줄 세울 수 있다는 말인가. 불멸의 진리가 정말 존재한다거나 동전의 앞뒤처럼 선과 악이 구분될 수 있다면, 그리고 아름다움이 점수를 매겨 객관적으로 계량화되는 것이라면 진, 선, 미는 온전히 같은 것이 될 것이다! 더군다나 순위야 어떻든 진, 선, 미만으로 여성의 아름다움을 표현한 것이, 이러한 대회를 만든 자가 얼마나 무지하며 야만적인가를 단적으로 증명하고 있다. 인간의 아름다움은 지혜를 근간으로 하는 것인데, 진, 선, 미를 선選하면서 그것보다 더 중요한 '지智'를 뺐다는 것은 무식의 소치라고 할 수밖에 없다.(지혜는 바로 진선미를 분별하는 능력을 의미한다) 지혜가 없는 여성이 아름다운 적이 있던가. 있다고 한다면 당신이야말로 지혜롭지 못한 자이다.

___3 꽃은 저마다의 멋과 기품, 향과 아름다움을 지닌다. 꽃에 우열을 두는 자는 장담하건대 제대로 된 심미안審美眼을 가지고 있지 않다. 장미는 장미대로 목련은 목련대로 이름 없는 들꽃은 들꽃대로 다 독특한 아름다움을 가지고 있다. 아름다움을 평가하는 눈도 다르지만, 아름다움이라는 추상적 가치는 산술적으로 규정될 수 없기 때문이다.

「장한가長恨歌」에는, 양귀비에 대해서 '얼굴을 돌려 한 번 웃으면 백 가지 미태가 생기고 육궁六宮의 다른 미인들이 얼굴빛을 잃는다(무안색無顔色)'고 하였다. 오늘날 겸연쩍고 부끄러울 때나 민망할 때 혹은 면목을 잃었을 때 쓰는 '무색하다' '무안하다'는 말이 여기에서 나왔다. 말뜻이 바

꿰었으니, 백낙천白樂天은 죽은 양귀비에게 쓸모없이 아첨한 셈이 되었다.

지혜라고는 눈을 씻고 봐도 없는, 외모의 아름다움을 간혹 '백치미白痴美'라고 부르는 경우가 있다. 머리에 든 것이라고는 하나도 없어 보이는 여자가 지극히 관능적일 때 쓰는 말이다. 미학자美學者 중에는 백치미를 여성의 아름다움 중 최고라면서 그 대표적 인물로 메릴린 먼로Marilyn Monroe를 꼽는 이도 있다. 그러나 정직하게 말해 백치미라고 하는 자체가 여자에 대한 욕정 그 이상도 이하도 아니다. 그런 아름다움은 결코 길지 못하고 반짝 눈을 사로잡는 데 그치는 일회성의 아름다움이기 때문이다. 물론 메릴린 먼로의 아름다움이 백치미인 것도 아니다.(그녀의 연기에 유독 몰입하는 자들이 그녀를 두고 '백치미'의 미인이라고 한다. 이 자들은 대부분 먼로에 미쳐 있다)

___4 미인은 재덕才德이 뛰어난 여인을 두고 쓰기도 하지만 아무래도 아름다운 용모가 첫째 조건이다. 그러나 누가 미인인가 하는 질문에는 그 답이 사람마다 다르다. 아름다움에 대한 주관적 기준이 다 다르기 때문이다.

역사적으로 클레오파트라(정확하게는 클레오파트라 7세이다)가 미인으로 꼽히지만 그녀에 대한 묘사가 정사正史에는 전해지지 않는다. 카이사르Caesar와 안토니우스Antonius를 오간 사랑이 워낙 드라마틱해서 후세 사람들이 그녀의 용모를 과장했을 가능성이 매우 높다. 오히려 몇몇 문화재에 그려진 클레오파트라로 보이는 모습과 여러 야사에 의하면 '푹 꺼진 이마, 움푹 팬 볼, 얇은 입술, 매부리코를 가진 여자'로 추정되어, 오늘날의 기준으로 보아 미인이라고 하기 어렵다. 파스칼B.Pascal은 『팡세』에서 '클레오파트라의 코가 조금만 낮았더라면 세계의 모습은 달라졌을 것이다'고 썼지만 파스칼이 클레오파트라를 본 사실은 분명히 없었다!

서구 미인의 원형으로 흔히 비너스Venus 상像을 꼽기도 한다. 비너스 상 가운데 '밀로의 비너스'는 1820년 밀로스 섬에서 출토되어 지금 루브르박물관에 있다. 이 비너스상은 두 팔이 훼손되고 없어 그 전모를 알 수는 없지만 오뚝한 코가 특징인 얼굴은 서구형 미인의 표준으로 되어 있다.

중국은 비교적 미인에 대한 많은 기술이 남아 전한다. 그러나 앞서 말한 포사, 서시, 양귀비 외에도 달기妲己, 왕소군王昭君, 초선貂蟬, 가남풍賈南風 등 역사에 오르는 미인들은 대부분 정치적 사건들과 연관되어 있어 이 역시 미모가 과장되었을 수 있다. 양귀비로 불리는 양옥환玉環을 예로 들면 그녀는 당 현종의 며느리로 들어가서 미모로써 시아버지의 후비가 되고 안록산安祿山과 통정하면서 나라를 무너지게 하지만, 전해지는 묘사를 살펴볼 때 뚱뚱했다는 것이 정설이다.

사람들은 배우 중에서 미인을 찾기도 하는데 오드리 헵번Audrey Hepburn, 메릴린 먼로, 올리비아 핫세Olivia Hussey, 소피 마르소Sophie Marceau 등을 꼽지만 그 대부분은 소녀 때의 아름다움으로 기억되는 배우들이다. 나이가 들어서도 오래도록 미인으로 추앙받았던 배우는 잉그리드 버그만Ingrid Bergman 정도다. 그러고 보면 미인은 외모보다는 내면에서 발산되는 아름다움이 있어야 한다는 걸 알게 된다. 잉그리드 버그만은 『카사블랑카』, 『가스등』에 출연한 스웨덴의 명배우다.

___5 미인들은 자주 치정癡情에 연루된다.(사실은 대부분이다) 남자들이 따르기 때문이다. 그 치정의 대상이 왕일 경우에 성이 무너지고 나라가 무너진다. 이런 미인을 이른바 경국지색傾國之色이라 한다.

중국에는 '4대미인'이라는 평설이 있는데, 주로 달기, 포사, 서시, 양귀비를 꼽는 바 모두 경국에 이르게 한 미인들이다.(4대미인으로 달기와 포사 대신 초선과 왕소군을 꼽기도 한다. 달기 포사가 워낙 요녀라는 악명을 가지고 있기 때문이다) 이 중에 서시는 오늘날 중국에서 미인의 대명사가 되어 있다. 서시는 월越나라의 구천句踐이 오吳나라의 부차夫差에게 복수할 목적으로 대부 문종의 건의를 따라 미인계에 쓰기 위해 뽑은 미인이다. 그녀는 함께 뽑힌 정단鄭旦과 함께 부차에게 갔는데 오의 재상 오자서伍子胥가 본 관상이 오늘에 전한다.

진실의 적들 ——

오자서는 정단을 본 후 '밝은 눈동자와 흰 이, 아련히 보는 시선과 조용한 걸음걸이, 예쁜 웃음은 사람들을 유혹하고도 남는다. 이 여자의 요염함은 겉으로 드러나고 감추지 않아 한 성城을 넘어뜨릴 수 있지만 나라를 망칠 재색은 아니다'고 평했다. 그러나 서시를 본 다음에는 '요염한 복숭아 같으나 요염함은 가려지고, 눈빛은 가을 물빛 같아 기울지 않고, 모양은 장중한 것 같으면서도 흩어짐이 없으며, 마치 누운 초승달과 같아 평범한 부인의 상이 아니다. 실로 귀천을 가리기 어렵고 정절함과 음탕함을 구분하기 어렵다'고 하면서 '걷는 모습은 용이 날고 봉황이 춤추는 자세요, 기침 소리는 금과 옥을 토해내는 소리로서, 말하기 매우 어렵다'고 평했다. 그리고 '이는 나라를 망칠지 모르니 멀리하라'고 부차에 간언했다.

— 사마천司馬遷, 『사기史記』를 의역

오자서는 서시의 눈빛과 목소리 등으로 그녀가 경국지색임을 단번에 간파한 것이다. 실제 서시는 고향인 월나라에서 2년간 교육받은 대로 뛰어난 기교를 부려 부차를 유혹했다. 부차는 오자서의 충언에도 불구하고 서시를 사랑했다. 마침내 그는 강건한 심성을 잃고 패망했다.

사마천의 『사기』 「주본기周本紀」를 보면 포사 역시 경국지색이다. 그녀는 통 웃지를 않았는데 어느 날 봉화가 잘못 올라 여러 제후들이 모여들어 어리둥절하는 걸 보고 마침내 웃었다. 유왕幽王은 포사를 웃게 하려고 종종 엉터리로 봉화를 올렸는데, 정작 폐위된 왕후의 아버지인 신후가 모반하여 봉화를 올렸을 때는 어느 제후도 왕을 구하러 오지 않아 나라가 망했다.(이 책, '사랑' 참조)

서시 이후에 '경국'이라는 말은 『한서漢書』에 나온다. 이연년李延年은 무제武帝 앞에서 '한 번 보면 성을 기울게 하고 두 번 보면 나라를 기울게 한다. 어찌하여 경성과 경국을 알지 못할 것인가. 가인佳人은 두 번 다시 얻기 어렵다'고 노래한다. 이 노래의 주인공인 '북방北方의 미인'이 바로 무제의 비 이부인李夫人이다. 그 뒤 당唐대에 이르러 이백李白의 시 「악부청평조樂府請平調」에 등장하고, 백낙천이 양귀비와 당 현종玄宗의 사랑을 노래한 「장한가」의 첫 구절 '한왕중색사경국漢王重色思傾國'(한왕이 색을 중히 여겨 경국을 생각하다)에 등장한다.

중국 미인들 가운데 가장 애틋한 여인은 왕소군이다. 그녀는 한나라 원제元帝의 후궁이었는데 화공 모연수가 뇌물을 주지 않는 왕소군을 미인으로 그리지 않는 바람에 황제의 부름을 받지 못한다. 마침 원제는 흉노족 선우와 화평하면서 선우에게 보낼 후궁을 고르다가 그림책에 가장 못생기게 그려진 왕소군을 골랐는데 실물을 본 뒤 그녀를 선우에게 보내는 것이 애통해 모연수를 처형했다고 한다. 왕소군은 칠현금을 매우 잘 탔는데 그녀가 연주하면 기러기가 떨어졌다 하여 그녀를 '낙안落雁의 미인'이라 부른다.

진실의 적들

오늘날 미인의 기준은 분명 옛날과는 달라졌지만 오자서가 평한 것처럼 '요염함은 가려지고 정절함과 음탕함은 구분하기 어려운' 것이 하나의 기준은 될 것이다.

  6 역사상 이름을 남긴 미인들이 제 명을 다한 경우는 매우 드물다. 요절하여 늙고 추한 모습을 보이지 않았으니 더욱 미인으로만 기록될 수밖에 없었다. 요절하지 않으면 미인이 아닌 것처럼 보이기까지 한다.('천재와 미인이란 평가는 요절하여 얻게 된다'는 생각이 들 정도다)

미인박명美人薄命이란 말은 원래 가인박명佳人薄命이 변한 말이다. 아름다운 여인은 운명이 좋지 않고 명이 짧다는 것이다. 이 말은 미인은 세상의 관심이 쏠리고 남자가 많이 따라 기구한 일이 많다는 의미와, 미인은 병약하여 명이 짧다는 복합적인 뜻을 지닌다. 지금은 주로 요절한 미인에게 이 말을 쓴다. 당송팔대가唐宋八大家 중 한 분인 북송의 소동파蘇東坡(소식蘇軾)가 지은 「박명가인시薄命佳人詩」에 나오는 '자고가인다박명自古佳人多薄命 폐문춘진양화락閉門春盡楊花落'에서 딴 말이다. 소동파는 미모의 여승女僧을 만나 그녀의 기구한 삶을 알고는 짧은 봄날 버들개지(버들꽃은 북한말이다)가 떨어지는 것에 비유했다. 그러고 보니 미인이라는 단어보다 가인이라는 단어가 한결 격이 있다.

_7 스스로 미인이라고 믿는 여자는 절대 미궁迷宮을 만들 수 없다.

    제대로 라비린토스Labyrinthos를 지어, 남자를 미혹迷惑의 방으로 가둔 여자들의 면면을 보면, 의외로 외적인 미모보다는 다른 방편으로 미로를 만들었다는 것을 알 수 있다. 라비린토스는 영어로는 Labyrinth라고 하는데 크레타Creta왕 미노스Minos가 짓게 한, 미로로 설계된 미궁迷宮이다. 한 번 들어가면 빠져나올 수 없는 실타래 같은 미로의 궁이다.(이카루스Icarus도 여기에 갇혔다가 밀랍으로 만든 날개를 달고 탈출했지만, 아버지의 경고를 무시하고 높이 날아올랐다가 태양열에 날개가 녹아 에게해에 떨어져 죽었다)

진실의 적들

추상화抽象畵

추상화 앞에 서서 고개를 주억거리고 있는 신사숙녀들은 화가의
친구거나 형제거나 정부情婦다.

●

해독 불가능한 징표徵表들을 읽는다는 것은 아무나 가능하지 않다. 아무리 예
술이 '이해'하는 것이 아니라 '감상'하는 것이라 하더라도, 만약에 그것이 어
떤 의미를 나타내는 '기표記標signifiant'에 불과한 것이라면, 그런 기표를 '그리
는' 일에 함께 모의한 것이 아니고는 처음 보는 '문자文字'를 어찌 읽어낼 수 있
단 말인가!

___1 피카소P.R.Picasso 1881-1973는 '나는 보는 것을 그리는 것이 아니라, 생
각하는 것을 그린다'고 하였다. 적어도 피카소는 '생각을' 그렸거나, 어
쩌면 '생각이라도' 그린 것이다! 피카소의 '생각'은 무엇인가. 사물에 대
한 '인식'이다. 보이는 것을 집약한, 피카소의 시각이요 피카소의 언어다.

피카소는 열여덟 살인 1900년 파리 만국박람회 회고전에 스페인 대표로 작품을 출품한 천재였다. 그는 열두 살 무렵 '이미 라파엘로처럼 그렸다'고 자부할 정도로 천재였지만, 기실 그 '천재'는 엄청난 연습으로 발화시킨 것이다. 어린 시절의 수많은 드로잉drawing, 초상화와 풍속화가 그걸 증명한다. 한때 세인들은 그의 추상화를 두고 천재의 농간으로 폄하하기도 하였지만, 피카소의 그림들을 시간을 따라 배열하면 그의 추상이 절제와 비유 그리고 낭만으로 가득 찬, 새로운 창조로 향한 열정의 산물임을 깨닫게 된다.

그러나 그런 수련 없이, 데생조차 제대로 해보지 않은 후세의 수많은 '천재'들은 누구를 어설프게 흉내 내어 '기표'를 그려대는 것인가? 장담하건대 20대의 나이에 추상화를 그리는 화가가 넘쳐날 정도로, 천재는 흔하지 않다. 오랜 서정시의 단련을 거치지 않고는 시에 있어서 함축과 절제를 체화하지 못하고 기껏 '난해시難解詩'나 써대는 것처럼(그들이 쓴 것이 난해한 시라는 의미가 아니라, 난해시 같이 위장한 쓰레기라는 것이다), 화가 역시 구상具象을 충실히 하지 않은 자가 비구상인 추상을 한다는 것은 사기에 불과하다.

___2 정확히 추상을 말하자면, 사물을 지극히 단순화시켜나가는 인식의 방법 혹은 태도이다.

진실의 적들

추상이 추상으로서 기능하려면, 단순화시켜나간 사물의 특질이 그 사물의 전체를 대변하여야 하는 것이다. 따라서 추상이야말로 엄격한 절제이자, 또한 엄청난 인내다. 나타내고 싶은, 말하고 싶은 모든 것을 참고 집약하여 하나의 선이나 형태, 한 마디의 언어로 표출한다는 것은 영감靈感이 없으면 불가능하다. 그러한 영감을 가진 이들에게도 '표현'의 욕구와 충동을 절제하며 견뎌내는 것은 '인내'에 속하는 일이다. 그런데도 새파란 애송이들이 '추상'을 한 것을 두고, 나더러 감탄하라는 것인가? (신인의 등용문 역할을 하는 미술대전에 비구상 부문을 만든 자는 도대체 누구인가? 그는 추상을 서열화할 수 있다고 믿는 얼간이다. 더 나아가 수상작들의 수상 이유를 설명해야 할 의무가 심사위원들에게 주어져야 한다. 그렇지 않으면 비구상 경연대회는 명백한 사기다)

사물을 단순화하는 것은 천재의 특질이다. 추상이야말로 천재의 작업이자, 천재가 고통으로 가득 찬 긴 수련을 거친 뒤에 비로소 하는 작업이다.

한 恨

한은 쌓이는 것이 아니라 맺히는 것이다. 특히 여인에게 그렇다.

●

'한이 쌓였다'는 말은 대체로, 풀 수 없이 단단히 옭매진 한을 안고 세월을 보낸 경우를 이르는 말이다. 우리 여인네들은 풀 길 없는 한을 두고두고 새기면서도 쉬 드러내지 않는다. 그래서 한은 가슴 깊이 응어리가 된다.

범인 凡人이 한이라고 말하는 사정 事情의 대부분은, 후회에 불과하다. 한은 결코 말로 되어 나오지 않는다. 넋두리로 풀어내는 속마음은 한에 이르지 못한 슬픔이거나 분노다. '쌓이는 한'이란 이런 '후회와 슬픔 그리고 분노의 누적'을 드러낼 때도 쓴다. 그러나 언제든 쏟아낼 수 있는 것이어서 결코 한이 될 수 없는 것이다. 진정한 한은 피로서 응고되므로 굳이 '피맺힌 한'이라고 쓸 필요조차 없다.

___1 한이 된 사정은 이러하다.

몹시 분하고 억울하며 뉘우쳐지고 원망스럽다. 그러고도 되돌릴 수 없고 풀 수 없을 때 한이 된다. 그래서 한은 응어리다. 마음 깊이 가시지 않고 맺혀 있는 감정의 뭉치다. 몸의 응어리는 쉽게 풀리지만, 이 마음의 응어리는 그 응어리를 맺히게 한 당사자가 아니면 절대 풀 수 없다. 그러나 그 당사자가 풀어줄 여지라도 있다면, 아직은 한이 될 정도의 응어리는 맺히지 않는 법이다. 그러니 한은 풀 수 없는 것이다.

결국 '한을 풀었다'고 할 때의 한은, 진정한 한에 이르지 못한, '비원悲願'이나 세속적인 '원한' 정도를 두고 하는 말이다.

___2 장담하건대, '한'은 '정情'과 함께 영어로 도저히 번역되지 않는 우리의 두 특질이다. 이 한과 정을 잘 나타내 주는 민요가 바로 '한 오백년'이다.

한 많은 이 세상 야속한 님아. 정을 두고 몸만 가니 눈물이 나네. 아무럼 그렇지 그렇고말고. 한 오백년 살자는데 웬 성화요.

대부분의 한은 이 노래에서 보듯이, 정과 얽혀 있다. 그리고 그 대상이 이성이든 또 다른 무엇이든 사랑에 대한 것이 많다. '여자가 한을 가지면 오뉴월에 서리가 내린다'는 말도 이루지 못한 정을 평생 안고 살아가야 하는 조선 여인들의, '말로써는 도저히 풀어내지 못하는' 응어리를 나타낸 것이다.

__3 한은 영원히 극복될 수 없는 것이다.

인간의 감정 가운데 가장 근원적인 감정이 슬픔이다. 한은 분노나 원망 같은 대향적對向的 감정에다 치유될 수 없는 슬픔이 가미된 것이다.

그 한자恨은 본래 '뉘우친다'는 것을 의미한다. '한을 가진다'는 말 속에는 자신에 대한 질책이 녹아 있다. 그런 질책은 반성의 의미가 아니라 후회의 의미가 강하다. 따라서 대부분의 한은 복수를 위한 소망으로 나아가는 것이 아니라, 이미 그 일에 대해 단념과 자책으로 끝을 본 뒤에 오는, 자신에 대한 분노로 귀결된다.

이런 한은 죽을 때까지 극복되지 않는다. 가슴에 묻어둔다. 세월이 지나 괴롭지도 않고 슬프지도 않고 원망하지도 않는 경지에 이르러서도 그 한은 치유된 것이 아니다. 다만 한과 더불어 살아오면서 고통을 참는 것에 익숙해졌을 뿐이다.

스승

진리는, 결코 그것을 말할 수 없는 사람에게서 얻는다.

●

독자들이여. 말하지 않는 스승이 아니라, 말할 수 없는 스승을 만나, 결코 말해 선 안 되는 진리를 배우는 것을 일생의 목표로 삼아라. 감히 내가 답한다면, 단 한 번, 그런 스승을 만났으나 그때는 그분이 스승인 줄 몰랐다.

___1 약산藥山 유엄선사惟儼禪師는 당나라 때의 선승이다. 유엄은 묵언默言으로 유명했다. 그가 한 몽둥이나 한 마디로써 깨우침을 준 것은 이루 헤아 릴 수 없이 많다. 『경덕전등록景德傳燈錄』에서 전하는 유엄의 법도가 있다.

하루는 원주院主가 유엄선사에게 상당법어上堂法語를 청했다. 대중들이 모였는데 유엄선사는 갑자기 방장실로 들어가 문을 닫았다. 원주가 따라가서 물었다. '스님께서는 저에게 상당법어를 허락하시고서 어찌하여 방장실로 돌아간 것입니까?' 유엄선사가 한 마디 했다.

'경經에는 경사經師가 있고, 논論에는 논사가 있으며, 율律에는 율사가 있네. 원주는 어찌 노승을 탓하는 것인가?'

유엄은 '말할 수 없는, 말해서는 안 되는' 경지를 벗어나지 않았던 것이다. 스승의 도리란 이렇게 어렵다. 법을 전하는 데 있어 방법론은 매우 중요하다. 스승이 그걸 말로 전할 수 있으면 이미 그건 법이 아니다. 유엄이 '어찌 노승을 탓하는 것인가'라고 몽둥이질을 했을 때 원주가 번쩍 깨달아야 했다.

내 시집 『수련睡蓮의 집』에 수록된 연작시 「무법행無法行」 가운데 「설렁탕을 먹으며」에 약산 유엄선사 말씀을 훔쳐 놓았다.

부끄럽게도, 나는 신神을 믿었다 부끄럽게도
암, 방정식方程式, 질량불변의 법칙, 신문, 베토벤, 강간,
텔레비전, 자살自殺, 치통, 선거 따위를 믿었다 부끄럽게도
섹스, 법 따위를 믿었다
밥을 믿었다
뿌리쳐도 뿌리쳐도 감겨오는 귀신을 믿었다
설렁탕을 먹으며 약산 유엄선사 말씀 떠올린다 부끄럽게도
나는 절름절름, 비틀비틀, 백 천 가지 추태를 가졌는데

그런 대로 세월을 보낸다

— 「무법행」 '설렁탕을 먹으며' 전문

'나는 절름절름, 비틀비틀, 백 천 가지 추태를 가졌는데 그런 대로 세월을 보낸다' 이 말씀이 유엄선사가 한 말씀이다. 이 시를 '현대문학'에 발표할 때만 하더라도 나는 너무 많이 주절대고 있었다. 또 행갈이는 왜 이렇게 천박한 것인가?

__2 말할 수 없는 스승이야말로 '아무것도 모르는 스승'이다. 그리고 '아무것도 모른다는 것'은 '모른다는 것을 아는' 까닭에 모든 것을 다 알고 있는 스승이다. 아무것도 모르는 스승은, 기실 한 방편으로 단숨에 모든 것을 가르치는 스승이다.

__3 스승을 어렵게 구하지 말라. 대大카토Marcus Porcius Cato는 '어리석은 자가 현인의 교훈에서 배우는 것보다, 현인은 훨씬 많은 것을 어리석은 자에게서 배운다'라고 말했다. 스승을 군이 가리지도 말라. 20세기 최고의 팝 스타로서 비틀즈Beatles와 비교되는 마이클 잭슨Michael Jackson은 「빌리 진Billie Jean」의 화려한 춤을 거리에서 노는 세 명의 아이들에게서 배웠다.

4 스승의 회초리로써 직접 얻지 못하고, 먼 스승을 스스로 사모하여 진리를 얻는 것을 '사숙私淑'이라 하니, 이는 곧 '외도外道'다. 이 외도로써 혼자 깨우친 자는 그 깨우침이 옳은 것인지 반드시 검증받아야 한다. 서산대사西山大師(휴정休靜)가 쓴 『선가귀감禪家龜鑑』에 이 외도에 관한 글이 있다.

> 그러나, 한 생각을 가진 자가 그것을 깨우치면 모름지기 밝은 스승을 찾아서 그 눈이 바른 것인지 가려야 할 것이다.(연이나 일념자는 폭지일파연후에 수방명사하고 결택정안하라. 然 一念者 爆地一破然後 須訪明師 決擇正眼)

오늘날 대개 학문은 외도로써 행하고 있다. 그러나 한 생각을 얻고 나서도 그 생각에 대해 가려줄 스승이 없다.

5 학교에서 가르치는 것을 직업으로 하는 교원을 교사教師라고 한다. 한자 뜻대로 풀이하면 '가르치는 스승'이다. 그러나 오늘날 교사 가운데 스스로 스승이라 불리는 데 부끄럽지 않은 이가 얼마나 되겠는가? 이 '스승 師'를 쓰는 직업들로서 교사 외에도 의사醫師, 간호사看護師, 목사牧師 등이 있다. 이 밖에도 안마사按摩師, 미용사美容師 같은 직업들도 '스승 師'를 쓰니 세상에 스승 아닌 이가 없고, 스승 아닌 직업이 없다.(그뿐 아니라 변호사, 회계사, 운전기사 같은 직업은 선비 士를 쓰니 이 나라는 스승과 선비들이 넘쳐나는 나라다. 이런 남용은 일종의 직업적 평등의식에서 기인한다. 그러나 그것은 자신의 직업에 아무런 자긍심이 없다는 걸 드러낸, '희화화戱畫化'일 뿐이다)

진실의 적들

조명 照明Spotlight

세상의 명사名士들이란 명성만큼 추악한 법이다.

●

사람을 조명하는 것은 그 사람의 멋진 부분을 보여주기 위한 게 아니라, 추한 부분을 감추기 위한 것이다. 스튜디오에서 피사체를 조명하는 이유는 윤곽을 정확하고 아름답게 잡기 위한 것이다. 피사체의 상처나 추한 흔적은 사방에서 오는 빛으로 인해 완전히 노출되면서 그림자 지는 부분이 없어져 오히려 보이지 않게 된다.

___1 사람도 이와 같이 대중의 인기를 얻게 된 '스타'들은 '추한 면모'마저도 매력으로 포장된다. 그러나 역설적으로 그 조명의 한 부분만 어긋나도 나락으로 떨어진다. 그 순간 매력으로 보였던 면모에 숨어 있던 그늘이 너무 잘 드러나기 때문이다. 대중은 이런 전락轉落을 안타까워하기

보다는 묘한 쾌감을 느끼기 마련이다. 그렇다고 꾀를 내어 자신의 추하고 어두운 부분을 감추려고 들면 그 부분엔 더 큰 그림자가 진다. 자연히 관객들에게 선명하게 보인다.

인간은 누구에게나 감추고 싶은 것들이 있다. 장담하건대, 인간은 남들보다 추하지 않고서는 출세하지 못한다! 우리 사회에 존경받는 명사名士들은 대개 그 명성을 얻기 위해서 저지르거나 감춘 추악한 이면裏面을 가지고 있다. 이 세상에 완벽한 인간이란 절대로 없다. 그러니 자신의 단점과 약점을 감추지 말라. 그것을 조명 한가운데 노출시켜라. 그것이야말로 자신의 치부를 보이지 않게 하는 방법이다. 당신의 약점은 사소하게 치부되거나 오히려 당신의 인간적인 면을 돋보이게 하는 요소가 된다.

___2 무대에서 강한 조명을 정면으로 받는 사람은 눈이 부셔 관중을 제대로 보지 못한다. 그래서 무대에 서 있는 동안은, 조명이 강하면 강할수록 관중의 반응이나 자신을 보는 시선이 어떤지 모르게 된다. 정치인이든 연예인이든 인기가 치솟아 하늘을 찌를 때 실언 등으로 나락으로 떨어지는 경우가 그런 예다. 주로 머리 나쁜 스타일수록 건방을 떠는 것도 그런 까닭이다.

그런데 잘 설계된 극장은, 무대에 서면 조명과 상관없이 드넓은 객석이 아주 잘 보인다. 객석과 무대의 일체성이 강한 것이다. 그래서 '전혀 조명받지 않는' 객석의 어느 구석진 자리에 있는 친구를 쉽게 찾아낸다. 좋은 강의실이라면 학생들로 가득 차도 학생 한 명 한 명의 수강 태도가 교수의 눈에 다 들어오는 것과 같은 이치다.

술

술을 아무도 마약이라 하지 않는 건 신神도 중독되었기 때문이다.

●

마약의 특질은 몽환성과 중독성이다. 따라서 술은 분명 마약이다. 그리스의 신들도 술을 마셨고 예수도 포도주를 마셨다. 그러니까 술은 가장 오래된 마약이자 유일하게 합법적인 마약이다. 허지만 신으로부터 전래해 온 이 황홀한 액체를 누가 감히 마약으로 매도할 것인가?

몽환성이 없는데도 엉뚱하게 마약으로 지목된 담배보다 술은 인간을 확실히 죽음으로 이끈다. 담배와 폐암과의 인과관계因果關係는 지구상의 어느 법정에서도 증명되지 않았지만 술과 간암과의 인과관계는 지구상의 모든 법정에서 인정하고 있다. 게다가 담배에 취해 범죄를 저지르지는 않지만 살인이나 강도, 강간 등 강력범죄의 절반은 술에 취해 저지른 것이다. 담배에 비해 엄청난 사회적 비용에도 불구하고 술을 저주하지 않는 이유는 단 하나! 신을 비롯한 모든 권력자들이 술에 '중독되었기' 때문이다. 신이든 권력자든 함부로 저주할 수 있는 용기 있는 자는 없다.

__1 술은 인간을 알기 위한 최선의 선택이다. 술이야말로 감정을 증폭시키는 가장 효과적인 물질이다. 술을 마셔서 인간은 본색을 드러낸다. 그동안 꾸민 외관을 무참히 찢어발기고 '점잔' 속에 가둬놓았던 치부恥部를 해방시킨다. 그때 드러난 '속살'은 대개 추하거나 폭력적이다. 인간의 본성이 파괴적 성향을 가지고 있기 때문이다.

그리고 그 정도는 배운 자일수록 심하다. 평소 억제가 강했기 때문에 반사적으로 돌출한 일탈의 강도도 강할 수밖에 없다. 몇 잔의 술이 멀쩡한 사람을 파멸로 끌고 간다.

__2 술에 관한 어떤 나의 진술보다, 두 편의 시로써 나는 그 소임을 다하고자 한다. 하나는 감태준甘泰俊의 「흔들릴 때마다 한 잔」이다.

포장술집에는 두 꾼이, 멀리 뒷산에는 단풍 쓴 나무들이 가을비에 흔들린다 흔들려, 흔들릴 때마다 한 잔씩, 도무지 취하지 않는 막걸리에서 막걸리로, 소주에서 소주로 한 얼굴을 더 쓰고 다시 소주로, 꾼 옆에는 반쯤 죽은 주모가 살아 있는 참새를 굽고 있다 한 놈은 너고 한 놈은 나다… 젖은 담배에 몇 번인가 성냥불을 그어 댕긴다 이제부터 시작이야 포장 사이로 나간 길은 빗속에 흐늘흐늘 이리저리 풀리고, 풀린 꿈들은 빈 술병에도 얽히며 술집 밖으로 사라진다 가뭇한 연기처럼, 사라져야 별 수 없이, 다만 다같이 풀리는 기쁨…

— 「흔들릴 때마다 한 잔」 전문

다시 나는, 이 나라 최고의 모더니스트였던 박인환朴寅煥**의 「목마와 숙녀」를 첨**添**한다.**(감태준의 흥을 잇기 위해 부득이하게 산문시 형식으로 옮긴다)

한 잔의 술을 마시고/ 우리는 버지니아 울프의 생애와/ 목마를 타고 떠난 숙녀의 옷자락을 이야기한다/ 목마는 주인을 버리고/ 그저 방울 소리만 울리며/ 가을 속으로 떠났다 술병에서 별이 떨어진다/ 상심한 별은/ 내 가슴에 가벼웁게 부숴진다/ 그러나 잠시 내가 알던 소녀는/ 정원의 초목 옆에서 자라고/ 문학이 죽고, 인생이 죽고, 사랑의 진리마저/ 애증愛憎의 그림자를 버릴 때…/ 목마를 탄 사랑의 사람은/ 보이지 않는다/ 세월은 가고 오는 것/ 한 때는 고립을 피하여 시들어가고/ 이제 우리는 작별을 하여야 한다/ 술병이 바람에 쓰러지는 소리를 들으며/ 늙은 여류작가의 눈을 바라다보아야 한다/ 등대에/ 불이 보이지 않아도/ 그저 간직한 페시미즘의 미래를 위하여/ 우리는 처량한 목마 소리를 기억하여야 한다/ 모든 것이 떠나든 죽든 그저 가슴에 남은/ 희미한 의식을 붙잡고/ 우리는 버지니아 울프의 서러운 이야기를 들어야 한다/ 두 개의 바위 틈을 지나/ 청춘을 찾은 뱀과 같이/ 눈을 뜨고 한 잔의 술을 마셔야 한다/ 인생은 외롭지도 않고/ 그저 낡은 잡지의 표지처럼 통속하거늘/ 한탄할 그 무엇이 무서워서 우리는 떠나는 것일까/ 목마는 하늘에 있고/ 방울소리는 귓전에 철렁거리는데/ 가을 바람소리는/ 내 쓰러진 술병 속에서 목메어 우는데…

— 「목마와 숙녀」 전문

나는, 이 완전히 다른 두 편의 노래에서 똑같은 슬픔을 본다. 똑같은, 수채화 같은 슬픔. 태준의 묘미는 '반쯤 죽은 주모'라고 부른 재치에 있다면, 인환의 맛깔은 '한 때는 고립을 피하여 시들어'간다는 철학적 고백에 있다. 태준이 좀 더 개량된 시작詩作의 기술을 써서 '한 놈은 너고 한 놈은 나다'라는 자탄自歎의 서술을 능청스럽게 집어넣는 데 반해, 인환은 '그저 간직한 페시미즘pessimism(염세주의)'을 버리지 못하고 '인생은 외롭지도 않고 그저 낡은 잡지의 표지처럼 통속하'다는 객관客觀을 고전적인 진술로 부끄러워하는 것이 차이라면 차이다. 둘 다 술이 유죄다. 술이 아니면 이런 멋진 울음을 어찌 우리가 들을 수 있었겠는가!

장담하건대 태준은 포장마차에서 돌아와 맑은 정신에서 비애에 젖어 시를 썼지만, 인환은 술에 취해 자신이 어디까지 고백한 것인지를 이 시가 발표된 뒤에야 깨달았을 것이다.

____3 술은 인생의 통로다. 막혀 있는 생각의 한쪽 벽을 허물고, 거기 지상의 맑은 공기가 있는 곳으로 문을 낸다. 술은 지나온 먼 길을 다시 풀어 놓는다. 그 길들은 굴곡지고 뒤틀리어 몹시 엉클어져 있다. 그 길 어느 외진 곳에 있는 연못의, 까마득히 기억의 바다에 가라앉아 있는 이름을 건져 올린다. 두레박 속에 담겨 오르는 찬물처럼 그 이름은 아직 빛나고 싱싱하다. 술은 죽은 감각을 일깨워, 나와 지금까지 무관했던 모든 것들, 심지어는 풀과 나무, 돌까지도 '살아 있음'을 깨닫게 한다. 내가 살아 있음으로 그들도 살아 있다! 그것들은 다 참으로 소중한 인연이다.

이백李白의 시 「장진주사將進酒辭」의 한 구절 '일배일배부일배一盃一盃復一盃'는 그런 흥취에서 나온 탄사歎辭다. 송강松江 정철鄭澈의 「장진주사將進酒辭」 '한 잔 먹새근여, 또 한 잔 먹새근여. 곳 걱거 산算 놓고(꽃을 꺾어 세면서) 무진무진 먹새근여'는 더욱 좋다.

____4 술을 없애면 범죄의 절반은 줄 것이다. 그러나 예술은 거의 대부분 사라질 것이다. 시인 조지훈趙芝薰 1920-1968은 '9급 부주不酒'에서 '9단 폐주廢酒'에 이르기까지 「술꾼 18단계」를 남겼다. 나는 아마 초단인 '애주愛酒' 쯤 되겠지만 시를 잃어버렸다. 하긴 오늘날 시는 사라졌다. 시의 모양새만 흉내 낸, '화장한 작부' 같은 가짜들이 시를 더 혼돈으로 몰아넣고 있다. 술은 아직 있는데 시는 왜 떠나고 없는 것일까?

포도주

포도주의 품위를 논하는 자는 미색을 찾는 자보다 더 어리석은 자다.

●

포도를 익혀서, 신의 '눈물'이니 '피'라고 부르지 말라. 신이 한 그루 포도나무를 심으면서 열매에 눈물이나 피를 실었다면, 그 포도가 술로 변하지 않고 온전히 땅으로 돌아가기를 기다렸을 것이다. 대저, 인간의 변명은 끝이 없다.

___1 포도주는, 인간이 맛본 술 중에 가장 오래된 술이다.

제우스의 아들이자 포도주의 신인 디오니소스Dionysos(바쿠스Bacchus)가 주신酒神인 것을 보아도 술은 곧 포도주Wine를 의미했다.(디오니소스는 술의 신이면서도 감성과 광기狂氣의 신이다) 따라서 기독교에서 포도주에 특별한 의미를 부여하는 것은 포도주가 당시 유일한 술이었기 때문이지, 별다른 이유를 갖지 못한다. 신화의 시대에는 다른 술을 빚을 지혜가 없었던 것이다.

사마천司馬遷의 『사기史記』에는 중국 서북지역에 포도를 재배해 술을 담 갔다고 기록하고 있다. 그로 미루어 중국에도 오래전 포도가 들어갔고 포도주를 담근 기록이 있으나 백주白酒(마오타이와 분주汾酒가 유명하다)나 노 주露酒(죽엽청竹葉靑 같이 약재를 쓴 술이다)처럼 발달하지 않았다. 우리도 조선 중엽에 포도주를 만들었지만 우리 입맛에 맞지 않아선지 널리 퍼지지 않았다. 우리는 오히려 여러 과실주를 담갔는데, 그중에 대표적인 것이 산딸기를 담근 복분자覆盆子술이다. 산딸기를 먹으면 오줌줄기에 요강이 뒤집어진다고 하여 복분자라 하였는데 포도주보다 복분자술이 퍼진 걸 보면 우리 선조들의 '강정强精' 취향을 알 수 있다.

___2 오늘날 포도주가 상류층과 소위 지식인층에서 즐기는 술로 자리 잡은 것은, 서구지향적인 문화적 허영이다. 포도주를 마시면서 미각味覺이 고급하다고 자랑하는 건, '심미설審味舌'이란 단어가 없는 것에서 알 수 있듯이 난센스일 뿐이다.

포도주는 향과 맛에 따라 그 품위品位가 천차만별이다. 포도의 품종에 따라 다르고, 포도가 소출된 지역에 따라 다르고, 소출된 해의 일사량에 따라 다르고, 익힌 기간에 따라 다르고, 익힌 정성에 따라 다르고, 익힌

진실의 적들

가문에 따라 다르고, 담는 병에 따라 다르고, 마시는 장소와 시간에 따라 다르다. 거기에다가 함께 맛보는 사람이 누구냐에 따라 다 다르다. 포도주의 품위는 주관적인 것이다. 따라서 미인의 우열을 논하는 것보다 포도주의 우열은 더 가리기 어려운 것이다.

그러니 포도주의 품위에 구애받지 말라. 미색을 탐하는 것보다 더 어리석은 짓이다. 술에 청탁을 가린다는 것은, 진정 술이 무엇인지 모르는 무식의 소치다. 다만 한 가지, 잘 익은 술은 신도 마시면 취한다!

___3 포도는 가을의 상징 중 하나다. 릴케R.M.Rilke의 시 「가을날」의 한 구절을 첨添한다.

열매들이 무르익도록 해 주시옵고
풍부한 포도주에 마지막 단맛을 돋우어 주소서.

본능 本能

인간의 본능은 '파괴'가 본질이다. 인간은 무엇인가를 끊임없이 파괴한다.

●

식욕이니 성욕이니 하는 생체적 본능부터 명예욕이니 성취욕이니 하는 문화적 본능까지 파괴적이지 않은 것은 없다. '본능적으로'라는 말은 '파괴적으로'라는 말과 다르지 않다. 인간 문명은 파괴적 본능의 산물이다.

___1 본능instinct을 사전적으로 정의하자면 '배우거나 경험에 의하지 아니하고 저절로 얻은, 행동이나 감정 충동 등의 욕구'라고 하겠다. 대부분의 사전은 약간씩 오류를 보이거나, 생물학적 개념과 심리학적 개념으로 불필요하게 나누어 놓고 있다.

___2 본능은 반사적인 행동과는 다르다. '반사적'이라 함은 신체나 정신에서 신경계의 전달기능으로 체계적으로 일어나는 반응을 말한다.

그러므로 어떤 반사적 행동을(인간이라고 해서 신경계의 작용인 반사적 행동이 없단 말인가?) '본능적으로'라고 쓰는 작가들은 반성해야 한다. 예컨대 어떤 우연한 성적인 접촉에서 의도하지 않게 일어나는 성적 흥분은 '반사적'인 것이지, 본능적인 것이 아니다. 그런데도 작가들은 이를 구별하지 못하고, 만연히 '본능적으로 쾌감을 느꼈다' 식의 오류를 범한다.(굳이 성적 흥분을 예로 든 이유는 프로이트S.Freud 때문이다. 프로이트는 인간 행위의 동기로서 성을 강조한다. 그 스스로는 자신에게 붙여진 '범성욕주의pan sexuality'의 혐의를 벗고자 애를 썼다)

___3 본능은 광범위하다. 대부분의 학자들은 본능을 학문적으로 분류하는 것을 포기하고 있다. 설령 분류한대도, 모든 본능을 포괄하지는 못한다. 나는 인간의 본능을 창조적 본능과 파괴적 본능으로 대별大別함이 가능하다고 생각한다.

유사한 분류이지만 프로이트는 '죽음의 본능Thanatos'과 '삶의 본능Eros'으로 나누었다. 역사학자 폴 존슨P. Johnson의 시각으로는 프로이트는 엉터리다.(오늘날 이와 같은 시각을 가진 학자는 오히려 프로이트를 긍정하는 숫자보다 많다) 나는 프로이트의 작위적인 분류의 가장 큰 오류가, 광범위한 '삶의 본능'을 규정하면서 인간의 번식 욕구 – 번식을 위해 '친밀하고 유쾌한 접촉을 하는' 행위를 여기에 포함시킨 것으로 본다.(섹스를 '번식 욕구'로 본다고? 인간이 그렇게 단순한 존재란 말인가?)

인간의 역사는 엄밀히 말해 파괴의 역사다. 파괴의 반복이다. 지배한다는 것은 파괴한다는 것과 전혀 같은 뜻이다. 정복한다는 것 또한 마찬가지다. 문명을 건설하는 것 역시 한편으로는 그 무언가를 파괴하는 것을 의미한다. 문명이 조건 없이 옳고 선하다는 것은 인간의 자만自慢이다. 문명은 전前 문명에 의존하고 있던 생명을 죽인다.

개인의 행위에 있어서도 대부분의 욕구는 파괴적이다. 식욕이 그렇고 성욕이 그렇다. 사랑을 하고 섹스를 나누는 것은 상대의 육체와 거기 종속된 정신을 파괴하는 행위다. 섹스 뒤에 오는 정복감이 그것이다.(원래의 목적은 정복이 아니었다!) 모든 배설본능은 파괴적인 욕구이다. 성욕도 그런 배설본능에 지나지 않는다.

신생아에 젖을 먹이는 '모성애母性愛maternal affection'는 단순한 번식욕구나 종족보존의 욕구를 뛰어넘는, 자기의 분신分身에 대한 절대적인 기여寄與본능이다. 이런 모성애를 비롯하여 자신과 가족을 지키려는 보호본능을 제외한다면, 오직 예술행위와 그 욕구만이 창조적 본능에 기인한 것이다. '예술의 경지'에 이르지 못했다 하더라도 한 편의 시를 쓴 뒤에, 혹은 한 장의 그림을 그린 뒤에 오는 희열 같은 것이 그것이다. 정치적인 의사표명을 제외한다면 거의 모든 표현 욕구는 직간접적으로 예술 욕구와 연결되어 있다. 아름다움을 추구하는 행위, 그것이야말로 신을 지향하는 인간의 유일한 '신적神的인' 행위다.

바보

하나를 배우고 나서 열을 아는 자를 두고 바보라고 한다.

●

대부분의 지식은 끊임없이 오류_{誤謬}를 수정해가면서 축적되는 것이다. 수학을 제외한다면 완전히 논증된 '진실'은 없기 때문이다.(그 수학조차도 광대한 미지의 영역이 남아 있다) 그래서 지식이란 '오류의 축적'에 지나지 않는다! 그런데 하나를 배우고 열을 안다니? 그가 알았다고 믿는 열한 개가 전부 오류일 수 있다.(사실 대부분의 '열한 개'는 전부 짐작이거나, 심지어는 거짓말이다) 현인_{賢人}은 하나를 배우고 나서 기껏 반도 알지 못한다. 진리에 대한 목마름으로 정신을 열어놓기 때문이다.

___1 좀 심하게 말하자면 방송 등에 나와 떠들어대는 학자들, 교수들, 평론가들은 대부분 바보다. '돌'들이다. 그것도 단단한 '자갈돌'이다.(나마저

236   진실의 적들 ——

도 그렇다!) 그들이 읽은 몇 안 되는 책으로, 장광설長廣說을 늘어놓으니, 어찌 '돌'이라는 비아냥을 듣지 않겠는가. 현인이 하나를 배우고서 반도 알지 못하는 이유는, 그 한 개를 의심하기 때문이다.

나는 방송에서 고전을 강의하는 자가 그 고전을 원문이든 번역본이든 제대로 일회독도 하지 않았다는 의심을 하고 있다.(이 책, '스승'에 있는 유엄의 말씀을 참고하라. 논論에는 논사論師가 있다) 더욱이 경전을 강의하는 자가 참구한 바 없이 경전에 대해 얘기하는 것은, '코끼리 다리를 만진 장님'과 같은 것이다. 그건 마치 어린아이가 얼마나 위험한지 모르고 폭탄을 가지고 노는 것과 마찬가지다.

데카르트R.Descartes가 일찍이 회의론의 씨를 뿌린, '방법서설方法序說'에서 '나는 생각한다. 고로 나는 존재한다.Cogito ergo sum'라고 한, '제1원리'의 '생각'이 바로 그 의심이다. 이 회의론의 발견이야말로 인류를 자유인으로 도약시킨, 역사상 최고의 발견이다.(인류의 위대한 발견 발명을 꼽으라면 첫 번째는 '회의론'이요 두 번째는 '화장실'이라는, 세계 석학들의 설문조사 결과가 있다) 데카르트의 말을 옮긴다.

모든 사물을 의심할 수 있어도 그 의심하고 있는 나의 존재는 의심할 수 없다. 따라서 사유하고 있는 동안에 나는 존재하지 않는다고 할 수 없다.

이미 4백 년 전에 데카르트가 싸 놓은 똥도 피하지 못하는 한심한 자들이, 현인의 티를 내는 것을 나더러 눈감으란 말인가. 나는 그럴 수 없다! 내가 '스스로 의심하지 않는 자'를 어찌 '돌'이라고 부르지 않겠는가.

___ 2 바보에 대한 일반적인 논평은 '시끄럽다'는 것이다. 플루타르크Plu-tarch'는 『논리논집論理論集』에서 '빈 나무통과 어리석은 자는 시끄럽기 한이 없다'고 했다. 2천 년 전이나 지금이나 바보가 시끄럽긴 마찬가지이다. '바보도 말하기 전까지는 현자다'라는 오래된 서양 속담도 있다.(『고트그레브불영사전』)

두 번째 바보에 대한 논평은 바보는 '재미있다'는 것이다. 러시아 시인 레르몬토프M.Lermontov는 '이 세상에 바보가 없다면 무척 심심할 것이다'고 했고, 작가 존 스타인벡J.E. Steinbeck은 『불만의 겨울』에서 '때로는 바보놀음이 생활의 단조로움을 깨뜨려서 그 단조로움을 덜어 주는 경우도 있다'고 썼다. 이 세상에 바보들이 없고 현인들이 넘쳐난다면, 세상은 얼마나 적막하고 재미없을 것인가!(칸트I.Kant와 함께 살 것인가, '영구'와 함께 살 것인가? 나는 당연히 후자를 택하겠다!)

그렇다면 나는 바보인가, 아닌가? 사람들은 내가 한 방송을 보거나 듣고, 가끔 '시끄럽다'고 하거나, '재미있다'고 한다.

__3 영국에는 '어리석은 자는 스스로 현명하다고 자찬한다.Fools are wise in their own conceit'라는 속담이 있다. 볼테르Voltaire.F.Arouet 역시 '자기가 똑똑하다고 하는 사람은 더할 나위 없는 바보다'라고 했다. 무릇 슬기로운 자는 자신의 앎을 끝까지 의심하고 또 의심하는 법이다. 선종善終 전, 김수환金壽煥 추기경 역시 스스로를 바보라고 자책했다.

『법구경法句經』에서는 '자신의 어리석음을 알고 있는 바보는 어느 정도 착하지만, 착하다고 믿는 바보는 정말 어리석다'고 가르치고 있다.

__4 여기에 교훈적인 메시지는 없지만, 재미삼아 『여씨춘추呂氏春秋(呂覽)』에 나오는 「각주이구검刻舟而求劍」의 고사를 적는다.

초楚나라 사람이 배를 타고 강을 건너는데 잘못하여 차고 있던 칼을 강물 속에 빠뜨려 버렸다. 이 사람은 조금도 당황하지 않고 칼을 빠뜨린 뱃전에다 칼자국을 내어 표시를 해 두었다. 이윽고 배가 강기슭에 닿자 그는 칼자국이 있는 뱃전 아래의 물속으로 뛰어들었다. 그러나 그곳에 칼이 있을 리 없었다.

변화에 적응 못하는 완고한 바보를, 이 고사에 연유하여 '각주刻舟'라고 부르게 되었다. 그러나, 이 세상에 '각주'들만 산다면, 세상은 얼마나 평화로울 것인가.

악수 握手

악수는 가장 선善한 방식으로 하는 섹스다.

●

악수는 인사다. 상대에게 신뢰를 주면서 호의를 얻는 행동이다. 그래서 '악수를 교환한다'는 표현을 쓴다. 악수를 통해 자신의 체온을 상대에게 전하면서 상대의 체온을 받는다. 잡은 손으로 엄청난 에너지의 교류가 일어난다. 정情의 교류다. 데미안은 전장에서 부상한 싱클레어에게 입을 맞추어 어머니 에바부인의 키스를 싱클레어에게 전했다.

___1 악수는 원래 앵글로색슨족의 인사다. 동양에서는 절을 하거나 동배끼리는 읍揖을 하였지 악수하는 법은 없었다. 우리 선비들은 맞절로 인사를 나누었고 아랫사람이 윗사람을 처음 뵐 때도 절을 하였다. 읍은 중국의 풍습이다. 손을 맞잡아(공수拱手) 얼굴 앞으로 들고 허리를 앞으로 공

손하게 구부렸다 펴면서 내리는 인사법이다. 동구와 러시아는 상체를 얼싸안는 포옹으로 인사를 하고, 아랍계는 윗사람의 손등에 입을 맞추어 인사를 한다.

앵글로색슨족이 악수로 인사를 하게 된 것은 다분히 그들의 투쟁 성향 때문이다. 언제나 오른손에 무기를 지니고 다녔기 때문에 적이 아닌 사람을 만나면 빈손을 내밀어 보여 주고 소매 속에 무기를 숨기지 않은 것을 확인하고 또 확인시키기 위해 서로의 손을 잡아 흔들게 된 것이다. 지금의 거수경례도 같은 유래를 가지고 있다.

무기를 들고 다니지 않는 오늘날에도 악수는 반드시 오른손으로 한다. 왼손잡이라도 마찬가지다. 왼손은 그릇된 손이며 불결한 손이기 때문이다.

___2 원칙적으로 남녀 간에는 악수하는 법은 없다. 특히 남자가 여자에게 악수를 청하는 것은 일종의 섹스의 제의로서 여자에 대한 모독이 될 수 있다. 그러나 지금은 여자가 먼저 남자에게 악수를 청하는 것은 양해되고 있다. 그리고 남자와는 달리 여자는 장갑 등을 낀 채로 악수를 해도 크게 예의에 벗어나지 않는다.(여자가 하는 섹스의 제의는 어떤 경우에도 용서된다!)

___3 임어당林語堂은 『생활의 발견』에서 '악수라는 것은 가장 미세한 변화와 차별에 지배되는 인간 접촉의 한 형식'이라고 썼다. 악수는 손윗사람이 아랫사람에게, 선배가 후배에게 청하는 것이다. 따라서 경쟁자의 입장에서는 누가 먼저 악수를 청하느냐에 따라 서열이 정해질 수 있는 것이다. 원래 서양에서는 악수를 하면서 고개를 숙이거나 허리를 굽히지는 않는다. 그런데 우리는 아직도 윗사람에게 꼿꼿이 선 자세로 악수하는 것이 불경不敬으로 비치고 있다.

___4 노무현 전 대통령이 김정일과 만났을 때 수행원들을 소개할 때다. '놀랍게도' 장관들을 비롯한 우리 수행원들은 김정일과 악수하면서 하나같이 고개를 숙였다. 장관쯤 되면 외국 원수를 만나서도 악수하면서 고개를 숙이지 않는다는 것은 상식이고 이미 몸에 밴 예절일 텐데도, 적장 김정일에게 고개를 숙여 경의를 표하다 못해 심지어 허리를 깊이 굽힌 자도 있었다. 나는 그 '허리 깊이 굽힌 자'는 필경 김정일을 숭배하는 '주체사상교敎'의 광신도일 것이라는 걸 믿는다. 아니면 정신병자인가? 그때 유일하게 고개를 숙이지 않았던 어느 장군은 뒷날 '꼿꼿장수'라고 하여 국민적 인기를 끌었다. 그런데 군인은 어느 누구와 악수하더라도 고개를 숙이는 것이 오히려 결례며 예법에 어긋난다. 그를 두고 '꼿꼿장수'라고 부른 언론은 이등병도 알고 있는 사실을 몰랐던 것이다.

길

모든 길은 집으로 통한다.

●

어디에 있든 어디를 가든, 길이 거기서 끝나지는 않는다. 길이 아닌 곳에 집을 짓지 않았다면, 모든 길은 집에 닿아 있다.

___1 그러나 모든 길은 언젠가는 끊어진다. 모든 길은 반드시 지워진다. 길이 어둠에 묻히기 전에 집으로 돌아가라. 인간이 만든 길은 유한하다.

길이 끝없다고 믿지 말라. 인간의 자만이다. 가끔은 절벽으로 난 길도 있고, 높은 산으로 가로막힌 길도 있다. 어떨 때, 지나온 멀쩡했던 길이 사라질 때도 있다. 가다 보면, 모든 길은, 결국은 그 끝을 본다. 그 끝이, 그대가 가질 수 있는 시간이다! 날은 생각보다 빨리 저문다. 그리고 한 번 난 길은, 영원히 길로 남아 있지도 않는다. 그대가 지나가고 난 뒤 언젠가는 자취 없이 지워져, 거기 다시 풀이 솟고 나무가 자라며 냇물이 흐를 것이다. 인간은 그걸 알면서도 자신의 길에 너무 집착한다. 『맹자孟子』「진심하盡心下」 21편에 '산중에 난 좁은 길도 계속 다니면 길이 되고, 다니지 않으면 곧 풀이 우거져 막힌다'는 가르침이 있다. 이는 맹자가 제자인 고자高子를 꾸짖은 말씀이다.

나는 이 글을, 저 산야에 흩어져 있는 이름 없는 묘의 주인들에게 바친다. 한때 아름답거나 슬픈 삶을 살았을 이들이 죽어, 백 년이 안 되어 자손들이 올리는 제도 끊어지고 이제 술 한 잔 뿌려지지 않은 채, 무연고의 묘로 남아 있다. 그러나 망자亡者여, 슬퍼하지 말라. 누구든 집으로 가던 길들이 다 끊어져 언젠가는 폐허가 된다.

마석 모란공원묘지 처 외조부 무덤으로 가는 길에 유난히 허름한 무덤이 있다. 봉분은 절반이나 유실되고 상석조차 없다. 거기 비석의 이름 앞에 '서기관書記官'이라는 관의 직급이 깊게 새겨져 있다. 무슨 당상관堂上官도 아니요, 대단한 영예도 아닐 터인 직급이 저 무덤의 주인에게 무슨 '비명碑銘'으로 남을 것이며, 그 이름에 무슨 도움이 될 것인가? 인간은 죽어서도 남의 평가에 연연하는 존재이다.

___2 '모든 길은 로마로 통한다.' 이 말은 로마가 세계의 중심이라는 의미

로 쓰였다.(실제 로마제국의 도로는 군사용으로 건설되었는데, 땅을 파서 자갈을 채워 넣고 그 위에 돌을 덮은 것이었다) 로마는 카이사르Caesar 때부터 오늘날 유럽 도시의 근거를 축조했다. 유럽 도시들은 대부분 로마인들이 처음 터전을 닦았으며, 로마는 그곳으로 그들이 체화體化한 헬레니즘과 헤브라이즘 문명을 전해 '팍스 로마나Pax Romana(로마에 의한 평화)'를 완성했다.

오늘날, 세계의 모든 길은 워싱턴으로 통하고 있다. '팍스 아메리카나Pax Americana'는 우리에게 무엇을 전하고 있나. 그들의 오만인가, 서구의 정의正義인가? 그 길은 언제 끝날 것인가?

___3 길에 대한 수많은 아포리즘 가운데서 나는 세네카L.A.Seneca의 경구를 제일 먼저 떠올린다.

불행한 사세事勢에서는 험한 길을 취해야 한다.

평상시의 정도正道는 넓게 열려 있다. 그러나 어려움에 처했을 때, 눈앞에 보이는 쉬운 길은 구렁텅이다. 흔히 난국難局에 들어 '정면돌파한다'는 말은 비겁하게 타협하지 않고 험한 길을 취한다는 뜻이다.

사랑

사랑한다면, 사랑한다고 말하지 말라. 그 자체가 거짓이 될 수 있다.

●

사랑은 영원히 용서하는 것이자, 모든 것을 주어서 마침내 스스로를 던지는 것이며, 아무것도 원하지 않는 것이다.

___1 사랑에 대한 아포리즘은 참으로 많다. 경전에도 있고, 현인의 문장에도 있다. 시에도 있고, 값싼 노래에도 있다. 간혹 쓰레기 같았던 대중가요의 가사 가운데 빛나는 한 줄의 '절절한 진실'을 만날 때, 나는 감동했다고 고백하지 않을 수 없다. 그래도 그 가사가 쓰레기인 것은 사실이다.

사랑은 누구나 경험하는 '실체적 사실'이어서 사람마다 다 나름대로의 정의를 가진다. 그 모든 정의는 옳다. 사랑은 절대선_{絶對善}이므로 우리는 그 모든 정의를 수용하지 않을 수 없다. 나는 그중에서도 사랑의 첫째 미덕은 용서하는 것이라고 믿는다. 둘째 미덕은 주는 것이며, 셋째 미덕은 사랑으로부터 아무것도 원하지 않는 것이라고 믿는다. 나는 그런 사랑을 믿는다. 사랑이 인생을 풍부하게 한다고 믿는다. 사랑이 없는 인생은 사막이다.

___ 2 사랑의 증명은 없다. 진정한 사랑은 스스로도 깨닫지 못하는 법이므로 사랑을 증명할 길은 없다. 그래서 사랑이란, 극한적인 상황이 오지 않는다면 알 수 없는 것이다. 오스카 와일드Oscar Wilde 1854-1900는 『도리언 그레이의 초상肖像』에서 '사랑은 자기를 초월하는 것'이라고 썼다.(그는 동성애자였다. 그것만으로 그는 파멸했다. 그렇지 않았다면 그의 이 말은, 좀 더 높게 평가되었을 것이다)

사랑은 삶의 가장 기본적인 요소이다. 스탕달Stendhal 1783-1842이 『연애론戀愛論』에서 한 말이다.

　　정열적인 사랑을 해보지 못한 인간은 인생의 반, 그것도 아름다운 쪽
　　의 반분半分이 가리워져 있는 것이다.

스탕달은 내가 읽은 작가 중에서 가장 작가다운 인생을 산 사람이다. 참으로 파란만장했다. 그는 생전에 이탈리아어로 '밀라노인 베일레, 살

았다, 썼다, 사랑했다'라는 묘비명을 남겼다.

    3 이 세상에는 지고지순_{至高至純}한 사랑이 참으로 많다. 그런데, 사람들은 사랑을 평가할 때, 사랑하는 사람의 신분을 보며 또한 그 결과를 본다. 이 얼마나 어리석은 시각인가? 나 역시 마찬가지다. 나는 여기에, 한순간에 사랑에 빠져 결국 나라를 잃은 주周나라 유왕幽王과 포사褒姒의 예를 상고하여, 경국지색傾國之色이 아닌 경국지애傾國之愛를 말하려 한다. 유왕과 포사의 사랑은 사마천司馬遷이 쓴 『사기史記』의 「주본기周本紀」에 있다. 오늘날 전해지는 사랑의 이야기로는 가장 오래된 것이다. 긴 이야기를 줄여 적는다.

    주 선왕 때 후궁의 동첩童妾이 외인과 통정하여 낳은 아이를 버렸는데 (사기에는 포褒나라 군주의 망령이 변신한 용의 거품을 담은 상자를 열자 거품이 도마뱀으로 변해 도망가 동첩과 동침했다고 한다. 그러나 도마뱀이 어찌 여인과 교접할 수 있단 말인가. 아마도 후궁의 어린 시녀가 외간 남자와 통정했을 것이다) 우연히 활을 파는 행상 부부가 이 아이를 주워 포나라로 가서 키웠다. 이 아이가 바로 포사다. 세월이 지나 포나라 포군은 죄를 지어 주왕에게 미인 포사를 바치고 용서를 빌었다.

    유왕이 즉위하고 3년이 지나, 후궁에서 포사를 처음 보고 넋을 빼앗겼다. 왕은 포사를 끔찍이 사랑했다. 포사는 왕자 백복을 낳았는데, 유왕이 태자 의구와 왕비를 폐하려고 하자 사관인 백양이 주나라의 운명이 여기까지다면서 탄식했다.

유왕은 포사를 비로 삼고 백복을 태자로 삼았다. 그런데 포사는 전혀 웃지 않는 여자였다. 유왕은 포사를 웃게 하려고 갖은 노력을 다했지만 그녀는 끝내 웃지 않았다. 그러던 어느 날, 외적의 침입이 있을 때만 올리던 봉화가 잘못 올라 제후들이 왕을 구하기 위해 달려왔는데 아무 일도 없자 다들 어리둥절해했다. 포사가 이를 보고 마침내 웃었다. 유왕은 크게 기뻐하고 이후 종종 거짓 봉화를 올렸는데 이런 일이 반복되자 제후들이 아무도 봉화 신호를 믿지 않게 되었다.

이 무렵 유왕은 괵석보를 대신으로 등용했으나 그는 간신으로 온 나라의 미움을 받았다. 이때 폐비의 아버지 신후는 견융犬戎과 손을 잡고 주나라 도읍을 공격했다. 유왕은 다급히 봉화를 올렸으나 단 한 사람의 군사도 달려오지 않았다. 결국 유왕은 포사와 도망치다 여산驪山 기슭에서 살해당하고 포사는 사로잡혔다. 제후들은 신후의 뜻에 따라 본래 태자였던 의구를 즉위시키니 이가 곧 평왕平王이다. 평왕은 도읍을 동쪽 낙읍洛邑으로 옮겼다.

사마천은 사기를 쓰면서 항목마다 '태사공太史公은 말한다'는, 자신의 평가를 적고 있다. 그러나 이 이야기를 쓴 뒤에, 자신의 견해를 일절 붙이지 않고 있다.

독자들이여. 이 포사에 대한 유왕의 사랑은, 신후의 눈으로 보면 불륜에 불과하고, 냉정한 사가史家의 눈으로도, 욕망이 모든 화근이라는 평가

외에 무슨 선한 평가를 내릴 것인가. 그러나 한 여인을 사랑하여 나라를 잃은 유왕은 인간적인가, 아닌가?

포사를 굳이 예로 든 것은 나로서도 사실 파격이다. 중국 미인들이 다 마찬가지이지만, 포사는 요부의 대명사로 알려졌기 때문이다.(조선조 인수대비仁粹大妃 한韓씨는 『내훈內訓』 서두에 '나는 일찍이 책을 읽다가 달기妲己의 웃음과 포사의 아양에 이르러 책을 덮지 않을 수 없었다'라고 쓰고 있다)

진실의 적들 ──

종교 宗教

종교는 악인의 도피처다. 죄를 너무 쉽게 씻을 수 있기 때문이다.

•

니체F.W.Nietzsche가 오늘날 종교를 보았다면, 가장 지능적이고 추악하며 탐욕적인 사기극이라고 썼을 것이다. 그러나 니체의 시대엔 종교는 아직 철학자가 분노할 정도로 타락하지 않았다.

니체는 기독교를 두고 『힘에의 의지Wille zur Macht('권력에의 의지'로도 번역한다)』에서 '지금까지 존재했던 거짓말 중에 가장 치명적이고 유혹적인 거짓말이며 가장 비속한 사기극斯欺劇'이라고 통박했다. 그는 교회가 신의 무덤이며 우리 모두가 '신을 죽였다'고 하였다. 그러나 니체의 이 말은 기독교에 대한 처절한 변명이자 옹호였다. '신을 죽였다'는 자백조차도, 니체의 의도와는 전혀 상관없이, 결코 자괴가 아닌 강변強辯이 된 것이다.

___1 보라. 신이 존재하지 않았다면, 신을 죽일 수 없다. 진리가 없다면, 오류 또한 없다. 결국 기독교를 오류라 할 수 없게 된다. 나는 니체에 묻고 싶다. 차라리 '왜 너무나 슬픈' 사기극이라며 울지 않았는가.

무려 1800년 가까이 정치권력과 결합해 지배도구로 군림했던 기독교는 니체의 저 한 마디로써 사면救免됐다. '마녀사냥'과 '십자군전쟁'의 죄과罪果가 지워지면서, 기껏 역사책에 한 줄로 소개되거나 동화의 소재가 되었다. 나는 종교의 이런 파렴치한 과거를 잊는, 망각의 역사가 더 슬프다! 하긴 '사람의 죄'를 씻어주는 종교가 스스로의 죄를 씻지 못하겠는가.

___2 인간은 악하다. 악하기 때문에, 인간은 종교가 진실인 것을 겁낸다. 악한 자일수록 신앙으로써 그 악을 씻으려는 경향이 있다. 종교로써 양심의 문제를 해결하는 것이다. 그래서 종교는 악인이 위안 받기 위해 가장 먼저 선택하는 도피처다!

___3 종교는 고통받고 있는 인간의 최후의 탈출구이자 유일한 탈출구다. 사람들이 비논리로 가득 찬 종교의 집에 드나드는 이유이다. 종교는 사유나 과학이 아니고 직관에 근거하기 때문에 인간들의 그런 고통을 치유한다. 보들레르C.P.Baudelaire가 이를 빗대어, 만년의 수기인 『내심의 일기』에 수록한 「불화살(화전火箭으로 번역되어 있다)」에서 말했다.

진실의 적들

신이 존재하지 않는다 해도 역시 종교는 신성하며, 신성을 갖추고 있다 할 것이다.

___4 종교가 정치에 간섭하는 일이 늘고 있다. 광장에서 법회가 열리고 미사가 열린다. 놀랍다. 그들이 실천하는 것은 '정의'가 아니라 성직의 '권위'다!

광장의 미사는 슬프다. 그곳에는 말씀이나 성찬이 없다. 성체^{聖體}의 제의^{祭義}에 넘쳐야 할 엄숙함도 경건함도 없다. 흰 옷을 입은 신부들은 하느님에게 바칠 빵과 포도주 대신 정치적 구호가 선명한 피켓을 들었다. 정치적 반대편에 서 있는 침묵하는 시민들은 그들에겐 '사탄'이자 '마귀'요 '어둠'이다. 그들이 성서에서 훔쳐온 '어둠이 빛을 이겨본 적이 없다'는 말씀은 성서에 대한 명백한 모독이다. 이런 오욕의 정치 간섭은 종교의 남용이요, 월권일 뿐이다.

나는 사제들의 존엄을 보고 싶다. 세상사에 휘둘리지 않고 성전^{聖殿}에서 고통받는 대중들을 위해 기도하고 신의 말씀을 전하는 성직의 아름다움을 보고 싶다. 그래서 감히 말하겠다.

미사가 끝났습니다!Ite missa est!

도박 賭博

사람들이 도박을 하는 까닭은 도박보다 나은 일이 없기 때문이다.

●

결국 인생의 맨 끝에서 할 수 있는 일은 도박밖에 없다. 도박은 돈이나 재물을 걸고 서로 겨루는 것이다. 그러나 도박에 거는 것 중에 가치 있는 것은 없다. 인간은 진정 가치 있는 것을 도박에 거느니 차라리 목숨을 건다.

___1 파스칼B.Pascal은 『팡세』에서 도박에 대해 '불확실한 것을 얻기 위해 확실한 걸 건다'라고 썼는데, 이건 파스칼의 오류誤謬다. 어떤 도박에서든 얻는 것은 없다. 이 세상에 도박으로 부자가 된 자가 한 사람이라도 있는 가? 없다. 도박으로 이겼을 때 상금이 있다지만, 도박은 결코 멈출 수 없는 습관이므로 종국에는 그 상금도 잃게 되어 결국 도박은 '아무것도 얻지 못하면서 모든 걸 거는' 게임이 된다. 그런데도 인간은 끝없이 도박에

빠져들고, 도박산업은 절대 망하지 않는다.

내가 어렸을 때 우리 마을에는 도박으로 패가망신한 뒤 다시는 도박을 않겠다는 결심으로 자신의 왼손 손가락들을 도끼로 잘라낸 사람이 있었다. 그는 손이 아물자 장갑을 끼고 다시 도박을 하러 다녔다. 도박은 마약이나 술 담배보다 훨씬 더 중독성이 강하다. '원수에게는 경마를 가르쳐 주어라'는 말이 그걸 입증한다. 파스칼의 오류는 파스칼이 도박에 빠져보지 않았다는 증거다.

___2 보들레르C.P.Baudelaire 1821-1867는 '인생의 참된 매력은 도박 하나밖에 없다'고 하였다.

보들레르는 원로원의 고관이었던 62세의 아버지와 28세의 젊은 어머니 사이에 태어났다. 그가 6살 때 아버지가 죽자 어머니는 이내 재혼했는데 그런 결손환경으로 인해 방황으로 사춘기를 보냈다. 성인이 되어서는 여배우 잔 뒤발과 지내면서 탐미耽美와 관능에 빠져 재산을 탕진하고 준금치산자가 된다. 그는 24살 때 미술평론가로 데뷔한 다음 문예비평을 하고 시와 소설을 쓰면서 에드거 앨런 포A.A.Poe의 작품을 번역했다. 이 무렵부터 보들레르는 사교계에 알려졌는데 그는 여배우 마리 도브룅과 연애하면서 사바티에 부인의 살롱에 출입하고 그녀를 흠모하는 연애시를 썼다. 1857년 청년부터 썼던 시를 정리하여 『악의 꽃Les Fleurs du Mal』을 출판했다. 그러나 미풍양속을 해친다는 이유로 벌금과 함께 시 6편을 삭제하라는 판결을 받는다. 생활이 궁핍해지자 그는 벨기에 브뤼셀로 가서 강연여행을 다녔는데 2년 뒤 뇌연화증으로 쓰러져 파리로 돌아왔다. 이듬해인 1867년 여름 실어증에 걸린 채 46세의 일기로 죽었다. 그의 시는 죽은 지 10년이 지나 재평가되었으며 베를렌P.Verlaine 랭보A.Rimbaud 등 프랑스 상징파의 뿌리가 되었다. 독자들이여. 이만하면 보들레르 스스로 인생의 매력은 도박이라고 외칠 만하지 않은가.

요행수를 바라고 가능성이 별로 없는 일에 손대는 것이 도박이다. 사실 정직하게 게임이 이뤄진다 해도, 도박은 확률에 근거한 과학적인 게임이라기보다 운과 요행수를 기다리는 간사한 인간 심리에 근거하는 게임이다. 보들레르가 한 말의 진의는 인생 자체가 도박이라는 뜻이 아닐까?

___3 도박죄는 두 사람 이상이 우연한 승부에 의하여 재물의 득실을 결정하는 행위를 내용으로 하는 범죄다. 도박죄를 처벌한다는 것은 난센스다. 인생은 끊임없는 우연의 연속인데 굳이 도박죄를 처벌한다는 것이 얼마나 웃기는 일인가. 게다가 도박죄야말로 운 나쁜 자가 처벌받는 대표적인 범죄다.

형법학에서는 도박죄의 보호법익保護法益(형법이 보호할 가치가 있는 이익이나 가치)으로 '공공의 미풍양속美風良俗'을 든다. 도대체, 국가가 허가한 카

진실의 적들

지노와 경마장 같은 도박장이 지천으로 널려 있고 심지어 소싸움 도박까지 하는 마당에, 화투와 트럼프 같은 딱지로써 개인이 도박을 하면 미풍양속을 해치는 것이라니 말이 되는가? 국가는 미풍양속을 해쳐도 괜찮고, 친구들끼리 도박하는 것처럼 개인이 미풍양속을 해쳐서는 안 된다는 것인가. 아니면 국가가 개설한 도박장에서 하는 도박은 미풍양속을 해치지 않는다는 것인가.(도박죄를 엄격하게 적용한다면, 이 나라의 모든 골퍼들은 전부 이 죄로 처벌해야 한다. 그 속엔 판검사도 변호사도 있다. 나는 아직 '돈을 걸지 않고 순수하게 골프'만을 한다는 자를 만나보지 못했다)

도박의 조건은 '우연성偶然性'이므로 도박의 한 당사자가 사술詐術로써 승패의 수를 지배하는 '사기도박'은 사기죄지 도박죄가 아니다. 사기도박에 걸려든 자 역시 도박죄가 되지 않고 무죄라는 것이 통설이다. 그러나 미풍양속을 해친 것은 사기도박의 피해자 역시 마찬가지 아닌가? 또, 슬롯머신 같은 도박기계나 불법 사설카지노는 승률이 정해져 있다.(그렇지 않으면 업주가 돈을 벌지 못한다) 이것은 승패의 수를 지배하는 것이 아니란 말인가? 그렇다면 불법 사설카지노에서 도박하는 것은 도박죄인가, 아닌가?

도박죄의 보호법익을 논함에 있어, 도박죄를 자기 혹은 타인의 재산을 위험하게 하는 범죄로 보는 견해도 있다. 참으로 웃기는 생각이다. 모든 '경제활동'은 정도의 차이는 있지만 스스로 자신의 재산을 위험에 빠지게 하는 것이 아닌가? 그중에서 하필 도박만 처벌한다고? 부동산이나 주식에 투자하는 행위는 자신의 재산을 위험하게 하는 행위가 아니란 말인가. 수많은 펀드매니저들, 그들을 고용하는 투자은행들, 주식을 발행한 상장기업들의 대표이사들은 모두 남의 재산을 위험하게 하지 않는 것인가.

___4 인생에 있어서 제일 큰 도박은 첫사랑이다. 잘못된 첫사랑으로 인해, 계속하여 잘못된 선택을 하는 바보들은 의외로 많다. 나는 수많은 현인들이 독신으로 일생을 마친 것을 본다. 데카르트R.Descartes, 스피노자B.Spinoza, 칸트I.Kant, 루소J.J.Rousseau, 키르케고르S.A.Kierkegaard, 니체F.W.Nietzsche…… 그들 중 상당수는 첫사랑에 좌절한 경험을 가지고 있다. 그런 좌절이 그들을 철학의 벌판으로 내몰았다. 그들은 불우했다! 루소와 니체는 광기에 빠지기까지 했다.

신문 新聞

신문은, 한 사람 혹은 몇 사람의 자의恣意로 인해 얼마나 진실이 왜곡될 수 있는지 명징하게 보여주는 텍스트다.

●

혹 신문에 진실이 있다면 그건 기자가 전혀 흥미를 느끼지 못한 탓에 아무런 가공 없이 썼기 때문이다. 만약에 신문이 이런 진실로 차 있다면, 오늘 누가 한가롭게 '지루하기 짝이 없는 진실'을 읽고 있을 것인가.

____1 신문 없는 정부든가 혹은 정부 없는 신문이든가 둘 중 하나를 택하라는 결단을 하라면, 나는 조금도 망설이지 않고 후자를 택하겠다.

토머스 제퍼슨T.Jefferson 1743-1826의 이 말은, 언론의 비판 기능이 민주주의에 있어서 절대적인 가치라는 것이다. 제퍼슨은 정치인이었으므로 태연하게 이런 거짓말을 했고, 이 거짓말은 역사에 남아 지금도 신문들의 변명으로 쓰인다. '몬티첼로Monticello의 성인'이라고 불렸던(몬티첼로는 그의 사저이고 세계문화유산으로 등재됐다) 그는, 그러나 미국의 제3대 대통령으로 취임한 뒤 언론의 추한 짓거리에 실망한 나머지 사석에서 '정부 없는 신문보다 신문 없는 정부를 택하겠다'고 본심을 토로했다.(어쩌면 둘다 진심이었는지도 모르겠다. 대통령이 되기 전에 '정부 없는 신문'을 택했던 제퍼슨도 권력을 쥔 뒤엔 신문이 얼마나 성가신 존재였겠는가?)

___2 신문의 진실은 어떤가? 신문들은 언제나 적의敵意로 가득 차 있다.

그런 적의는 때로 사실(팩트fact)에 기초해서 비판자의 역할을 수행하기도 하지만, 그것마저도 적의가 지나쳐 상대를 박멸하려 든다. 그렇지 않으면 신문이 팔리지 않기 때문이다. 나폴레옹Napoleon Bonaparte마저 '세 개의 적의만 있어도 천 개의 총칼보다 무섭다'라고 했을 정도다. 마크 트웨인M.Twain은 신문의 거짓에 지쳐 '먼저 사실을 붙잡으라. 그러고는 생각하는 대로 곡해曲解하라'고 질타했고, 롤랑R.Rolland은 '내면의 여로'에서 '오늘날 신문이나 잡지는 거짓말의 소굴이다. 그리고 독자의 십중팔구까지가 거짓말에 말려들 가능성이 있다'라고 적었다.

___3 가장 심하게 신문을 몰아세운 사람은 키르케고르S.Kierkegaard 1813-1855다. 그가 한 말이다.

모든 포학暴虐보다 더욱 한심하고 비열한 것은 신문과 잡지의 포학이다.

키르케고르는 자신의 출판사에서 자신의 저술을 내면서도 평생 필명을 고집했다. 심지어 그런 필명의 에세이에서 또 다른 필명으로 쓴 자신의 글을 인용하는 경우조차 있었다.(그 글의 원저자가 키르케고르임이 밝혀진 뒤에도 그랬다) 언론의 공포에서 벗어나지 못했던 것이다.

「코르사르 신문」은 키르케고르를 심하게 비난했다. 매호마다 만화와 독필毒筆로 야유하면서 키르케고르를 '가두의 소크라테스'라고 비꼬았다. 키르케고르는 의연했지만 시민들은 이런 신문의 악의적인 조롱에 동조했다. 키르케고르는 『현대의 비판』에서 '대중은 허위(비진리非眞理)다' '나를 이해해 주지 못한다고 하는 나의 호소조차 이해해 주지 못할 정도로, 사람들은 나를 이해해 주지 못한다'면서 대중들을 조소했다.

____ 4 오늘날의 '무법자'로 군림한 방송보다는 덜하지만, 신문은 가벼운 지식들의 상점商店이다. 그런데도 사람들은 신문에 몇 줄 적혀 있는 지식으로 무장하는 걸 좋아한다. 결국 신문은 스스로 대중을 깨운다고 믿지만 기실 몽환에 빠져 있게 한다. 앙드레 브르통A.Breton은 '신문은 사상의 무덤이다'라고 했다.

이런 언론의 천박함을 에리히 프롬E.Fromm 1900-1980보다 더 잘 비꼰 사람은 없다. 그는 명저『자유로부터의 도피 Escape from Freedom』에서 방송과 신문의 가벼움을 다음과 같이 적고 있다.

> 한 도시에 폭격과 수백 명에 이르는 사람들이 죽었다는 발표가 있고, 곧 이어 부끄러움도 없이 비누와 술의 광고가 뒤따라, 그것을 중단시킨다. 신문은 또한 낡아빠진 생각이나 또는 처음 등장하는 여배우의 아침 식사 버릇을, 마치 과학적 또는 예술적인 중대 사건을 보도할 때와 같은 지면과 친절성을 가지고서 우리에게 보도하고 있다.

이 책은 1941년 나치즘에 대한 비판으로 나왔다. 에리히 프롬은 니체가 죽은 1900년에 태어나 인터넷과 디지털 시대가 본격적으로 열리기 전인 1980년에 죽었는데, 그가 오늘날 언론의 행태를 보았다면 이런 온순한 표현에 그치지는 않았을 것이다.

진실의 적들

시간 時間

시간은, 인간이 저지른 오류 중에 가장 건방진 오류다.

•

그리고 시간은 감상感傷적이며, 불가해不可解한 것이다. 시간은 너무나 '신적神
的인' 측정단위이기 때문이다.

___1 1년을 365일로 나누는 것은 과학이다. 어쩌면 과학이라기보다 신
의 섭리일 것이다. 그런데 하루를 24시간으로 쪼개거나, 한 시간을 60
분, 1분을 다시 60초로 나눈 것은 결코 과학이 아닌, 인간의 오만이다.
동양이 12간지干支로 하루를 나누는 것이 전적으로 낫다는 것은 아니지
만, 동양의 간지는 서양의 각박함에 비해 훨씬 인간적이다.

인간은 일상에서 주로 초 단위까지 사용한다. 대부분의 시계도 초 단

위까지 표시한다. 그러나 1초라는 단위 자체가 인간이 만든 것인 만큼 1초는 더 쪼개진다. 과학의 발달로 시간을 더 세분화할 필요성이 생긴 것이다. 밀리초(ms, 1천분의 1초), 마이크로초(us, 1백만분의 1초), 나노초(ns, 10억분의 1초), 피코초(ps, 1조분의 1초) 따위가 그것이다. 더 쪼개면 펨토초(fs), 아토초(as)가 있다.

아토초는 10^{-18}의 1초로서 불가佛家에서 '찰나刹那'라고 한다.(우리가 많이 쓰는 말로 '순식瞬息'은 10^{-16}의 1초이며, '모호模糊'는 10^{-13}의 1초다. 찰나보다 더 짧은 시간으로는 '허공虛空'은 10^{-20}의 1초이며 '청정淸淨'은 10^{-21}의 1초다) 나노초는 빛이 30센티미터를 가는 데 걸리는 시간인데, '찰나'인 아토초는 다시 나노초의 10억분의 1에 불과한 짧은 시간이다. 한국과학기술원은 2008년 아토초 영역의 엑스선 펄스를 생성하는 데 성공했다. 거기서 더 나아간다면 인간은 바야흐로 허공을 거쳐 청정에 들 것이다.

___ 2 '간間'이란 글자는 다른 명사에 붙어 공간개념을 창출해 내는 글자다. 사람을 두고 '인人'이라 하는 것은 삭막하게 느껴지다가 '인간人間'이라 할 때 비로소 사람으로서의 사유공간이 열리는 것처럼, 시간時間은 '때'를 가리키는 '시時'의 사유공간인 것이다. 그러나, 우리는 구체적으로 '사유공간'을 가진 시간보다는, 숫자로 계량된 시간에 더 익숙하다. 예컨대 '향 한 자루 탈 시간'이나 '뜨거운 차 한 잔 마실 시간'보다는 10분, 20분으로 정확히 계량되는 시간에 더 익숙한 것이다.

진실의 적들

___3 시간을 대하는 인간의 태도는 두 가지다. 쇼펜하우어A.Schopenhauer
는『행복을 위한 금언金言』에서 '보통사람들은 시간을 소비하는 것에 마
음을 쓰고, 재능 있는 사람은 시간을 이용하는 데 마음을 쓴다'고 썼다.

사실 시간은 두루마리 휴지 같은 것이다. 청년기 때엔 새 두루마리 휴
지처럼 아무리 써도 잘 줄지 않던 시간이 나이 들어서는 조금만 써도 금
세 줄어든다. 비로소 시간은 화살처럼 흐른다는 것을 깨닫게 된다. 젊어
서는 시간을 소비하고 나이 들어서 시간을 아껴 쓰는 건 나이 들어서 재
능이 생기는 것이 아니라 '남은 시간이 얼마 없다'는 것을 깨닫게 되기 때
문이다. 시간은 사실 로마 시인 호라티우스Horatius Quintus의 말처럼 '길지
않은 것'이다. 마르쿠스 아우렐리우스Marcus Aurelius는『명상록』에서 '남
겨져 있는 시간을 생각지 않은 선물로 생각하고 살라'고 충고하고 있다.

___4 에드거 상을 받은 미국 작가 존 하트J.Hart(그는 작가 존 그리샴J.Grisham
처럼 변호사다)가 쓴 출세작『라이어(나중길 역, 노블마인 간)』도입부에 기가
막힌 글이 있다. 내가 변호사를 하면서 가졌던 생각(하트도 나처럼 형사사건
의 국선변호인 경험을 했다)과 어쩌면 이렇게 같은 생각을 한 것일까. '시간'
이 사람을 죽이는 공간은 '피억압被抑壓'의 공간이다. 그가 감옥의 시간을
어떻게 진술하고 있는지를 보라.

감옥에서는 절망의 냄새가 코를 찌른다는 소리를 들었다. 그건 얼토

당토않은 소리다. 만약 감옥이 인간의 어떤 감정을 발산하는 냄새를 풍긴다고 한다면 그것은 바로 두려움의 냄새일 것이다. 교도관에 대한 두려움, 구타와 집단 강간에 대한 두려움, 한때 자신을 아끼고 사랑해 주었던 사람들로부터 망각될지도 모른다는 두려움 말이다. 하지만 나는 그 두려움이 대부분 시간과 마음 한쪽 구석진 곳에 도사리고 있는 암울한 것들에 대해 느끼는 감정이라고 생각한다. 복역을 하는 것을 흔히 시간을 죽이는 일로 표현하는데 천만의 말씀이다. 나도 감옥에 수도 없이 들락거려보니 실상을 충분히 안다. 정작 사람을 죽이는 것은 시간이다.

___5 사람들은 대개 초침까지 있는 정밀한 시계를 찬다.

나는 20년을 초침이 없는 시계를 차다가, 6년째 문자판에 아무런 표지標識가 없는 시계를 차고 있다. 초침까지 있는 정밀한 시계를 차고 있는 이들은, 나보다 얼마나 더 정확히 인생을 살아가고 있는 것일까. 나는 정말 소름이 돋는다!

텅 빈 자판에 시침 분침 바늘만 둘 있는 시계, 이 시계를 차면 시간을 읽기가 어려워질 것이어서, 시간에 좀 무덤덤해질 것으로 믿었다. 그러나 아니었다. 옛날보다 나는 훨씬 더 시계를 정확히, 그리고 빨리 읽게 된 것이다. 어쩌면 시침 분침마저 없어도 나는 시간을 읽게 되지 않을까?

266   진실의 적들 ─────

옷

'옷을 잘 입는다'는 말은 천박한 모욕이다.

'베스트 드레서best dresser'라는 호칭보다 더 모멸스러운 말도 없다. 그런 모욕을 받고서도 좋아하는 자들이 있다니!

___1 옷은, 나신裸身보다도 인간을 더 음탕하게 만들거나 그렇게 보이게 한다. 그리고 옷은, 인간을 포장하는 방법 중에 가장 쉬우면서도 가장 저급한 방법이다.

그러므로 '옷이 날개다'라는 말을 쓰지 말라. '옷을 잘 입었다'는 말은 더욱 쓰지 말라. 포장이 잘 되었다는 말은 내용물보다 포장이 좋다는 것을 암시하는 말이다. '사진 잘 나왔다'는 말 역시 순수한 뜻으로 하더라도 그 말 속엔 은연중에 실물이 사진보다 못하다는 뜻이 들어 있는 것이다. 그런 저급한 방식으로 머리 나쁜 상대방을 멸시하는 것은 '너무 잔인한 수사修辭'다.

___2 옷을 입는다는 것은, 인간이 여타의 동물과 다른 점 중 하나다. 그러나 '생각'이나 '도구'처럼 옷은 인간이 되기 위한 조건은 아니다. 인류는 기후변화와 주위 환경으로부터 신체를 방어하기 위해 옷을 입기 시작했겠지만, 오늘날의 옷은 그런 이유보다는 스스로를 드러내기 위한 '장식'으로 기능하는 것이니, 옷은 '부끄럽게도' 곧 신분이 되고 마는 것이다.

그러나 옷은 '인간이 몸에 입는 것'이지 '정신에다 입히는 것'이 아니다. 선사禪師가 누더기 가사 한 벌로 입멸入滅까지 가는 것도, 결코 그 누더기가 범인凡人들이 생각하듯 고통이 아니라(선사들은 육체의 고통에서 벗어난 분들인데 하물며 물질의 번뇌가 일 까닭이 없다), 몸에 입는 것으로써 충분히 기능을 다하기 때문이다. 그러니 스스로의 옷을 돌아보라. 너희의 정신이 그 옷을 과연 감당하고 있는 것이냐.

___3 기독교 「창세기」 신화를 보면, 아담과 이브는 벌거벗고도 잘 살았다. 그런데 뱀의 유혹으로 지혜의 나무에 달린 열매('인식의 과일'이다)를 따먹게 되어, 마음에서 벌거벗은 데 대한 수치가 일어나 치부를 가리게

되었다. 이를 쉽게 말하면, 인간은 지혜를 가지게 되면서 부끄러움을 알게 되어 옷을 입게 되었다는 것이다. 즉 지혜가 없는 자는 부끄러움도 모르는 것이다. 오늘날 함부로 벗는 이들은 스스로의 지혜를 찾아볼 일이다.(이 책, '죄' 참조)

   4 근근이 젖가슴을 가린 여배우가 환하게 웃으며 '레드 카펫'을 걸어가는 걸 보면서 환호작약歡呼雀躍하는 인간들에게, 충고하겠다. 그녀는 결코 너희가 즐겨야 할 창기娼妓가 아닌, 만인의 연인인, 배우俳優다.(나는 '레드 카펫'을 걸어가는 '스타'들을 조금도 비웃고 싶지 않다. 그들은 비웃음을 오해하지 않을 정도로 머리가 좋지 않기 때문이다)

   나는 감히 인간의 속성에 대해 말하겠다. 인간은 명분만 주어진다면 언제든 옷을 벗을 수 있다는 것, 더 정확히는 대중의 호감을 사기 위해서는 어떤 짓도 부끄럽지 않다는 것, 그리고 그 순간만은 스스로 그걸 즐긴다는 것이다. 내가 이 글에서 '벌거벗다시피 한'이라든가, '온몸을 다 드러낸'으로 쓰지 않고, '근근이 젖가슴을 가린'으로 써, 그나마 그 당사자들의 인격을 존중한 것은 내가 진정한 페미니스트이기 때문이다.

향 香

남자의 향은 그 인격에서 나오지만, 여인의 향은 그 정情에서 나온다.

●

남자가 뿌린 향은 악취를 지우지만, 여인이 뿌린 향은 유혹의 의미가 있다.

___1 향이 백리를 간다 해서 백리향百里香이라 하고 천리를 간다 하여 천리향千里香(서향瑞香나무)이라 하는 것은 거짓이다. 항차 인간이 뿌리는 '향'에 대해 더 말해 무엇 하랴.

인간이 문명 이전의, 본래의 감각을 상실한 것은 확실하다. 그중에서도 후각은 인간이 지나치게 문명에 의존함으로써 잃게 된 감각이다. 개들은 사람의 1백 배에서 6백 배에 이르는 후각 기능을 온전히 가지고 있다. 생존을 온통 감각에 의존하는 동물들의 후각에 비한다면, 인간은 거의 냄새를 맡지 못하는 존재로 전락한 것이다.

그런데도 인간은 냄새에 더욱 집착하여 온갖 향수를 만들어 낸다. 그 대부분은 상대를 유혹하기 위한 일종의 최음제이거나 상대를 사로잡기 위한 공격도구다.

___2 향은 부정不淨을 없애고 정신을 맑게 하여 신명神明과 소통할 때 쓰인다. 제사 때 향을 피워 신명과의 소통을 원활하게 하는 것을 분향焚香이라 한다. 빈소에 들어 명복을 빌 때에 곡을 하고 술을 올리는 것보다, 분향을 하는 것이 법도에 맞다. 옛일을 상고하면 부모를 아침 저녁 문안드릴 때에도 향주머니를 차서 정신을 맑게 하였고, 심신수양에 나설 때도 먼저 분향하여 묵상에 잠겼는데 이를 분향묵좌焚香黙坐라 하였다.

이러한 향은 향나무, 백단(박달나무), 침향(팥꽃나뭇과의 상록교목), 정향(정향나무) 등을 잘게 썰어 썼다. 유향乳香(감람과 열대식물 유향나무의 분비액을 말린 수지), 안식향安息香(때죽나뭇과의 낙엽 교목인 안식향나무에서 채취) 등의 수지는 향료로 쓰였고, 용연향龍涎香(향유고래 향), 사향麝香(사향노루 향) 같은 동물의 분비물에서 만든 향은 여인의 단장에 쓰였다. 연향練香은 향목을 가루로 만들어 용연향이나 사향과 섞어 꿀로 반죽한 것으로, 여인들이 주머니에 넣어 치마 속에 지니고 다녔다.

___3 쥐스킨트P. Süskind의 『향수 — 어느 살인자의 이야기』는 특이한 소재로 인해 명성을 얻은 소설이지만, 소재의 특이함 때문에 메시지가 묻힌 작품이기도 하다.

> 주인공 그루누이는 사생아로 태어나면서부터 냄새가 없는 아이다. 대신 그는 세상의 모든 냄새를 감지해 내는 천재적 후각을 가진다. 향수 제조법을 배운 그루누이는 소녀들의 체취를 원료로 하는 '완전한 향수'를 얻기 위해 살인에 나선다. 그는 결국 붙잡혀 사형선고를 받고 형장에 끌려가지만 자신이 만든 향수를 써 형장의 모든 이들을 복종시키고(다들 처음 향에 홀려 옷을 벗고 혼음하게 만든다) 집행을 모면한다. 그루누이는 다시 파리로 돌아오고 이 세상에 하나뿐인 완전한 향수를 뿌려서 사람들에게 흔적도 없이 잡아먹힌다.'

생애를 걸고 만든 완전한 향수를 자신에게 뿌린 뒤, 흔적도 없이 '사라지는' 그루누이의 마지막 행동은 독자들에게 충격이다. 그건 단 한 번만이라도 자신을 표현하고 싶은 그루누이의 욕구다. 소설 속 그루누이의 행적을 읽고 있으면 인간의 감각이 나는 무서워진다.

___4 사실 인간의 감각은 본성을 가로막는 장애로 작용하는 것이다. 불가佛家는, 『반야심경般若心經』에 '무안이비설신의無眼耳鼻舌身意 무색성향미촉법無色聲香味觸法'이라 하여 우리가 지득하는 현상계가 허상임을 가르치고

있다. 눈 귀 코 혀 몸 마음으로 얻는 일체의 현상은 본시 없는 것이라는 것이다.

여왕 女王

만약 이 세계에 단 한 명의 여자만 존재한다면, 창녀娼女가 아닌 여왕이 될 것이다.

●

사람들은 이 단순한 질문을 농담으로 받아들인다. 그러나 그렇지 않다. 이 문제는 남녀의 본성의 차이를 짚는, 간단하면서도 핵심적인 질문 중 하나다.(마치 개미나 벌 같은 곤충처럼 여왕은 쾌락을 즐기겠지만 남자뿐인 백성은 쾌락의 섹스가 아닌, 단지 '번식 목적의 섹스'를 하기 위해 여왕을 옹립할 것이다) 그 반대의 질문 역시 마찬가지다. 그러나 답은 다르다. 이 세상에 단 한 명의 남자만 존재한다면 그가 왕이 되기는 처음부터 불가능할 것이다.(엉터리 페미니스트들은, 남자와 여자는 같다고 한다)

__1 세계의 역사를 살펴보면 여왕은 별로 많지 않다. 그리고 스스로 창업한 여왕은 한 명도 없고 대부분 부왕으로부터 세습받았다.

여왕으로서 이름을 남긴 이는 이집트의 클레오파트라Cleopatra, 영국의 엘리자베스 1세Elizabeth I, 빅토리아여왕Queen Victoria, 중국의 측천무후則天武后 정도다. 현존하는 여왕으로는 단연 엘리자베스 2세가 꼽힌다. 클레오파트라(정확히는 7세다)는 서양사史 제일의 미녀로 꼽히는 여왕으로 비련의 주인공이다. 엘리자베스 1세는 '버진 퀸Virgin Queen'으로 유명하지만 그보다는 잉글랜드의 '황금시대Golden Age'를 연 여왕이다. 빅토리아여왕은 영국을 '해가 지지 않는 나라'로 만들었다. 측천무후는 중국 유일의 여제인데 업적보다는 잔인성으로 인구에 회자된다.

___2 문학작품 속의 여왕들은 대개 매력적인 인물로 묘사된다. 우아한데다 교양을 갖추고 자비롭기까지 하다.

그러나 역사책에 등장하는 여왕들은 좀 다르다. 그 예로 엘리자베스 1세는 그리 아름다운 여왕이 아닌 듯하다.(그녀는 외모부터 메리 스튜어트Mary Stuart와 늘 비교되었다) 그녀의 시대는 셰익스피어W.Shakespeare가 글을 쓴 '문화의 시대'이고 베이컨F.Bacon이 근대철학의 문을 연 '이성의 시대'였지만, '진gin과 폭력의 시대'라 불릴 정도로 사회상은 엉망이었다. 여왕은 잔인한 형벌을 시행하여, 배가 고파 빵을 훔친 어린 소녀를 목매다는 등 수없이 사형을 집행하여 템스 강가엔 십자가 모양으로 만들어진 교수대가 즐비했다 한다. 그녀는 사촌인 스코틀랜드 여왕 메리 스튜어트를 19년간 유폐하다 처형했다. 이 처형은 왕이 왕을 죽인 최초의 사건이다.

__3 우리는 신라에 세 분의 여왕이 있었다. 선덕善德여왕, 진덕眞德여왕, 진성眞聖여왕이 그분들이다.

이 중에서 진덕여왕은 1973년 황남대총 북분北墳(경주시 황남동 소재)에서 발견된 국보 191호 금관의 주인으로 추정되고 있다. 선덕여왕과 진덕여왕은 문文의 김춘추金春秋 무武의 김유신金庾信의 보필을 받아 삼국통일의 초석을 다진 여제들이다. 당시에는 유학이 들어오기 전이어서, 신라는 '신국神國의 도道'라 하여 근친혼으로 순혈주의를 지켰다. 선덕여왕도 삼서지제三壻之制라 하여 용춘龍春 흠반欽飯 을제乙祭 세 명의 남편을 두었는데, 용춘은 바로 여왕의 백부였다.

신라에는 왕실과 혼인하는 가문으로 대원신통大元神統과 진골정통眞骨正統이 있었다. 『화랑세기』(사라졌던 이 책이 1989년 필사본이 나왔는 바, 위서僞書일 가능성이 높다)를 연구한 이종욱 교수는 이를 '인통姻統'이라 한다. 신라는 성골 진골로 계급화된 가문의 안에서 혈통을 지켰던 것이다.

이런 친족혼인을 통한 순혈주의는 왕가에 신비함을 더하고 외척의 발호를 원천적으로 차단하여 왕실을 공고히 하기 위한 정책이다. 역사적으로 천년 왕실이 유지된 몇 안 되는 왕국들, 신라를 비롯하여 일본과 영국의 왕가는 다 순혈주의 정책으로 가내혼인家內婚姻을 행했다. 이 때문에 아들이 없는 경우에 딸이 왕위를 이어도 핏줄이 바뀔 여지가 적었고 왕실의 존엄도 손상을 받지 않았던 것이다.(이 책, '피' 참조)

진실의 적들

___4 역사적으로 후세에 가장 오해를 받고 있는 여왕은 단연 진성여왕이다. 그녀에 대한 잘못된 평가는, 역사가 승자에 대한 기록으로서 정사正史인『삼국사기』등에 적힌 의도적인 허위 탓이다.

그녀는 신라왕실에 성골 세습이 끝난 뒤 등장했던 무열왕계가 멸손滅孫하고 원성왕 때부터 다시 등극한 내물왕계에 속한다. 신무왕의 딸 광화부인과 희강왕의 아들 김계명 사이에 낳은 아들이 경문왕인 바 진성여왕은 바로 경문왕의 딸이다.

진성여왕은 오빠인 정강왕이 유조遺詔에서 '내가 불행히 사자嗣子가 없고 누이 만曼이 천성이 영민하고 골상이 장부와 같으니 선덕 진덕여왕의 고사에 의거해 왕위에 세우라' 하여 신라 제51대 왕으로 등극했다. 여왕을 두고 후세에 각간 위홍角干魏弘과 사통했다고 비난하나, 당시는 삼서지제에다 순혈주의였으므로 이는 명백한 오해다. 각간 위홍은 진성여왕유모인 부호부인의 남편으로 여왕의 아버지 경문왕의 친동생으로, 숙부였다.

여왕은 위홍이 대구화상大矩和尙과 함께 향가를 수집 편찬케 하여『삼대목三代目』을 완성했다. 또한 위홍에게 황룡사 9층 목탑을 중수하게 하는 등 나라의 품위를 높이는 문화창달에 힘썼다. 위홍은 죽은 뒤 여왕의 남편이라는 의미에서 혜성대왕이라는 시호를 추증받는다. 그러나 위홍이 죽자, 나라가 어지러워지고 때마침 흉년이 계속되면서 도적이 들끓어 몹시 피폐해졌다.

여왕에게는 난국을 헤쳐 나갈 김춘추 김유신 같은 재상이 없었다. 최치원崔致遠이 당에서 돌아와 「시무책時務策 11조」를 올렸으나 신분상의 제약으로 그는 정치를 떠났다. 나라가 이렇게 어려워지자, 여왕은 효공왕에게 양위를 발표하고 홀연히 출궁出宮한 후 6개월 뒤 죽는다. 그 양위도 친아들이 아닌 큰오빠 헌강왕의 서자에게 한 것이었다. 이 양위가 우리 역사상 최초의 자의自意에 의한 양위로 기록된다.

진성여왕에 대해 『삼국사기』나 『삼국유사』 후세의 『연려실기술』 같은 책에 기록된 폄하는 고려가 승자인 연유로 나온 고의적인 폄하다. 진성여왕은 여러 가지 사실로 볼 때(외모는 남자처럼 강한 골상이었더라도) 대단히 매력적인 여왕이었다. 그녀는 문화를 사랑하고 권력에 초탈했으며, 남편이자 숙부인 각간 위홍을 사랑했다.

스캔들Scandal

인간은 자신이 시기하는 사람의 불행을 보고 거울 앞에서 혼자 웃는 존재이다. 대부분의 스캔들이 그것이다.

●

모든 스캔들에는 여자와 돈, 그리고 권력이 끼어 있다. 그중 하나만 빠져도 '가십'으로 격하된다.

__1 사람들은 남의 속살을 보고 싶어한다. 그것도 깨끗한 스커트 속에 감춰진 더러운 속살을!

그리고 어쩌다 그 속살을 보았을 때, 절대 혼자만의 비밀로 간직하지 않는다. '참 안됐다', '불쌍하다', '인간적으로 이해한다' 등 온갖 동정어린 말과 시선으로 느닷없는 불행에 빠진 당사자를 위로하지만, 그런 자일수록 뒤돌아서서 스캔들을 즐긴다. 함께 즐길 이가 없으면 거울을 보면서 웃어야 직성이 풀리는 자들이다. 남의 불행에 속으로 열광하는 자일수록, 자애로운 눈빛을 하고 있는 것이다. 아, 인간은 얼마나 추악하고도 잔인한 동물인가! 홉스T.Hobbes 1588-1679가 이를 두고 한 말씀을 했다.

인간은 타인의 결함을 보고 웃는 존재다.

그 역시 스캔들의 주인공처럼 더러운 속살을 하고 있으면서도 아직 옷이 벗겨지지 않았다는 단순한 사실에 안도하면서 남의 불행을 즐기는 자들은, 사실은 그 당사자보다 훨씬 더러운 인간들이다.

___ 2 프랑스 작가 라끌로P.Laclos가 1782년에 쓴 『위험한 관계Les Liaisons Dangereuses』는 당시(프랑스혁명 직전) 상류사회의 퇴폐적인 스캔들을 다룬 서간체소설이다.

바람둥이 바르몽 자작은 메르퇴유 후작부인이 부추기자 순진한 처녀 세실을 유혹하고 후작부인은 세실의 애인 당스니를 차지한다. 바르몽은 후작부인의 농간대로 정숙한 법원장 부인도 농락한다. 세실은 수도원에 들어가고 바르몽은 당스니와의 결투에서 죽는다. 후작부인은 파산하고 외국으로 도망한다.

이 작품은 오랫동안 '음서'로 낙인받아 철저히 외면당했다. 그러나 스탕달Stendhal이나 보들레르C.P.Baudelaire 앙드레 지드A.Gide가 새롭게 평가하여 오늘날 고전이 되어 있다. 이 작품을 바탕으로 많은 영화가 만들어졌다. 1959년 로저 바딤R.Vadim 감독 진 모로J.Moreau 주연의 동명 영화와 1988년 스티븐 피어스S.Frears 감독 존 말코비치J.Malkovich 주연의 동명 영화가 있다. 우리 영화 '스캔들'(2003년, 전도연 이미숙 등 주연)도 이 소설이 원작인데, 배경은 조선조로 바뀌었다. 이런 유의 스캔들은 시대와 장소가 바뀌어도 전혀 이상하지 않다는 것을 알게 된다. 인간은 자신보다 깨끗한 남의 속살을 더럽히고 싶어 하는 사악한 존재다.

___3 우리 역사상 최대의 스캔들을 들자면 조선조 때 '감동'과 '어을우동(어우동)' 둘 중 하나일 것이다.

감동은 세종 때 현감 최중기의 부인이었는데 김여달이 강간한 뒤 그와 계속 통정하다가 스스로 창기娼妓라 하여 무려 30여 명과 상간相姦하였다. 감동은 남편을 배신하고 개가한 죄로 유배에 처해졌다. 그녀는 빼어난 미인이어서 뭇 사내가 그 유혹을 벗어날 수 없었다 한다.

어을우동은 정3품 박원창의 딸로서 남편은 종친인 태강수 이동이었는데, 미천한 은장이와 정을 통하다가 친정으로 쫓겨났다. 그녀는 길가에 집을 얻어 여종을 데리고 독립한 뒤 그곳에서 신분과 나이를 가리지 않고 무수한 남자를 끌어들여 상간相姦했다. 그녀는 시문詩文에도 능했고 대단한 미인이어서 남자들이 그녀의 관능에 매료되었다.

그녀와 통정한 남자를 살펴보면 남편의 친척인 방산수 이난을 비롯하여 전의감리 박강창, 서리 감의향 등은 정이 깊어 그녀가 그 이름을 몸에 새겨 주었고, 춘향군의 사위 이승언, 수산수 이기, 좌리공신 어유소, 전 의금부 도사 김휘, 우부승지 노공필, 전 부평부사 김칭, 전 좌랑 정숙지 등 종친과 고관들과도 사통했다. 심지어 밀성군의 종 지거비는 '간통'을 고변한다 협박하여 그녀를 간음하기도 하였다.

성종 11년(1480년) 통정이 발각되고 혐의가 인정된 자가 10명이었으나 고위관료들은 대부분 부인하여 방면되었다. 성종은 처음 세종 때 감동의 전례를 따라, 유배 정도로 끝내려 하였으나 이런 고관들과의 통정이 세인들의 구설에 오르자 그녀를 교형絞刑에 처했다.

___ **4** 조선조에서 가장 매력적인 여자로 꼽히는 이가 황진이와 어을우동이다. 황진이와 어을우동은 다같이, 반규班規를 허물었다. 황진이는 창기娼妓의 신분으로 내놓고 남자를 받았으나, 어을우동은 스스로 남자를 정하여 몰래 상간했다.

오늘날, 황진이에 매료되면서도, 어을우동을 그저 탕녀로 기억하는 것은, 사가史家가 할 일이 아니다. 어을우동은 조선 유일의 눈뜬 여자였다.

조선조는 유교국가였음에도 태종 때 승지 윤수의 부인이 맹인 하천 경과 정을 통한 것을 비롯하여 관찰사 이귀산의 처가 승지 조서로와 사통하는 등, 나라를 뒤흔든 섹스스캔들이 끊이지 않았다. 그러나 어을우동은 조선에서 유일무이하게 가부장적 질서에 항거하여 스스로 애정을 구한 여자였던 것이다.

___5 오늘날 인구人口에 회자膾炙되는 대부분의 스캔들은 유명인에 대한 성적性的 소문이다. 성적 스캔들이 아니면 대중의 관심을 끌지 못할 정도다. 그리고 대개 대중의 우상인 인기 연예인, 그것도 미모의 여성 연예인에 관련된 것들이다. 누가 누구와 통정했다는 사실 외에도 관음증을 유발하는 내밀한 영상물이 일등급 스캔들이 된다. 그런 스캔들은 주인공 한 사람을 파괴하는 걸 넘어 사회의 틀인 기본적 윤리를 무너뜨린다. 대중의 호기심은 갈증으로 바뀌고 점점 그 강도가 더해진다. 결국 스캔들을 좇는 대중의 말초적 관심은 치유 불가능한 병리病理현상이 된다.

여자 女子

여자가 스스로 비밀을 고백하는 것은, 옷을 벗는 것보다 어려운 일이다.

●

여자의 정조貞操는 여자의 미덕이다. 그러나, 그 정조란 것은 육체적인 것이 아니다. 성적인 순결보다는 곧은 마음, 즉 절개節槪다. 많은 이들이 여자의 정조라고 하면 몸의 순결을 생각하는 것은, 일의 순서를 잘못 알고 있는 것이다.(그런 자는 변영로卞榮魯의 시「논개」를 읽을 자격이 없다)

___1 여자가 진실로 사랑할 때는 은근하다.

'은근慇懃하다'는 '은밀하여 괴로울 지경까지 갈 정도로 정이 깊은' 상태를 의미한다.(이 책, '발정' 참조) '은근하다'가 '태도가 겸손하고 장중함'을 뜻하거나, 간혹 '음흉스럽고 은밀한 것'을 뜻하는 것은, 훗날의 말번

짐현상에 불과하다. 이런 '은근하다'에서 '몰래 정을 주는 여자'를 '은근 짜'라 했는데, 이 말도 훗날 '몰래 몸을 파는 여자'로 둔갑했다.

여자는 육체적인 예속과 달리 진실로 정을 주는 남자에게, 정확히는 자신이 '은근한' 정을 주는 남자에게 모든 것을 허락하는 법이다. 그러니 그 남자에게는 부끄러움이 없고, 따라서 비밀도 없다. 여자에게서 비밀을 듣는 것이 그녀의 몸을 얻는 것보다 어려운 이유이다.

___2 여자와 여인女人의 어감은 다르다. 여자가 '과학적 언어'라면, 여인은 '문학적 언어'다.(과학적 언어가 외연적外延的이라면, 문학적 언어는 내포적內包的이 다) 시인 김광균金光均 1914-1993의 「설야雪夜」는 '여인'이 문학적 언어로서 어떻게 기능하는지 잘 보여주는 작품이다.

어느 머언 곳 그리운 소식이기에
이 한밤 소리없이 흩날리느뇨.
처마 밑에 호롱불 야위어가며
서글픈 옛 자취인 양 흰 눈이 내려
하이얀 입김 절로 가슴이 메어
마음 허공에 등불을 켜고
내 홀로 밤 깊어 뜰에 내리면
머언 곳에 여인의 옷 벗는 소리.

희미한 눈발

이는 어느 잃어진 추억의 조각이기에

싸늘한 추회追悔 이리 가쁘게 설레이느뇨.

한 줄기 빛도 향기도 없이

호올로 차단한 의상을 하고

흰 눈은 내려 내려서 쌓여

내 슬픔 그 위에 고이 서리다.

                                        — 「설야」 전문

　'설야'는 학교에서 가르칠 정도로 그리 썩 좋은 시는 아니다. 마치 한시漢詩를 우리말로 번역한 듯한 느낌을 주는 초기 모더니즘 계열의 시다. 다만 눈 내리는 모습을 '머언 곳에 여인의 옷 벗는 소리'로 묘사한 김광균의 '부끄러움으로 가슴이 뛰는 소년같이 순수한' 일류감각이 오늘까지 상찬될 가치가 있는 것이다. 눈 내리는 날 '머언 곳에 여인의 옷 벗는 소리'를 들은 시인은, 아마 '여인'을 만나본 적이 없었을 것이다. 광균이 기껏 옷 벗는 소리에 집착한 것은, 정신적으로 그가 동정童貞이었음을 증명한다. 만약 이 구절이 없었다면 '설야'의 시적 가치는 지금보다도 아주 많이 훼손되었을 것이다.

　__3 시몬 드 보부아르S. de Beauvoir 1908-1986는 페미니즘 운동을 이론화한

작가다. 그녀는('그'라고 해야 옳겠지만, 상당히 미인이다) '사람은 여자로 태어나지 않는다. 다만 여자로 만들어질 뿐'이라는 명언을 남겼다. 보부아르는 '사팔뜨기' 사르트르J.P.Sartre 1905-1980와의 계약결혼으로 유명했지만 행동가로서 식민주의, 인종주의와 싸우면서 『제2의 성』이라는 빼어난 노작勞作을 썼다.(나는 이 책을 비판하지만 노작은 분명하다)

> 여성은 다른 인간들처럼 자유롭고 자율적인 존재임에도 불구하고 남성들이 그녀들로 하여금 스스로 어떤 다른 신분의 인간, 타자他者the other라고 생각하도록 강요하는 세계 속에 살고 있음을 깨닫게 된다.

그녀와 사르트르는 '영혼의 정절, 육체의 자유, 관계의 투명성'이라는 세 조건으로, 51년간의 '결혼'을 유지했다.

그러나 인간이 아무리 자유로운 존재라 하더라도('결혼'이라는 제도를 인정하느냐 여부와 상관없이) '영혼의 정절'을 육체와는 별개로 지킨다거나 간주한다는 것은 불가능한 일이다. 정신적인 정절과는 상관없이 육체의 정절만을 따지는 사고思考는 정직하지 못한 태도이지만, 그 문제와는 다르게 정신이 육체와 완전히 별개로 작동한다는 사고야말로 인간을 초자연적인 존재로 보거나 육체를 아무런 가치가 없고 대수롭지 않은 거추장스러운 '껍질'로 보는 우스꽝스러운 생각이다. 다른 남자와 '불륜적인' 관계를 지속하면서도 보부아르가 사르트르에 대해 '영혼의 정절'을 지켰다고 하는 것은, 솔직히 말해 창녀보다 못한 정절을 광고한 것에 지나지 않는다. 창녀들은 보부아르처럼 영혼을 더럽히지는 않는다.

　보부아르는 서른한 살 때 사르트르의 제자인 8년 연하의 대학생 보스트와 관계를 가지면서, 그와 한 첫 섹스를 사르트르에게 자랑한다. 미국 작가 넬슨 올그런N.Algren과 8년간 한 연애는 나중에『올그런에게 보낸 편지』로 출판까지 했다. 올그런은 일흔두 살 때 그녀와의 사랑은 추억거리에 불과하다며 보부아르의 폭로에 분노했다고 고백했다. 그는 인도와 한국의 창녀는 몸을 팔 때 문을 닫지만 보부아르는 텔레비전 카메라를 부른다고 울분을 토했다. 올그런은 보부아르를 창녀로 비유한 기자회견을 한 날 밤, 격분을 이기지 못하고 심장마비로 죽었다. 그 뒤에도 사르트르 보부아르 부부는 필로스philos적 사랑을 내세우며 불륜을 경쟁했다. 사르트르 역시 보부아르의 동성애 상대를 침실로 끌어들였다.

　나는 이런 자들이 사랑을 '에로스Eros'적인 사랑과 '필로스Philos'적인 사랑으로 나누면서(에로스적인 사랑은 흔히 쾌락적 사랑, 필로스적인 사랑은 정신적인 사랑이라고 쓴다) 자신들은 '고상한' 필로스적인 사랑을 한다는 치졸한 변명에, 하품이 나온다. 인간의 모든 생각과 행동을 숫자처럼 엄밀히 분석할 수 있다는 자만심은 서구 철학자들의 유아적인 자존심에 지나지 않는 것이다.

속옷

여자에게는 속옷을 선택하는 일이 그 속옷을 보여줄 남자를 고르는 일처럼 중요한 문제가 된다. 왜냐하면 속옷은 남자에게 보이기 위한 것이기 때문이다.

●

무슨 속옷을 입을까 하는 문제는 결코 하찮은 문제가 아니다. 속옷이란 남에게 보일 염려가 없는 옷이지만, 경우에 따라서는 보일 수밖에 없는 옷이다. '깨끗한 속옷을 입어라'는 서양 격언은 누가 보지 않더라도 부끄럽지 않게 행동하라는 뜻과 함께 '만일의 사태에 늘 대비하라'는 뜻을 가지고 있다.

___1 속옷은 유혹의 옷이다. 오늘날 여성 속옷은 실용성보다는 디자인에 더 큰 비중을 둔다. 속옷의 노출이 많아졌다는 증거다. 그 디자인도 대부분 섹시함을 강조하는 데 주안점을 둔다. 속옷이 최종적인 유혹의 도구로 쓰이는 것이다.

여자들이 속옷이 보일 수도 있다는 걸 알면서 노출이 심한 옷을 입는 것은 스스로 그것을 즐기거나, (노출되는 부분의 아름다움을 자랑하기 위하여) '속옷을 보여도 어쩔 수 없다'는 '미필적고의 未必的故意' 같은 심리가 존재하는 것이다. 따라서 그런 여자를 주시했다 하여 성희롱으로 판단하는 것은, 그 여자에 대한 모욕이다. 그 여자도 보여주고 싶었던 것이다!(그런데도 이 나라 판례는 이를 성희롱이나 추행으로 판단한다)

___ **2** 우리네 여인들의 속옷은 매우 복잡하다. 속속곳을 입고 그 위에 고쟁이를 입었으며 다시 단속곳을 입은 뒤 속치마를 입고 드디어 치마를 두르니, 여인의 행장이 복잡하기도 하려니와 그 불편함이 여간 아니었다. 첩첩히 입은 옷으로 감춰진 속살을 드러내는 것은 곧 모든 것을 허용한 것이요, 여인의 그런 속살을 훔쳐본 것은 그 여인의 정조를 훔친 것으로 치부되었던 것이다.

___ **3** 속옷에 대한 서구와 일본의 태도는 우리와는 사뭇 다르다.

서구는 실용적인 '파운데이션'보다 '란제리'가 엄청나게 발달했다. 속옷은 보여주기 위한 옷이었던 것이다. 레이스와 프릴을 달고 수를 놓기도 한다. 그 형식도 슬립, 캐미솔, 패티코트 등 다채롭기 그지없다. 오늘날 케이블 방송의 채널 중에는 낯 뜨거운 여성 속옷 패션을 중점적으

진실의 적들

로 보여주는 채널이 있을 정도로 사람들은 여성 속옷 패션에 관심이 커졌다.

일본인은 속옷에 관심이 적다. 오늘날 기모노는, 원래 겉옷인 오소데의 속에 입던 통소매의 속옷으로 고소데라고 부르던 것이다. 속옷이 겉옷이 된 것이니, 막상 속옷은 입지 않거나 형식적 가림 정도이다. 일본 상류층에는 지금도 기모노 속에 속옷을 입지 않는 전통이 남아 있다.(실제 일본의 '가문'을 방문한 손님은 민망스러운 일을 맞닥뜨리게 된다. 그 집의 안주인이 기모노를 입고 한쪽 무릎만 세우고 앉아 인사할 때, 자칫 본의 아니게 그 안주인의 속살을 보게 되는 것이다. 그때 손님이 부끄러워 고개를 돌려 이를 외면하면 '가문'에 대한 모욕이 된다)

___4 기실, 속옷 디자인은, 대부분 스스로가 만족하기 위해 선택하는 것이다. 여인들이 화장하는 것도 스스로를 위한 것이다.(여자들은 절대로 남자들을 위해 화장하지 않는다) 대개 여성들은 집에서 맨얼굴로 있다가 외출할 때 화장을 한다. 화장은 역사적으로 볼 때 이성을 유혹하기 위한 수단이며 여권이 강력할 때 발달했다. 지금 당신은 누구를 위하여 화장하고 있는가?

피

인간은 먹는 것과 상관없이 피를 보고 싶어 하는 유일한 동물이다.

●

그 증거로 나는 광장의 기요틴을 들겠다. 자유와 평등을 내건 프랑스혁명 때 기요틴에 목을 잘리는 걸 보기 위해 사람들은 광장으로 모여들었다. 적어도 몇만 명이 떨어지는 칼날에 머리가 떨어졌다. 루이 16세Louis XVI도, 마리 앙투아네트Marie Antoinette도, 로베스피에르Maximilien de Robespierre도, 그라쿠스 바뵈프Gracchus Babeuf도 그렇게 처형됐다. '시민'들은 그 참혹한 살육을 보고 환호성을 질렀다. 인간에 내재된 악마성을 이보다 더 극명하게 보여주는 것은 없다.

___1 인간은 눈물에 감동한다. 인간은 보기보다 눈물에 약하다. 인간은 불에 흥분한다. 불은, 인간이 이성理性을 잃게 하는 가장 좋은 방법이다. 그다음, 인간은 피에 격동된다. 피에 대한 기억은 강렬하여 좀처럼 잊지

못한다. 정치인은 이런 인간의 정서를 이용하여 눈물로 호소하고 불로써 흥분시킨 뒤 피로써 결집시킨다. 아돌프 히틀러Adolf Hitler 1889-1945는 선전의 귀재였다. 그는 이 세 가지 방법을 사용하여 독일 국민을 장악했다.(결과적으로 보아, 세 방법을 전부 쓴 정치인은 이 나라에도 있다! 바로 노무현 전 대통령이다)

___2 피는 생명이다. 피는 숭고하고 순수하여 인간은 그 정화력을 믿었다. 피는 인간의 전부였고 그 가계와 혈통을 의미했으며, 정신을 상징했다.

중국의 춘추전국시대에는 맹주盟主가 동맹국의 제후들을 불러 희생犧牲의 생혈生血로써 '회맹會盟의식'을 치렀다. 회맹의식은 동서양을 막론하고 흔히 발견되는데, 나중에는 사람의 피를 술이나 물에 타서 함께 마셔서 혈족이 된 것으로 여겼다. 한 방울의 피를 섞음으로써, 가족이 된다는 의식은 인간이 얼마나 단순한 존재인지를 잘 나타내주는 사례다. 오늘날 조직폭력배들이 벌이는, 손가락을 베어 피를 섞어 마시는 유치한 '입단식'은 그런 회맹의식에서 나왔다.

피를 마셔 형제가 될 수 있다는 생각은 상대를 불신한다는 증거다. 『삼국지三國志』의 도원결의桃園結義는 죽을 때까지 지켜졌지만, 열국시대 회맹의식을 치른 수많은 제후들은 돌아서자마자 상대를 배신했다.

___3 신화나 종교의 경전에서도 피를 생명의 근원으로 묘사하고 있다.

그리스신화에서는 많은 신들이 그저 한 방울의 피에서 탄생하고 있다. 이집트 「사자死者의 서書」에서도 '후'와 '사' 두 신은 태양신 '라'의 피에서 탄생하고 있다. 「레위기」에는 '육체의 생명은 피에 있다'고 하여 '또한 너희가 있는 모든 곳에서 무슨 피든지 날짐승의 피나 짐승의 피를 먹지 말라. 무슨 피든지 먹는 혼이 있으면 그 혼은 자기 백성 중에서 끊어지리라'라고 써, 피가 곧 생명이며 그 생명을 존중할 것을 가르쳤다.

이렇게 피는 곧 생명과 일치되는 개념으로 이해되었기에, 흡혈귀에 대한 이야기가 나왔다. 드라큘라 백작이나 그 자손격인 뱀파이어는 멀쩡한 인간의 피를 빨아 흡혈귀로 만드는 방법으로 종족을 늘리면서 스스로의 생명도 이어간다. 흡혈귀는 지금도 할리우드의 단골 소재다. 이것이 서구 대중문화의 수준이다.

___4 피는 근본이요, 감정의 뿌리다.

감정이 고조되었을 때 '피가 끓는다'고 하고, 분노로 흥분상태에 빠지면 '피가 거꾸로 솟는다'고 한다. 몹시 괴롭거나 애가 타는 경우에는 '피가 마른다'고 하며, 심하게 괴롭힘을 당할 때 '피를 말린다'고 쓴다. 인간적인 유대 관계가 형성되면 '피가 통한다'고 하고, 더 나아가 혈연관계에

진실의 적들

근접하면 '피를 나눈다'고 하며, 남녀가 간음할 때도 '피를 섞는다'고 한다.('피를 섞다'는 '살을 섞다'보다는 좀 더 정신적인 결합이지만, '정을 통한다'보다는 육체적이다. 우리 언론이 불륜을 두고 '정을 통한다'고 표현하는 것은 품위를 지키기 위해 범하는 의도적인 오류다) 인간적인 성정이 없는 잔인한 자를 두고 '피도 눈물도 없다'고 묘사하며, 동물적인 욕망이 끓어오른 상태를 두고 '피에 굶주렸다'고 한다. 혈족끼리 서로 죽여 원수를 갚을 때는 '피로써 피를 씻었다'는 섬뜩한 표현을 쓴다.

피는 이처럼 생명이요 인간의 근본이니, 강렬하다. 인간은 누구나 피를 보면 가슴이 뛴다. 그리고 흥분한다. 자신의 피든 타인의 피든, 피는 인간을 격동시키는 것이다.

특히 대중적인 지지를 받고 있는 사람의 피는 대중을 집단적으로 흥분시키고 광적으로 몰아간다. 제1차 세계대전은 영국의 3C정책(캘커타―카이로―케이프타운)과 독일의 3B정책(베를린―비잔티움―바그다드)에 뿌리를 둔 3국협상(영국 프랑스 러시아)과 3국동맹(독일 오스트리아 이탈리아)의 충돌로 벌어진 제국주의 전쟁이지만, 전쟁의 단초는 황태자의 암살사건이다. 세르비아 청년이 보스니아 황태자 부부를 암살하자 1914년 7월 28일 오스트리아는 세르비아에게 선전포고를 하였다.

___5 인간은 자신과 자신이 속한 가계의 혈통을 지키려 하는 속성을 가

진다. 중세 이전의 많은 왕조가 순혈주의純血主義를 택하였던 것이 바로 그런 이유에서다.

우리 역사를 보면, 신라는 성골聖骨 내부의 혼인으로 후손을 이어갔는데, 조카를 아내로 맞기도 하고 심지어 이복 형제간에 혼인하는 일도 다반사였다. 고려조 중엽까지 이런 근친혼으로 순혈을 지켰으니 유교적 시각으로 보자면 가히 패륜의 왕조라 할 수 있다. 이것은 다 관념의 차이인 것이다. 영국 왕실은 순혈주의로 이어져, 왕가를 호칭할 때 '더 블러드The Blood'라고 하거나, '블러드 로열Blood Royal'이라고 부르기도 한다.

주목할 것은 이런 근친혼으로 순혈을 지킨 왕조는 그 명맥이 길다는 점이다. 신라는 천년왕국을 이루었으며, 고려도 세계사에서 보기 드문 5백 년의 긴 왕조이다. 영국은 근세에 와서 순혈주의가 사라졌지만 오랜 기간 순혈로 왕조를 이었고, 내막적으로 순혈주의에 집착했던 일본의 왕실은 여전히 신격화되어 살아남아 있다. 중세 이후 유럽에서 가장 번성했던 합스부르크 왕가 역시 철저하게 순혈주의를 지켜, 근대에 들어와서 가장 긴 15세의 왕조를 이을 수 있었다. 순혈주의가 왕조의 받침이 되는 이유는 외척의 발호가 없고 혈족 내부의 단결이 유지될 수 있었기 때문이다.

___6 단일민족국가들은 대개 민족적 순혈주의를 선호한다. 대표적으로 우

리와 이스라엘이다. 독일은 제2차 세계대전 때 인종주의로 치달아 유대인을 6백만 명이나 학살하며 게르만 순혈주의를 지키려 했다. 앵글로색슨족은 아메리카대륙에서 원래 땅주인인 인디언들을 무참히 죽였는데, 이는 순혈주의라기보다 백인우월주의로 인해 저지른 인종차별이다.

중국은 문자 그대로 중화사상中華思想이 자리 잡고 있다. 이민족異民族에게 자주 점령당하고 그 왕조가 빈번하게 들어섰지만 오히려 중국사에 편입되어버렸다. 멀리는 수隨 당唐이 그랬고 가까이는 요遼와 금金 원元이 다 이민족의 나라였다. 중국 마지막 왕조인 청淸도 만주족이니 중국은 한족漢族이 지배한 기간이 이민족이 지배한 역사보다 오히려 짧다. 중국은 오늘날에도 끊임없이 소수민족들을 중국에 동화시키는 작업을 계속하고 있으며, 중국 중심의 새로운 중화사상Pax Sinica의 기치 아래 동북아공정으로 고구려와 발해의 역사까지 그들의 역사로 편입하려는 정책을 펴고 있다.

___7 혈액의 신비는 아직도 계속된다. 혈액은 여전히 미지로 가득 찬 물질이다. 인간이 피에 대한 체계적인 지식을 가지게 된 것은 얼마 전의 일이다.

영국의 의학자 하비W.Harvey가 1628년 '심장의 혈액 운동에 관한 해부학적 논문'을 발표하여 비로소 혈액순환체계를 알렸으니 그 전까지 인간은 피에 대해 도무지 무슨 물질인지를 깨닫지 못했다. 1799년에는 미국 워싱턴G.Washington 대통령조차 당시의 치료법이었던 방혈放血로 죽었을 정도였다. 1900년에야 비로소 혈액형이 칼 란트스타이너K.Landsteiner에 의해 발견되었고 수혈에 의한 치료가 시작되었다. 당시의 수혈은 심지어 시체의 피나 동물의 피를 사용했다고 하니, 의학 중에서 혈액학은 아주 늦게 연구된 셈이다.

간판 看板

자랑할 게 많은 집은 굳이 간판이 클 필요가 없다.

●

그러므로 간판이 작을수록 괜찮은 집이다. 그런데 스스로 겸손하여 작은 간판을 달고 품위를 지키는 일은, 생각보다 어렵다. 그리고 작은 간판을 단 집을 보면 거기 개구멍이 있는지를 보라. 현인은 결코 개구멍으로 다니지는 않는다. 혹 그런 작은 간판의 집에서 현인을 만나 차를 나누었다면, 그곳에 현인이 있다고 발설하지 말라. 그 간판이 없어진다!

___1 현인은 비록 간판이 허술한 집에 살더라도 결코 개구멍으로 출입하지는 않는다. 졸부나, 세 치 혀로 권세를 얻은 자는, 큰 저택의 개구멍으로 다니면서 이를 부끄럽게 여기지 않지만, 현인은 그 어떤 경우라도 개구멍을 쓰지는 않는다. 현인은 스스로 겸손하여 자기 분수를 알아, 설사

허방에 빠지더라도 대문을 통해 드나드는 법이다.

　개구멍 얘기가 나왔으니『열국지列國志』에 등장하는 안영晏嬰의 얘기를 하겠다.(안영은『논어』에서 공자가 안자晏子로 언급하고 있다)『김구용金丘庸 열국지』를 대폭 줄였다.

> 제齊나라의 상대부上大夫 안영은 키가 5척도 되지 않았지만 학문이 깊어 그 명성이 모든 제후들에게 알려졌다. 제나라가 안영을 초楚나라에 사신으로 보내자 초령왕楚靈王이 안영에게 초나라를 과시하려고 하였다. 초령왕은 태재太宰 원계강이 올린 계책대로 성문 옆에 개구멍을 내었다.
> 이튿날 성문 앞에 안영이 왔는데 다 떨어진 갓옷을 걸치고 털이 벗겨진 당나귀가 끄는 수레를 타고 있었다. 안영이 어자御者(수레모는 종)를 시켜 성문을 열라 하자 수문군守門軍이 "제나라 대부는 성문 옆에 있는 개구멍으로 들어옵시오. 조그만 몸으로 넉넉히 들어오고 남으니 굳이 성문을 열 필요가 없지 않겠습니까" 하며 거절했다. 안영이 꾸짖기를 "저것은 개구멍이니 사람이 출입할 곳은 못된다. 개나라에 왔다면 그야 개구멍으로 들어가야 하지만 사람나라에 왔다면 사람이 드나드는 문으로 출입해야 하지 않겠는가"라고 하였다.
> 안영이 초령왕에게 가니 왕이 "제나라에 인물이 없어 그대처럼 조그마한 사람이 친선하러 왔는가"라고 물었다. 안영이 답하기를 "우리 제나라는 다른 나라에 사람을 보낼 때 법이 있습니다. 현명한 사람은

현명한 나라로 못난 사람은 못난 나라로 보냅니다. 대인大人은 큰 나라로 보내고 소인小人은 작은 나라로 보냅니다"라고 하였다.

마침 전각 아래 죄수를 호송하는데 초령왕이 미리 짠 대로 무사들을 불러 무슨 죄수냐고 묻자 도둑질을 한 제나라 사람이라고 아뢰었다. 초령왕이 다시 안영에게 "제나라 사람들은 다 도적질을 하는가"라고 물었다. 안영이 답하기를 "신이 듣건대 강남(회수淮水이남)에는 귤이 난다고 합니다. 그러나 강북으로 옮겨 심으면 탱자가 열립니다. 토질이 다르기 때문입니다. 제나라 사람들은 도적질을 모르는데 이곳에 오면 도적질을 합니다. 토질이 그렇기 때문입니다. 그러므로 저자의 도적질은 제나라와 아무런 상관이 없습니다"라고 하였다.

제나라에 돌아오자 제경공齊景公이 상상上相벼슬과 땅과 집을 내렸으나 안영은 이를 모두 거절했다. 그의 작은 집에 왕이 행차하여보니 늙은 아내가 있었다. 임금이 "너무 늙고 못났도다. 과인의 딸이 젊고 아름다우니 그대에게 주겠다"고 하자 안영이 답했다. "여자가 시집가서 남자를 섬기는 마음은 다음날 늙고 보기 싫어지더라도 버리지 말라는 부탁과 믿음입니다. 신의 아내가 비록 늙고 보기 싫으나 이미 신은 아내로부터 그런 부탁과 함께 믿음을 받았습니다. 이제 와서 어찌 동고동락한 아내를 저버리겠습니까"라며 거절했다.

안영은 스스로 겸손하여 큰 벼슬과 큰 집을 사양했다.『후한서後漢書』「송홍전宋弘傳」에 송홍이 광무제光武帝에게 '조강지처糟糠之妻'를 말한 예가 또한 있지만, 일찍이 안영은 그 전범典範을 보였다.

독자들이여. 이만하면 안영을 현인의 반열에 올려, 후세가 읽도록 하여야 하지 않겠는가. 큰 수레를 타고 좋은 옷을 입고서 거들먹거리는 졸부들이나, 스스로 현인으로 처세하는 머리 빈 고관대작들에게 이 안영의 고사를 가르쳐 훈계함이 마땅하지 않겠는가.

___2 현인은 간판을 달지 않는다. 간판 자체가 부끄럽다. 그래서 달아도 아주 작은 걸 단다. 다시 공자의 말씀을 옮겨 무릇 현인의 길이 어떠했는지 보자. 공자는 논어에서 제자 안회顔回의 그릇을 상찬했다.

> 어질구나 안회여, 제대로 된 음식을 먹지 못하고(광주리 밥과 표주박 물을 마시고), 누추한 골목에 살면서 사람들이 견디기 어려운 근심인데도, 안회는 즐거움으로 여겨 바꾸지 않는구나. 어질구나 안회여.(현재회야賢哉回也 일단식일표음재누항 一簞食·一瓢飮在陋巷 인불감기우人不堪其憂 회야불개기락回也不改其樂 현재회야賢哉回也)

안회는 배운 대로 행하는, 공자가 가장 아끼는 제자였으나 공자보다 너무 일찍 죽어 슬픔을 더했다.

주사위

작은 모험은 두려워하는 인간이, 주사위나 동전을 던지는 데엔 목숨을 건다.

●

역사를 승자의 기록이라고 비난하지 말라. 승자가 역사에 기록될 뿐이다. 가사, 카이사르Gaius Julius Caesar(시저)가 루비콘 강을 건너기 전에 '던진 주사위'가 잘못되었더라도 그건 카이사르의 불행일 뿐, 로마의 불행은 아닐 것이다. 역사에 등장하는 인물들은 모두 주사위를 던졌다.

___1 나는 역사는 승자의 기록이라는 빤한 사실을 말하려는 것이 아니다. 역사에 기록된 모든 인물은 승자든 패자든 심지어 방관자든 다 주사위를 던진 인물이다. 승자는 그의 자랑처럼 지혜로 이긴 것이고, 패자는 그의 변명처럼 운이 따라주지 않아 진 것이다. 그래서 결과론적인 평가는 대부분 들을 가치가 없는 잡설이다. 하나 확실한 것은 방관자는 비겁하

였기 때문에 어찌되었든 살아남게 된 것이다.

___ 2 오늘날까지 온전히 전해 내려온 물건 중에 주사위보다 더 오래된 물건은 없다. 모든 인간 생활에 쓰이는 도구들이 전부 그 틀과 모양이 변천하였지만, 주사위는 3천5백 년 전 고대 이집트의 것이나 중국 상고시대의 것이나 로마의 것이나 오늘날 카지노에서 쓰는 도박 도구나 어린이 장난감이나 그 모양이 다 똑같다. 정육면체인 것이 그렇고, 맞보는 숫자의 합이 7인 것도 그렇다.

두 번을 던지거나 두 개의 주사위를 던져 나오는 숫자의 합은 2에서 12까지인데, 주사위를 던져 가장 많이 나오는 숫자가 무엇인가. 여기서 나온 것이 '대수의 법칙'으로 오늘날 확률이론의 뿌리가 되었다.(인류의 위대한 발견 발명은 대개 사소한 관찰에서 나왔다) 주사위를 던져 나오는 수는 '우연'이 지배하므로, 주사위는 점을 치는 도구로 사용되어 옛 중국에서는 신의 神意를 묻는 데 사용되었다.

___ 3 승부사는 적을 많이 만든다.

BC 50년 갈리아전쟁이 끝나자 카이사르는 어려운 선택을 해야 할 처지에 놓였다. 그의 갈리아 통치는 끝이 났고 이제 로마로 돌아간다면 법에 따라 군대를 포기해야 했다. 그는 그동안 적을 너무 많이 만들었기 때문에 혼자서 로마로 돌아간다는 건 목숨을 거는 일이었다.

카이사르에겐 라이벌이자 후원자며 한때 사위였던 폼페이우스Gnaeus Pompeius Magnus가 있었으나 그 역시 그 무렵엔 믿을 수 없었다. 원로원은 카이사르의 권력을 해체시키고 그의 통치기간 동안에 저지른 부정행위를 재판에 넘기려 시도했다. 카이사르는 폼페이우스를 믿고 혼자서 로마로 돌아가 운명을 하늘에 맡기느냐, 아니면 군대를 이끌고 로마로 가서 무력으로 점령하느냐 하는 갈림길에 섰다. 마침내 카이사르는 BC 49년 1월 11일 군대를 이끌고 북이탈리아 국경인 루비콘 강을 건넜다. 그는 강을 건너기 전 병사들에게 외쳤다.(사실 이 말은 오래전부터 로마에서 쓰던 말이다)

'주사위는 던져졌다. Jacta alea est'

전투에 단련된 카이사르의 군단은 이탈리아를 쉽게 점령했으며 폼페이우스와 원로원은 남쪽으로 도망쳤다. 이때부터 3년간, 카이사르와 폼페이우스의 전쟁이자 로마와 로마의 전쟁이 벌어졌다. 몇 차례 위기를 넘기고 나서야 카이사르는 전투를 몰랐던 폼페이우스에게 승리했다.

카이사르의 고사故事에서 두 가지 말이 나왔는 바, 카이사르가 '운명을 하늘에 맡긴다'는 뜻으로 외친 '주사위는 던져졌다'는 말보다, 오늘날은

'되돌릴 수 없는 용단을 내린다'는 뜻으로 '루비콘 강을 건넜다'는 말이 더 많이 인용된다.

독자들이여. 당신들은 지금까지 몇 번 주사위를 던졌으며, 몇 차례 루비콘 강을 건넜는가.

___3 운명을 하늘에 맡기는 '가장 무모한 게임'은 러시안 룰렛Russian roulette이다. 이 '게임'은 제정帝政 러시아 때 간수들이 죄수를 두고 벌인 데서 유래한다. 곧 장교와 귀족들 사회에서 결투 대신 이 '룰렛'으로 승부를 보는 것으로 번졌다.

러시안 룰렛은 보통 6연발 리볼버 같은 회전식 연발 권총에 총알을 장전하고 총알 위치를 알 수 없도록 탄창을 회전한 뒤 순서를 정해 자신의 머리에 대고 방아쇠를 당기는 것이다. 그러니까 6연발이면 첫발에 죽을 확률은 6분의 1이다. 그리고 진행될수록 죽을 확률은 높아진다. 마지막 한 발까지 총알이 발사되지 않았다면 다음 순서는 반드시 죽는 것이니 얼마나 '잔인한 순간'이겠는가? 인간은 참으로 엉뚱하게 담력을 자랑하는, 용렬庸劣하기 짝이 없는 존재이다.

진실의 적들

글

권력자에게 머리를 조아리며 술을 받은 자가 문장文章을 남긴 예는
없다.

●

그런 자들이 쓴 조악한 사문邪文은, 서로 가려줘야 할 필요 때문에 상찬될 뿐이
다. 굳이 굴원屈原 BC343-278이나 사마천司馬遷 BC145-86의 예를 들지 않더라도, 좋
은 글은 극한極限에서 나온다.

___1 오늘날에도 많은 역사적 사실과 함께 역사를 읽는 눈을 가르쳐 후
학後學에 전범典範이 된 사마천의 『사기史記』는 원래 『태사공서太史公書』다.

사마천은 한무제漢武帝의 측근이었으나 장군 이능李陵을 변호하다 성기
와 불알을 잘라내는 궁형宮刑을 당했다. 당시 궁형을 당하면 대개 수치를
이기지 못하고 스스로 목숨을 끊었는데, 그는 아버지와 했던 약속을 지

키기 위하여 차마 죽지 못하고 이 책을 썼다.

사마천은 19세 때 이미 '독서십만권讀書十萬券 행로십만리行路十萬里'를 행한 천재였다. 아버지 사마담司馬談의 태사령 직위를 이었는데 아버지는 죽기 전에 자신이 준비했던 '사기'의 저작을 아들 사마천에게 부탁했던 것이다.

사기는 중국의 역사를 본기本紀에서 세가世家, 열전列傳으로 정리하고 표表와 서書를 붙인, 130권의 방대한 저술이다. 이 책의 열전에 있는 「태사공자서太史公自書」에는, 남성을 거세당한 뒤 수치와 오욕의 극한에서 책을 쓰는 사마천의 소회가 적혀 있다.(저자가 직역했다)

대체로 시경詩經과 서경書經에 뜻이 숨어있고 말이 간결한 것은 마음 속의 생각을 보이려 했기 때문이다. 옛날 서백西伯(주周나라의 문왕文王)은 유리에 갇혔기에 주역周易을 풀었고, 공자孔子는 진陳과 채蔡나라에서 고난을 겪어서 춘추春秋를 지었으며, 굴원屈原은 초楚나라에서 쫓겨나 이소離騷를 썼고, 좌구명左丘明은 눈이 멀어 국어國語를 남겼다. 손자孫子는 다리를 잘린 뒤 병법을 논했고, 여불위呂不韋는 촉 땅으로 귀양 가 세상에 여람呂覽(여씨춘추呂氏春秋)을 전했고, 한비韓非는 진秦나라에 갇혀 세난說難과 고분孤憤을 남겼다. 시 3백 편도 대체로 현인과 성인이 발분發憤하여 지은 것이다.

진실의 적들

사마천은 불구가 된 뒤 비로소 발분하여 후세에 길이 전하는 대저작을 남긴 것이다. 한무제는 그런 사마천의 직필直筆을 가상히 여기면서 한편 두려워하여 환관 최고위직인 중서령中書令을 주어 다시 옆에 두었다.

___2 명색이 학문을 한 자들은 권력에 굴하기 전에 「태사공자서」를 읽어볼 일이다. 하물며 권력자에게서 받은 술이 황공하고 황공하여, 권력자를 찬양하고 노래까지 한 자들이 무릇 기하인가.

독자들이여, 주위를 둘러보라. 나는 진심으로 말하되, 어제까지 멀쩡하던 선비가 오늘 문득 권력자에게 머리를 조아리고 그가 내리는 술을 받아 마신 뒤, 권력자의 오물汚物조차 찬양하는 것을 본다. 어느 시대든 그런 자가 있었다. 그런 더러운 노래를 부르는 걸 지켜보면서, 인간에게 정말 정직한 문장은 없다는 걸 통탄하며 깨닫는다. 정직한 문장은 고통 어린 슬픔에서 맺힌 한恨으로부터 나온다.

더욱 가관은 김정일金正日 같은 폭압暴壓의 독재자에게 술을 받은 자들이다. 그들에게는 고통 받는 북한 주민은 보이지 않았으리라. 김대중 정권 당시 김정일 옆에서 노래하던 그 아귀들이여!

생각

한 생각이 나면 그 생각을 죽이고, 생각을 죽인다는 그 생각을 죽이면, 그다음은 무엇을 죽일 것인가. 나는 한 생각도 죽일 수 없다.

●

'우리는 생각하는 습관보다 살아가는 습관을 먼저 배워서 익힌다.' 카뮈A.Ca-mus 1913-1960는 『시지프 신화Le Mythe de Sisyphe』에서, 육체가 내리는 판단도 정신이 내리는 판단 못지않은 가치가 있다고 했다. 육체가 내리는 판단은 생각에 종속되지 않는다. 범인凡人에게는 오히려 '어떤 경우에도' 생각이 육체에 종속되어 있다.

___1 한 생각이 나면 그 한 생각을 죽이고 참구하라는 것이 불가의 가르침이다. 무념무상無念無想에서 몰아沒我로 나아가, 거기서 무엇이 진리인지 주어진 화두로써 깨달음을 얻을 때까지 자신과 싸우는 것이다.

깨달음을 얻는 방법으로 지금까지 치열하게 논쟁 중인 것이 돈오점수頓悟漸修냐 돈오돈수頓悟頓修냐 하는 문제이다. 즉 한순간에 깨닫고 나서 계속 닦아야 하느냐, 한꺼번에 깨닫고 다 닦는 것이냐는 것이다. 5백 년 전의 스승 지눌의 돈오점수를 성철性撤이 '앞마당에 난 독초'라고 꾸짖으면서 돈오돈수만이 진정한 깨달음이라고 한 것은, 지눌의 깨달음을 폄하해서가 아니라 작은 깨달음에 안존할 후학들을 경계하여 확철確徹을 강조한 것이다.(육조혜능六祖慧能이 '돈수'를 말했으니, 이는 돈오한 뒤의 돈수를 말씀한 것이 아니다)

＿2 흔히 '생각이 든다'거나 '생각이 된다'는 말을 쓴다. 틀린 말이다. 생각은 '하는' 것이지, 절대 피동적인 것이 아니다. 생각이 '난다'는 좀 다르다. 한 생각이 일어난다는 것으로, 주로 과거의 기억을 되살리는 데 쓰인다.

몽테뉴M.E.Montaigne 1533-1592가 '생각한다고 말하지만 나는 무엇인가 쓰고 있을 때가 아니면 생각한 적이 없다'고 한 것이, 생각이란 사고의 체계로서 스스로 일으키는 것이기 때문이다. 일찍이 키케로Cicero도『미로변론迷路辯論』에서 '생각은 자유다'라고 외쳤다.

＿3 '창조적으로 생각하기'에 대해 로버트 루트 번스타인R. R. Bernstein 부

부가 쓴 『생각의 탄생』에는 재미있는 말이 있다. 여기 첨添하기로 한다.

> 우리는 몸을 움직여 어떤 일을 처리하고 난 후에야 그것을 인지할 때
> 가 있다. 또한 자각하지 않은 상태에서 몸의 느낌을 알게 될 때도 있
> 다. 피아니스트들은 근육이 음표와 소나타를 기억한다고 말한다. 그
> 들은 손가락에 이 기억들을 저장한다. 그것은 마치 배우들이 몸의 근
> 육 속에 자세와 몸짓의 기억을 저장하는 것과 같다. 우리가 사고하
> 고 창조하기 위해 근육의 움직임과 긴장, 촉감 등을 떠올릴 때 비로소
> '몸의 상상력'이 작동한다. 이때가 사고하는 것은 느끼는 것이고, 느
> 끼는 것은 사고하는 것이라는 결론을 자각하는 순간이다.

___4 프로이트S. Freud는, 인간의 행동은 '이성이 우리의 감정을 통제하지
만 결국 지배할 수는 없기 때문에' 무의식인 '이드id'가 지배하는 것이라
고 하였다. 그는 인간성의 세 부분을 '에고ego' '슈퍼에고superego' '이드'라
는 용어를 써 구별했다. 인간의 '감정'이 자리 잡은 이드는 무의식적인
것이다.(그는 에고가 '세 명의 폭군, 즉 외부세계 슈퍼에고 이드'의 지배를 받는다고 하
면서, '이드가 있었던 곳에 에고가 있게 된다'고 쓰고 있다) 이드의 본능은 만족을
요구하면서 쾌락을 추구하고 '불쾌'를 피하려고 한다. 이것이 '쾌락의 원
리the pleasure principle'이다.(에고는 불만족스럽더라도 현실을 직시하지 않을 수 없다.
이것이 '현실의 원리the reality principle'이다)

인간은 논리logic로 생각하는 동물이지만, 사실 논리적이지 않은 부조리illogic한 동물이다. 불가佛家에서 무념無念을 강조하는 것은 논리에 얽매이지 말고 그 틀을 벗어나 본체를 보라는 주문이다.

3부

도축장에 끌려나오는 소의 그 선한 눈에 맺힌 눈물을
당신은 본 적이 있는가? 이미 삶에 대한 모든 집착을 버
리고, 자신이 살아온, 고달팠던 이 지상에 대한 어떤 미
련도 버렸지만 그래도 마지막 눈길을 여기저기 주고 있
는 그 착한 짐승을 당신은 상상이나 해본 적이 있는가?
놀라운 것은, 그런 소를 본 인간들 대부분은 그날 저녁
에 아무런 가책 없이 소고기를 구울 수 있다는 것이다.

공포심恐怖心
공포는 가진 자의 몫이다.

●

공포에 있어서 두 가지 진실이 있다.

첫째, 공포는 가진 자의 몫이라는 것이다. 무엇인가 '빼앗길 수 있는 가치(대개는 교환가치다)가 있는 것'을 가진 자는 언제나 보이지 않는 적을 가지고 있다. 재물이나 명예 정조 같은 소중한 것에 대한 위협에 노출되어 있다고 느낀다. 목숨에 연연하지 않는다고 큰소리치는 사람도 막상 목숨을 위협받으면 공포심을 가지는 것은, 그 연연해하지 않던 목숨이 그 순간에 '너무나 소중한 가치의 실체'로 자각되기 때문이다. 정말 자기가 가진 것에 '투철하게' 연연하지 않는(그게 목숨일지라도) 사람은 아무런 공포심을 가지지 않는다. '잃을 것이 없다'는 확고한 자각을 하는 순간 인간은 두려움 없는(겁나怯懦 없는) 존재가 된다.

둘째, 사람은 혼자 있을 때보다 누구와 함께 있을 때 공포를 느낀다는 것이다. 그 누군가는 언제나 미지의 폭력이기 때문이다. 인간은 의존적 동물이라서 누군가가 있는 것이 혼자 있는 것보다 안전하다고 생각하지만, 막상 누군가가 함께 있다는 사실은 더 큰 두려움을 준다.

___1 공포는 인생에 있어 필수적이다. 인간은 누구나 죽음과 질병, 파멸과 추락 따위의 수많은 공포에 시달린다.

스펜서H.Spencer는 '삶이 두려워 사회를 만들었고 죽음이 두려워 종교를 만들었다'고 했고 장자莊子는 '공포는 신앙을 낳고 의심은 철학을 낳는다'고 했다. 도스토예프스키F.M.Dostoevskii는 『악령惡靈』에서 '인생은 고통이며 공포다. 그래서 인간은 불행하지만 그 고통과 공포를 사랑하기에 인생을 사랑하는 것이다'고 썼다.

___2 사실 죽음에 대한 공포는 별것 아니다. 그 공포를 극복하든 안 하든, 결과는 '죽음으로' 예정되어 있기 때문이다. 누구나 언젠가는 '한 번' 죽을 수밖에 없다는, 너무나도 확연한 미래는 결코 바뀔 수 없는 진실이다. '그러니 어쩔 것인가?'라는 체념이야말로 인간이 죽음이라는 예정된 미래를 잊고 사는 동력이다.

하이데거M.Heidegger 1889-1976는 인간을 '현존재'라고 불렀다. 하이데거에 따르면 죽음은 현존재의 '가장 고유하고 가장 극단적이며 능가될 수 없는 가능성'이다. 현존재는 '인간은 실로 언젠가는 죽으나, 나는 아직 죽지 않았다'고 자신을 안심시킨다.

인간이 가지는 진짜 공포는 명예와 자유에 대한 공포다. 인간은 그 자신의 명예가 대단하지 않을수록 더욱 명예에 집착하고 그것을 온전히 지키기 위해 모든 것을 포기한다. 심지어 목숨까지도! 사람은 명예를 잃고 난 뒤의 수치 때문에 절벽에서 뛰어내리는 것이 아니다. 명예를 잃어버릴지도 모른다는 공포심이 그를 압박하여 절망으로 이끈다.

그런 정신의 균열은 누구에게나 일어날 수 있다. 그것이 인간이다! 그러나 생각해 보라. 명예를 잃어버린다는 공포심을 억제하지 못해 목숨을 버린다는 것은 얼마나 웃기는 일인가. 거의 모든 인간은 진실을 외면하고서라도 명예를 지키고 싶어 하는, 배덕자背德者적 본능을 가지고 있다. 자유 역시 마찬가지다. 특히 자유를 한 번 잃어본 적이 있는 자는 그런 공포로부터 좀처럼 벗어나지 못한다.

___3 감옥에 갇힌 경험을 가진 자는 그렇지 않은 자보다 훨씬 더 감옥을 두려워한다. 그러나 감옥에 아주 익숙해진 자는 그곳을 벗어나는 것이 곧 공포다. 작가 스티븐 킹Stephen Edwin King의 『리타 헤이워드와 쇼생크의

보상Rita Hayworth and Shawshank Redemption』을 영화화한「쇼생크 탈출Shawshank Redemption, 1994」은 진정한 자유가 무엇인지를 보여주는 수작이다.

> 촉망받는 은행의 중견간부 앤디(팀 로빈스 분)는 아내와 그녀의 정부를 살해한 누명을 쓰고 종신형을 선고받아 악명 높은 죄수들을 수감한 쇼생크 교도소에 수감된다. 그는 그곳에서 온갖 시련을 겪지만 레드(모건 프리먼 분)라는 늙은 죄수를 만나 곧 적응해간다. 앤디는 간수의 세금문제를 해결해주면서 교도소장이 부정하게 축재한 돈을 관리하게 된다. 그러나 교도소장이 앤디가 무죄를 입증할 기회를 막으면서 앤디는 오랜 기간 준비해온 탈옥을 감행한다.

이 영화는 레드의 내레이션으로 펼쳐진다. 영화는 죄수들의 대사를 통해 범죄가 무엇인지를 시니컬하게 들려준다. 예컨대 쇼생크 안의 죄수들은 살인 같은 범죄를 저질러 들어온 것이 아니라 변호사가 처넣었다는 식이다. 그들에게 교도소의 담은 처음엔 '웃기는 것Walls are funny'이고 싫지만 차츰 '길들여지는 것Then you get used them'이다. 그리고 '세월이 지나면 벗어날 수 없다Enough time passes, you get so you depend on them. 마침내 통제에 익숙해져That is institutionalized 감옥의 규제가 곧 자유가 되는 것이다.' 그래서 수감 몇십 년 뒤 가석방된 죄수는 감옥 밖의 자유가 주는 공포감을 견디지 못하고 목을 매 자살한다.

___ 4 법法은 누구에게나 공포다.

인간은 사실 그리 예절 바르고 염치 있는 동물이 아니다. 법이 없으면 인간은 공포에 싸여 살아야 할 것이다. 그러나 법이 있어 공포에 싸여 살아가는 것 역시 인간이다. 모두의 안전을 위해 만든 도구가 각 개인에게는 언제나 공포인 것이다.

진효공秦孝公 때 훗날 열국통일의 기초를 닦았던 상앙商鞅(위앙衛鞅)은 법으로써 패도覇道의 정치를 행했다. 그는 법을 엄하게 시행하여 태자 스승의 코를 베기까지 했다. 진효공이 죽고 그가 쫓겼을 때 통행증이 없어 여관에서 하룻밤 숙박을 거절당했다. 그는 자신이 만든 법을 한탄했다. 결국 상앙은 상商 땅에서 잡혀와 오우분시五牛分屍를 당했다. 백성들이 달려들어 그 시체를 뜯어 씹어 남은 것이 없었다. 법이 성하면 백성의 원한이 하늘에 미치는 것이다.

법이 항상 공포이기 때문에, 위정자는 늘 법을 '꼭 필요한 곳에 꼭 있도록' 정비하여야 한다. 필요한 곳에 법이 없는 사회는 불안하여도 살 수 있지만, 필요하지 않은 곳에 법이 있는 사회는 공포를 견디지 못해 살 수 없다.

___ 5 영국 속담에 '거지는 파산할 수 없다.Beggars can never be bankrupted'는 속

담이 있다. 더 이상 잃어버릴 것이 없는 사람은 아무런 공포가 없기 때문에 겁 없이 일을 벌인다는 뜻이다.

그래서 공포는 가진 자의 몫이다. 배워서 지위를 얻은 자는 명예를 잃을 것을 겁내고, 돈을 벌어 곳간을 채운 자는 곳간의 자물쇠를 늘 염려한다. 자식에 대한 애정이 클수록 잠을 쉬 들지 못하고, 여인을 깊이 사랑할수록 눈을 떼지 못하여 마침내 병의 마귀에 사로잡힌다. 곧 공포야말로, 가진 자의 쓸데없는 집착과 어리석은 욕심 때문에 이는 번뇌란 것을 알게 된다.

진실의 적들

꽃

사랑하는 여인을 두고 꽃이라 부르는 시인은 없다.

●

세상의 그 어떤 꽃도 내 것이 아니다! 그리고 시인의 양심으로는, 사랑하는 여인은 꺾을 수 있는 꽃이 아니라 감히 범할 수 없는 여신이다.

내 어머니는 마당에 1년 내내 꽃을 가꾸신다. 나는 매화와 목련에서 시작해서 진달래와 분꽃과 장미, 도라지꽃을 거쳐 채송화 무궁화 국화에 이르기까지 어머니가 키운 수많은 여신들을 만난다. 그러면 또 한 해가 간다!

___1 사람들은 꽃을 사면서 행복감을 느낀다. 사랑하는 사람을 기쁘게 해 주기 위해서 꽃을 들고 간다. 꽃이든 사랑이든, 아름다움을 돈으로 살 수 있다는 것은 기실 얼마나 슬픈 일인가. 아름다움은 거래할 수 없는 것이다.

___2 '꽃'이란 명사는 내게는 늘 관념적이다. 그것은 '온전히 보존해야 할 아름다움'이다. 꽃이야말로 생명의 절정이기 때문이다. 독자들이여. 나는 아직 꽃을 꺾어본 적이 없다! 내 마음에 늘 살아 있는 꽃이여.

___3 여기 김춘수의 '꽃'시 두 편을 보자. 김춘수의 노래는 널리 알려진 바대로 절창은 아니며, 다만 아름답다고 말하겠다.

> 내가 그의 이름을 불러주기 전에는
>
> 그는 다만
>
> 하나의 몸짓에 지나지 않았다.
>
> 내가 그의 이름을 불러주었을 때
>
> 그는 나에게로 와서
>
> 꽃이 되었다.
>
> 내가 그의 이름을 불러준 것처럼
>
> 나의 이 빛깔과 향기香氣에 알맞는
>
> 누가 나의 이름을 불러다오.
>
> 그에게로 가서 나도
>
> 그의 꽃이 되고 싶다.
>
> 우리들은 모두
>
> 무엇이 되고 싶다.
>
> 너는 나에게 나는 너에게

잊혀지지 않는 하나의 눈짓이 되고 싶다.

— 「꽃」 전문

나는 시방 위험한 짐승이다.

나의 손이 닿으면 너는

미지未知의 까마득한 어둠이 된다.

존재의 흔들리는 가지 끝에서

너는 이름도 없이 피었다 진다.

눈시울에 젖어드는 이 무명無名의 어둠에

추억追憶의 한 접시 불을 밝히고

나는 한밤내 운다.

나의 울음은 차츰 아닌 밤 돌개바람이 되어

탑塔을 흔들다가

돌에까지 스미면 금金이 될 것이다.

— 얼굴을 가리운 나의 신부新婦여.

— 「꽃을 위한 서시」 전문

　춘수에게는 그저 '이름을 불러주면' 다가와 꽃이 된다. '이름을 부른다'는, 그 단순한 호명행위가 '존재로서의 생명'을 부여하는 행위가 되다니! 이름 부르기가 그렇게 대단하다는 말인가? 이름 부르기는 '의미를 부여하는 의식儀式'으로서 '생각의 지향指向'을 상징하는 것이지만, 그렇다고 해서 단순한 생각의 가리킴만으로 아무런 의미 없는 '하나의 몸짓'이 꽃으로 바뀌고 있다. 그 꽃은 대체 무엇이란 말인가. '하나의 몸짓'이든 '꽃'이든 존재론적으로 볼 때, 시인에게 우열이 있는 것인가.

김춘수 방식으로 해석하여, 이 시「꽃」처럼 한정 없이 축 늘어져 있는 꽃은 선의善意로 보아 '의미 있는 무엇'이다. 정확히는 '무엇이 되고 싶다'는 소망일 것이다. 그런데 그 소망은 기껏 '잊혀지지 않는 하나의 눈짓'으로 국한되어 화자의 대상에게 억압의 구조로 나타난다. 꽃이든 사랑이든 그건 시인이 취할 바가 아니다. 그렇다면 이 시를 도대체 왜 쓴 것일까?

그런 시인에게 돌연「꽃을 위한 서시」에서, 꽃은 내 손이 닿으면 미지의 어둠이 되어버린다. '얼굴을 가린 신부'로 치환되어 있는, 이 '미지未知의 까마득한 어둠'의 정체는 무엇인가? 시인에게 미지의, 그것도 까마득한 어둠이 '꽃'이란 말인가? 춘수는 비록 '존재의 가지 끝에서 핀다'고 고백하지만, 사랑의 대상을 이런 진부한 표현으로 드러내는 수법은 너무 유치하다. 당시 실존주의의 유행을 감안하더라도 '존재'라는 단어가 적절한 것은 결코 아니다. 도대체 '존재의 흔들리는 가지'란 무슨 가지인가?

그렇다면 실존하지 않는 꽃, 절대가치를 노래한 것이란 말인가. 그러기에는 그 꽃이 지는 것에 명색이 시인이 밤새도록 우는 '센티멘털$_{senti-}$ $_{mental}$'의 허방에 빠졌다는, 그래서 울음이 느닷없이 돌개바람이 되어 기원이나 기림을 의미하는 '탑'을 흔들고 마침내 불변을 상징하는 '금'이 된다는 진술은 영 석연치 않다. 춘수는 소녀였던가? 독자인 나로서는 도무지 알 수 없다. 아니면 말장난인가. 이것이야말로 내가 김춘수의 꽃이 가지는 모호성을 두고, 결코 절창이라는 데 동의할 수 없는 이유이다.

절망 絶望

죽음에 이르는 절망은 절망이 아니다. 절망은 '죽을 수 있다' '죽겠다'는 간절한 희망마저 사라질 때 생겨난다.

●

인간이 절망한다는 것은 더 이상 도피할 수 없을 때이다. 대부분의 철학자들은 이 말에 동의한다.

___1 키르케고르S.A.Kierkegaard의 『죽음에 이르는 병』은 기독교도가 아니라도 읽을 만한 가치가 있다.

그는 죽음을 '크리스트적인' 영원한 생명의 상실로 이해한다. 그래서 죽음에 이르는 병이란 곧 절망이며 자기상실이다. 자기를 있게 한 신神의 상실인 것이다. 모든 사람은 죽지 못하는 죽음에 이르는 병인 절망에 빠져 있다. '참 크리스트인'이 아니라면 의식하든 안 하든 다양한 스펙트럼의 절망에 빠져 있는 것이며, 절망이야말로 자기 안의 병으로 그 병으로 는 결코 죽지 않아 죽으려야 죽을 수 없는 병이며, 이 절망의 심화를 통 해서 참 자기에 이르고 구원에 닿을 수 있다는 것이다.

이 책의 제목은 「요한복음」 제11장, 나사로의 죽음에 대한 얘기 중에 예수가 나사로에 대해 '이 병은 죽음에 이르지 않는다'라고 한 데서 따 온 것이다.(키르케고르는 이 책 서두에 '교화敎化와 각성을 위한 기독교적 심리적인 강 화講話'라고 부제를 붙였다. 1849년 안티 클리마쿠스라는 이름으로 자신의 출판사에서 간행했다)

___ 2 내가 지금까지 읽은 바로는 성인들을 제외한다면, '절망'이란 문제 와 가장 치열하게 싸운 이는 키르케고르가 아니라 카뮈Albert Camus 1913- 1960다.

카뮈에게 절망이란 '싸워야 할 이유를 모르면서 정말 싸우지 않으면 안 되는 것'이다. 카뮈가 쓴 『시지프 신화Le Mythe de Sisyphe』는 우리 시대 최 고의 에세이다. 그 첫 장 「부조리와 자살」의 첫 부분을 옮긴다.(김화영 역, 책세상 간)

참으로 진지한 철학적 문제는 오직 하나뿐이다. 그것은 바로 자살이 다. 인생이 살 만한 가치가 있느냐 없느냐를 판단하는 것이야말로 철학의 근본문제에 답하는 것이다. 그 밖에, 세계가 3차원으로 되어 있는가 어떤가, 이성理性의 범주가 아홉 가지인가 열두 가지인가 하는 문제는 그다음의 일이다. 그런 것은 장난이다. 그보다 먼저 대답하지 않으면 안 된다. 그리고 만약 니체가 주장했듯이, 어떤 철학자가 존중받는 존재가 되려면 마땅히 자신의 주장을 실천하여 보여주어야 한다는 것이 사실이라면, 우리는 이 대답이 얼마나 중요한지 이해할 수 있을 것이다.

카뮈는 '삶에 대한 절망 없이는 삶에 대한 희망도 없다'고 썼다. 소설 '이방인'에서 주인공 뫼르소는 형장으로 가면서 비로소 완전한 자유를 체득한다. 뫼르소에게는 사형선고야말로 완전한 절망이기 때문이다. 카뮈의 에세이 「비망록備忘錄」 가운데 몇 줄을 옮긴다.

> 절망이 순수한 경우는 하나밖에 없다. 그것은 사형 선고를 받은 경우이다. (그 작은 한 예를 상기할 것을 허용해 주기 바란다) 사랑으로 해서 절망에 빠진 사람에게 내일 단두대에서 죽고 싶으냐고 묻는다면 그는 거절할 것이다. 형벌이 무서운 데 원인이 있는가. 그렇다. 여기서 공포는 확실성을 이루고 있는 수학적 요소에서 온다. 이렇게 되면 부조리는 완전히 명백해진다. 즉 부조리는 모든 불합리의 반대이다.

__3 대부분의 철학자들이 동의하는, '목숨이 대롱대는 극단極端에서야

비로소 실존實存을 깨닫는다'는 말은 오류다.('비로소'란 표현이 틀렸다는 것이다) 나는 이것을 두고 '카뮈의 실책'이라 부른다. 인간이 처음 실존을 깨달을 때는, '타인을 위해서 아무것도 할 수 없을 때'이다. 무력無力함보다 더 큰 슬픔은 없다.

___ 4 도피할 곳이 없는 인간은 어디로 갈 것인가. 극단에 이르러 누구도 손을 내밀지 않고, 타인에게 손을 내밀 여지가 사라졌을 때 '강요된 고립孤立'이 시작된다. 그러나 그가 설 곳은 없다! 자기를 완전히 버리는 것을 넘어서 방기하는 상태, '자포자기自暴自棄'의 상태다. 인간은 이때 비로소 완전한 '객관客觀'에 위치한다. 바로 절망이라고 부르는 지점이다.

멸치

나는 얼굴이 달린 동물의 시체를 먹을 때마다 나 자신에 심한 모멸감을 느낀다.

●

멸치를 먹을 때마다 머리를 뗄 것인가로 나는 고민한다. 만약에 인간보다 수만 배 큰 짐승이 있어, 인간을 잡아 따뜻한 햇볕에 널어 말린 뒤 '머리를 뚝 떼어내고' 고추장에 찍어서 술안주로 삼는다면 기분이 어떻겠는가.

___1 독자들이여. 나는 당신들에게 결코 혐오감을 줄 의도가 없다. 농담을 이렇게 잔인하게 해서도 안 된다. 그러나 나는 이런 더러운 상상을 동원해서라도 생명에 대한 외경심을 간곡히 말해야겠다.

인간은 먹이사슬의 맨 위를 점령하고 있는 만물의 영장이다. 인간은 '고등高等한 생각'을 한다는, 어떠한 동물도 가지지 못한 무기로 인간보다 낮은 단계의 모든 동물을 먹고 있다. 그것도 갖가지 요리 방법으로 온갖 찬사를 곁들여 만찬을 즐기면서, 신에게 감사하고 신을 이야기하고 논박하고 즐거워한다. 가끔은 그런 자리에서도 죽음을 얘기하고 동정하기도 한다. 그런 쓸모없는 시간을 통해 인간은 스스로 성숙한 것으로 착각하는, 우매하면서도 몰염치한 존재이다.

더군다나 인간만이 생각하는 존재는 아니다. 머리는 나쁘지만 인간보다 훨씬 더 순진하고 착하고 정직한 사고思考를 거의 모든 동물들이 하고 있다면, 당신은 믿겠는가?

도축장에 끌려나오는 소의 그 선한 눈에 맺힌 눈물을 당신은 본 적이 있는가? 이미 삶에 대한 모든 집착을 버리고, 자신이 살아온, 고달팠던 이 지상地上에 대한 어떤 미련도 버렸지만 그래도 마지막 눈길을 여기저기 주고 있는 그 착한 짐승을 당신은 상상이나 해본 적이 있는가? 놀라운 것은, 그런 소를 본 인간들 대부분이 그날 저녁에 아무런 가책 없이 소고기를 구울 수 있다는 것이다.

___ 2 인간은 상대를 죽일 때 고통스럽게 죽기를 원하는 유일한 동물이다. 그래서 말하건대, 지능知能은 참으로 무서운 독毒이다. 역사에 기록된 온갖 사형死刑 방법을 보라. 기요틴에 목이 잘리는 걸 보기 위해 광장에 모여든 대중과, 인터넷에 올라온 유명 여배우의 섹스 동영상을 보기 위

해 컴퓨터를 켠 당신이 다른 것이 무엇인가? 누구든 가학증加虐症을 부인하지 말라. 그 더러운 증세가 다만 돌출하지 않았을 뿐 가슴속에 잠복하여 드러낼 때를 기다리고 있다.

___3 두 번째 시집 『수련睡蓮의 집』에 수록했던 시 「반성」의 한 부분을 옮겨, 내 고통을 전해야겠다.

민물장어를 먹으러 갔다 살아 퍼득이는 것을 목을 치고 기름을 발라
불 위에 얹는다 꼬리가 가볍게 떨고 있다
장어는 맨몸이다

('반성' 부분)

___4 우리가 먹는 멸치는 우리 물고기가 아니라 일본 물고기로 되어 있다. 멸치는 우리와 일본, 호주, 유럽, 페루의 해안에서 사는 것들이 다 다르다. 그래서 같은 멸치라도 별종으로 분류된다.(우리 멸치는 영어로는 japanese anchovy이고 학명學名으로는 Engrciulis japonicus이다. 정약전丁若銓이 쓴 『자산어보玆山魚譜』에 '멸어'로 불리는 우리 물고기인데 학명에는 일본 물고기가 되어 있는 것이다)

멸치를 먹을 때, 양턱에 나 있는 아주 작은 이빨을 살펴보라. 멸치도 저보다 무능하고 작은, 먹이사슬 아래 단계의 먹이를 먹는다.

커피Coffee

중독_{中毒}은 내가 인간답게 살아 있다는 가장 확실한 증거이다.

●

수많은 중독이 있다. 약물중독이나 식중독처럼 몸이 독에 당한 중독intoxication 도 있고, 커피나 담배, 술에서 헤어 나오지 못하는 것처럼 정신의 중독addiction 도 있다. 사랑도 중독이다. 일도 중독이다. 나는, 한 잔의 커피로 하루를 더 산 다. 정신을 죽여 산들 그것은 산 것이 아니기 때문이다. 커피든 담배든 정신이 의존하는 걸 두고 어찌 독이라 할 것인가.

___1 많은 이들이 커피를 마시지만, 다르다. 아무 커피나 마시는 사람은 일부러 여유를 찾을 수 있는 사람이다. 커피를 가려 마시는 사람은 여 유 있는 사람이다. 커피를 마시지 않는 사람은 아무런 여유가 없는 사람 이다.

건강을 위해서인지 커피를 거절하는 사람이 늘고 있다. 커피를 거절하는 사람들은 대부분 부자들이다. 그들은 커피를 마시더라도, 검증 안 된 커피를 마시지 않는다. 나는 이런 이들을 만나면, 좀 심하게 말해 그들이 별 대단한 삶을 꾸리지도 못하면서 생에 집착하는 것도 우습거니와, 커피라는 이 놀라운 음료를 굳이 피하면서까지 생을 살아갈 필요가 있는 것인가 하는 회의를 느낀다. 오늘날 인간은 오래 살기 위해서라면 어떤 유혹도 뿌리칠 준비가 되어 있는, 아주 냉정한 동물인 것이다.

___2 고급한 커피를 우아한 카페에 앉아 거들먹거리며 마시는 자들은 대개 머리가 비어 있다. 그들이 그런 카페에서 기껏 나누는 대화들이란, 남에 대한 험담이거나 어디서 주워들은 지식의 토막 나부랭이에 불과하다. 그런 허장성세虛張聲勢의 대부분은 잠깐 동안 귀족이 된 듯한 기분이 가져다주는 자위自慰에 불과하니, 설령 그럴 여유나 기회가 생긴다 할지라도 피하고 볼 일이다.

___3 헝가리 속담에 '좋은 커피는 악마처럼 검고 지옥처럼 뜨겁고 키스처럼 달콤하지 않으면 안 된다'라는 말이 있다.

커피는 기호식품이다. 같은 기호식품으로서 담배는 이성理性을 증진시키며(임어당林語堂은 이 점을 높이 산다) 냉정하게 만드는 데 비해, 술은 사람의 감정을 급격히 증폭시키고 감성을 날 서게 하는 물질이다. 거기에 비해 커피는 상대방과의 대화를 부드럽게 할 정도의 감정을 촉진시키는 윤활제 역할을 한다. 카페인 성분으로 해서 주의력이 예민해지고 감수성이 향상된다.

　인간이 커피를 마시기 시작한 것은 1454년 터키의 콘스탄티노플에서라고 하나 근거가 명확하지 않다. 커피를 퍼뜨린 건 터키인이다. 그래서 커피를 '터키의 음료수'라고 부른다. 또 하나의 설은, 12세기 십자군 전쟁 때 커피가 유럽으로 도입되었고 당시 이교도의 음료라고 하여 배척하였다는 것이다. 커피는 15세기에는 유럽에 이미 그 수요가 늘어서 아라비아 상인들은 독점을 목적으로 커피를 수출하는 항구를 북예멘의 모카Mocha로 한정했다. 우리나라에는 1895년 아관俄館(구한말 러시아공사관)에 파천播遷한 고종이 처음 마신 기록이 있다.

광장 廣場

상대적 진실에 빠졌을 때, 광장은 언제나 허구虛構다.

●

'마녀사냥'을 하면서 '빗자루를 타고 무도회에 간' 60만 명의 선량한 여인들을 마녀로 몰아 화형火刑에 처했다. 마녀사냥의 희생자는 논문에 따라서는 300만 명이라고도 한다. 그 많은 아름다운 여인들이 빗자루를 타고 날아다녔다는 사실을 믿은 자들이 교황이니 추기경이니 하면서 교회 안에서 귀하게 자리했다.(이는 전적으로 교회가 책임져야 할 문제이다)

시민혁명을 명분으로 20만 명이 넘는 '시민'의 목을 기요틴으로 자른 곳도, 바로 광장이다! 그 광장에서 함께 피를 보았던 자들이 마치 아무 일도 없었다는 듯이 태연하게 '민주주의'를 외친 뒤에, '자유 평등 박애'라는 정신을 내세웠다는 사실은 참으로 당혹스러운 것이다. 잔인한 자일수록 자애로움으로 가장하는 법이다! 그들은 바로 부르주아로서, 소상공인 지식인 같은 자유주의자들이었다.

338

___1 그러니 보라. 광장은 기회만을 엿보는 탐욕의 무리와 순진하기 짝이 없는 몽매한 우중愚衆들이 넘쳐나는 곳이다. 인간의 집단최면은 정말 무섭다. 포퓰리즘은 민주주의의 몸을 병들게 하는 치유 불가능한 바이러스요, 민주주의를 쌓아올린 선인先人들의 혈탑血塔을 허무는 영원한 적이다. 그런데도 당신들은 광장에 허구가 없다고 할 것인가.

그 광장의 허구를 비난하는 이들이 주장하는 바는 '합법성合法性'이다. 광장의 불법은 이들에겐 탄핵해야 마땅한, 악취 나는 쓰레기다. 이들도 광장으로 나온다. 그러나 광장으로 나오는 순간 이들 역시 광장의 허구로 변질되기 십상이다.

___2 그리고 나는, '광장의 허구'와 '합법성合法性의 허구'가 충돌하는 것을 본다.

합법성을 빙자한 '진실의 봉쇄' 역시 민주주의의 함정이다. 제도적 민주절차를 완비하였다고 해서 민주주의가 완성된 것은 아니다. 그러나! 진실을 위해 합법성을 파괴하는 것은 또 하나의 진실을 파괴하는 것이 된다. 만약에 합법성의 파괴를 무릅쓰기까지 하면서 밝히려고 한 진실이 상대적 진실에 국한된 것이라면, 그러한 '광장의 허구'는 이성이라고는 없는 야수들의 난동과 같은 것이다. 왜냐하면 반대편의 진실 또한 소중하기 때문이다.

___3 미국의 민주주의에 가장 큰 공헌을 한 이가 토머스 제퍼슨T.Jefferson 1743-1826이다. 그는 민주주의가 피를 먹고 자란다는 사실을 완곡하게 표현했다.

> 민주주의를 누릴 수 있는 능력은 그 사회에 원천적으로 존재하는 것이 아니다. 그것은 관습과 오랜 훈련의 결과로 얻어지는 것이며, 많은 시간과 많은 고통을 겪어야만 되는 것이다.

민주주의는 '공존共存의 이념'이다. 그래서 제도적인 장치 이외에 민주주의에 절대적으로 필요한 것은 '상대를 인정하는 관용'이다. 상대를 인정하는 것은, 결과적으로 자신을 인정하는 것이 된다. 광장에 모인 자들은 이 역설逆說을 모른다.(합법성을 주장하는 자들도 매한가지다)

투표라는, 지극히 감정적이고 비과학적인 '다수결' 제도는, 솔직히 말해 상대에 승복하기 위한 절차에 지나지 않는다. 그러나 광장에서는, 상대가 인정할 수 있는 존재가 아닌 박멸할 대상이 되어 모든 다수결이 무시된다.(합법성을 주장하는 이들은 다수결이 곧 '법'이므로 다수결을 부인하지 않는다) 광장의 위험성이 여기에 있다.

관 冠

머리에 무얼 써서 권위가 설 수 있다면, 인간은 너무 비참한 존재다.

●

관은 그런 걸 덮어쓰는 원시적인 전통 이외의 어떤 의미도 없다. 로마의 황제는 대관식을 치르지 않았다. 황제를 상징하는 관조차 없었다. 서민 출신인 옥타비아누스Octavianus가 아우구스투스Augustus가 되고 스스로 황제의 위에 올랐을 때, 그 자신이 호민관護民官이었으므로 굳이 관으로써 권위를 갖출 필요가 없었다.

___1 역사에 등장하는 수많은 왕이나 황제들은 화려한 왕관으로써 위엄을 나타내려 하였지만, 막상 백성을 위한 자는 손꼽을 정도로 드물다. 오늘날 민주국가에서 대통령이나 총리 같은 정상頂上들이 관을 쓰지는 않는다. 그러나 그들이 스스로 보이지 않는 관을 쓰고 취임식에 나서지 않

았는지 생각해볼 일이다. 취임식이 요란한 자일수록 형편없는 정상頂上
이다.

___2 왕관이나 지위를 상징하는 옷은, 사실 거추장스러운 것이다.

카이샤르Caesar BC100-44는 종신 독재관으로 취임한 뒤 스스로 호위대
를 해산했다. 로마의 제일호민관이었던 그는, 로마의 첫 번째 가는 자유
인이고 싶어 했다. 신변의 안전이나 걱정하며 산다는 것은 살아 있는 느
낌이 들지 않는 일이었던 것이다. 그래서 평소 평복으로 로마의 시내를
혼자서 돌아다니곤 했다. 그는 키케로Cicero에게 '내가 자유를 준 사람들
이 내게 칼을 들이댄다 해도 그런 일에 번민하고 싶지 않다'고 편지를 썼
다. 그 말대로 카이사르는 원로원 회의장에서 믿었던 브루투스에게 칼
에 찔려 죽었다.

오늘날, 경호원들에 둘러싸여 살아가는 권력자와 재벌들을 부러워하
지 말라. 그들이 그걸 즐기는 줄 알지만 천만의 말씀이다. 사람들이 그대
를 알아보지 않아 그대가 자유로울 때가, 참으로 행복한 때이다.

___3 영국에서 '왕은 군림君臨하되 통치하지 않는다.Kings reign but do not gov-
ern'는 원칙이 정립된 것은 빅토리아Victoria여왕 때다. 여왕의 재위 중에

진실의 적들

는 보수당의 디즈레일리Benjamin Disraeli 1804-1881와 자유당의 글래드스턴 William E. Gladstone 1809-1898이라는 두 걸출한 정치인이 있었다.

두 사람은 재무장관뿐 아니라 총리를 두 차례 주고받으면서 30년을 라이벌로 지냈다. 나이는 디즈레일리가 5살 많았으나 의회 진출은 글래드스턴이 1기 빨랐다. 디즈레일리는 진취적인 성품으로서 신랄하며 재치 있고 사교성이 좋았다. 글래드스턴은 지적이었으나 완고하며 상상력이 없다는 평가를 받았다. 나중 글래드스턴은 G.O.M.(위대한 노인grand old man)으로 불렸는데 디즈레일리는 이를 'God's only Mistake(신의 단 하나 실수)'라고 비꼬았다.

디즈레일리는 영국 역사에서 유일한 유대인 총리다. 보수당이면서도 보호무역을 주창했고 노동조건을 개선시켰다.(이런 점은 오늘날의 보수주의와 다르다) 그는 수에즈운하를 매수하여 이집트에 진출하는 등 세계지배를 확대하여 마침내 영국을 '해가 지지 않는 나라'로 만들었고 1877년 빅토리아여왕에게 제관帝冠을 바쳐 대영제국을 성립시켰다. 그 전해인 1876년 그는 여왕으로부터 비컨스필드 백작에 봉해졌다. 총리와 여왕이 작위와 관을 주고받은 셈이다. 디즈레일리는 1880년 총선 패배 후 글래드스턴에게 두 번째 총리를 넘기고 1년 뒤 죽었다.

디즈레일리는 1851년 총선에서 보수당이 패배했을 때, 재무장관을 인계받는 글래드스턴에게 '장관을 상징하는 관복'을 넘겨주지 않았다.

그는 전통을 어기는 이유를 '자신이 존경하는 윌리엄 피트W.Pitt(보수당 전신이었던 토리당 출신의 정치가로서 재무장관을 거쳐 24세 때 총리가 되었다)가 입은 옷이기 때문'이라고 둘러댔다. 그는 정치 입문 전부터 소설을 썼는데(『비비언 그레이Vivian Grey』라는 소설로 명성을 얻었는데 본인 스스로 '이보다 더 무례할 순 없다'고 평할 정도로 악의적인 실화소설로서, 나중에 '불명예스러운 소설'로 평가받았다) 미완성 유작에서는 글래드스턴을 '유머 감각이라고는 눈을 씻고 봐도 없는, 융통성 없고 점잔 빼는 노인'으로 심하게 모욕했다.

글래드스턴은 자유당 출신으로 자유무역과 곡물법 철폐와 상속세 설치 등을 주장했다. 그는 1879년 당시로서는 '품위를 손상시키는' 일이었던 선거 캠페인을 벌였는데 이것이 최초의 근대정치 캠페인이었다. 그는 디즈레일리가 죽자 '총리로서' 송덕문頌德文을 읽을 수밖에 없었는데 '송덕문 낭독이 이렇게 힘들기는 평생 처음'이라고 술회했다. 글래드스턴은 디즈레일리가 죽은 뒤에도 1886년과 1892년 두 번이나 더 내각을 조직하는 등 총 4차례나 총리에 올라 봉사했다. 그는 아일랜드자치법안이 상원에서 부결되자 물러났는데, 그 뒤 백작 작위를 제안받았으나 거절하고 '위대한 평민The Great Commoner'으로 남았다.

디즈레일리와 글래드스턴은 둘 다 평민 출신으로서 영국 역사에 위대한 총리로 기록되고 있다. 두 사람의 성격은 정책만큼 다르다. 그러나 가장 위대한 총리를 꼽으라면 사가들은 대부분 귀족 봉작을 거절했던, 겸손한 글래드스턴을 꼽는다.

개미

현인賢人은 높이 오를지라도 안전하게 내려온다. 그 높이를 느끼지 않기 때문이다.

●

개미가 자신의 키보다 몇만 배 높이로 기어오를 수 있는 것은, 높이에 대한 아무런 자각이 없기 때문이다. 때문에 개미는 안전하게 내려온다!

___1 개미를 관찰하면, 두 가지를 깨닫게 된다.

하나는, 일개미가 하는 일이 날마다 다르다는 사실이다. 개미에게 대화가 있다는 증거다. 개미에게 페로몬으로 하는 대화든 다른 방식으로든 대화가 있다는 것과, 개미가 능숙하게 그런 대화에 어떤 의사를 담을 수 있다는 사실은 얼마나 놀라운 일인가.

또 하나, '개미에게는 이 세계가 참으로 거대하다'라는 깨달음이다. 개미와 인간이 살고 있는 세계는 똑같은 세계이지만 개미가 사는 세계는 1차원의 세계다. 아무리 똑똑한 개미라도 자신이 사는 지구의 크기를 도저히 가늠할 수 없을 것이다. '진리'에 관한 이런 빤한 문제를 3차원의 세계에서 살아가는 인간이 자각하지 못하고 있다는 사실은 놀라운 것이다. 인간도 자신이 살고 있는 우주의 크기를 어찌 알 것인가. 어쩌면 이 우주는 거대한 동물이 마시는 맥주의 거품일지도 모른다. 시공간이 우리 인식의 범위 안에서만 작동한다는 것은, 먼 미래에 신학이나 철학이 아닌 과학의 새 지평을 여는 단초가 될 것이다.

___2 예나 지금이나 모름지기 높이 오른 자가 안전하게 내려오기는 힘든 법이다. 권력을 가졌던 자들의 말로가 하나같이 비참한 것은, 그들이 그 권력의 높이를 알아 방자하여 자신을 도왔던 수많은 이들을 멸시하고 권한을 남용하여 마침내 백성들의 원한을 사기 때문이다. 이는 다 스스로 자멸自滅한 것과 같다.(이 책, '2인자' 참조)

한고조漢高祖 유방劉邦을 도와 창업을 이룬 일등공신으로 한신韓信과 장량張良 소하蕭何가 있는데, 한신과 장량의 말년이 늘 비교된다. 한신은 한때 건달의 가랑이 밑을 기었을 정도로 사세事勢를 알고 때를 기다릴 줄 아는 현명함이 있었지만, 권력을 잡자 본분을 잃어 여태후의 칼에 비참하게 생을 마감한다. 그러나 장량은 '유후留侯'라는 봉작 외에는 3만 호의 식읍

진실의 적들

조차 사양하여 겸손을 다하며 초야에 묻혀 편안한 여생을 보낸다.

장량은 호가 자방子房으로, 유방의 책사策士다. 대단한 미소년으로 알려졌으나, 청년 시절 진시황秦始皇을 박랑사博浪沙에서 암살하려다 실패하는 등 담대한 용기를 보인 인물이다. 장량은 천하가 통일되자 권력에 맞들인 2인자는 말로가 좋지 못하다는 것을 깨닫고 겸양하며 스스로 물러난다. 그가 남긴 말이 사마천司馬遷 『사기史記』에 전한다.

지금 세 치 혀로 황제의 스승이 되고 만호후에 봉해졌으니 이는 선비의 정점에 오른 것이다. 나 장량은 만족할 만하다. 원컨대 인간사를 버리고 적송자赤松子(신농씨 때 비를 다스린 신선이다)를 좇아 노닐고자 할 뿐이다.

___3 개미는 단순한 집단서식이 아닌, 다양한 계급의 사회를 이루고 있다. 여왕은 종신제로 길게는 10년 가까이 산다. 그 짝들인 수컷 개미는 기껏 6개월을 살며 일개미 병정개미도 1년밖에 살지 못한다. 여왕이 존재하는 한, 다음 여왕은 생기지 않는다. 원천적으로 쿠데타가 봉쇄되고 있는 것이다.

개미학자들의 글을 보면, 개미는 인류보다 그 역사가 오래다. 6천만 년 전 초기 신생대의 개미 화석이 발견되니, 베르나르 베르베르B.Werber

가 쓴 『개미』를 굳이 인용하지 않더라도, 개미는 이 지구의 진짜 주인인
셈이다. 세계에는 약 1만 5천여 종의 개미가 있고, 그중 불개미는 아프리
카가 원산지이지만 오래전 전全 세계에 확산되었다. 개미는 그 느린 속도
를 가지고도 전 세계에 이주해 간 것이다!

정 情

사랑이라는 독초_{毒草}보다 무서운 것은 정이라는 풀밭이다.

●

'사랑'이라는 지독한 풀 하나를 뿌리까지 뽑아 버렸다 해서 '정'이라는 풀밭이 박토_{薄土}로 바뀌지는 않는다.

___1 '정'은 참 다채로운 뜻과 용례를 가지고 있다.

'뜻'이라는 의미가 있고(네가 그렇게 말하니 그 정이 무엇이냐?), '정성'을 의미하기도 하고(감사히 그 정을 받겠습니다), '욕망'을 뜻할 때도 있으며(그 정을 참지 못하고), '인정'이나 '마음씨'를 의미하기도(고맙게도 정을 베풀어) 한다. 또 '심정'을 뜻할 때도 있고(슬픈 정을 이기지 못하고) '실제의 상황'을 말할 때도(민정_{民情}을 잘 살펴) '정'을 쓴다.

더 놀라운 것은 '연모하는 마음'을 의미할 때이다. 이때의 '정'은 독자적으로, 혹은 앞의 여러 용례에 쓰는 '정'의 의미 일부와 혼합하기도 하여, 이 땅에서 살면서 체득하지 않고는 도저히 그 의미를 정확히 알 수 없는 말이 된다. '한恨'이란 단어와 함께 외국어로 번역이 절대적으로 불가능한 단어인 것이다.

__2 그런 까닭에 '정'이란, 유별나게 각자에게 독특한 울림을 지니는 단어로서, 의미전달이 매우 어려운 말이 되었다.

어떻든 이때의 '정'이란, 그것을 가슴에 품고 있는 사람에겐 가혹한 형벌이다. 이 '정'은 흔히 '한'과 연결되어 '정한情恨'이란 말로 쓰인다. 이 정한이야말로 번역조차 안 되는 말의 결합이니, 외국인들로서는 도저히 이해하지 못하는 우리의 특질 중 하나다.

이조년李兆年이 읊은 시조를 여기에 첨添한다.

이화梨花에 월백月白하고 은한銀漢이 삼경三更인 제
일지춘심一枝春心을 자규子規야 알랴마는
다정多情도 병인 양하여 잠 못 들어 하노라.

보아라. 이조년 같은 천하의 문사文士도, 배꽃에 흰 달빛이 서늘한 깊은 밤, 소쩍새 울음에도 가슴속 쌓인 한 가닥 정 때문에 괴로워 잠 못 들고 있지 않느냐.

이 시조를 두고, 자규가 충절을 의미하는 두견(접동새, 소쩍새)이라는 데 굳이 의미를 부여하여 '임금을 기리는 충신의 노래'라고 해석하는 학자들은 도대체 어떻게 된 인간들이냐. 이조년이 일지춘심이 아니라 일편단심一片丹心이라고 했다든지 구태여 '다정'이라고 노래하지 않았다면, 자규의 상징성으로 미루어 충절의 노래라 하겠지만, 이 시는 그렇지 않다. 걸핏하면 무엇이든 문자를 넘어 해석하는 것으로 밥을 먹고 사는 오늘의 우자愚者들이여!

___ 3 사랑의 좌절은 슬픔의 근원이자 눈물의 원천이지만, 정의 단절은 한의 뿌리다. 사랑도 그렇지만 정이야말로 그리움을 수반한다. 그래서 사랑은 강렬한 동경憧憬이지만 정은 그런 간절함을 뛰어넘어 열망조차 용해된 상태를 일컫는 단어다.

선글라스—Sunglasses

자신의 눈을 감추는 사람은 눈빛만으로 자신自身을 읽힐 정도로 심약한 자다.

●

사람들은 자신을 숨기기 위해 눈을 감춘다. 눈은 그 사람을 읽는 '창구窓口'다. 모든 감정의 상태는 눈에서 드러난다. 배역에 몰입한 명名배우의 눈빛은 그 역할에 맞아서 영화를 보는 동안 그가 배우라는 사실조차 잊게 한다. 눈빛은 표정의 전부이자 연기의 전부인 것이다.

___1 그래서 눈을 감춘다는 것은 자신의 '모든 것'을 감추는 일이다. 이 얼마나 어리석은 일인가. 마치 신문에 파렴치범의 사진을 실으면서 초상권을 보호해 주기 위해 범인의 눈에 검은 띠를 두르듯, 자신을 숨기기 위해 눈을 가린다는 것 자체가 스스로 지능이 낮다는 것을 광고하는 것이다.

진실의 적들

아니면 자신의 눈을 가리는 것은, 무의식 속에 견디기 힘들 정도의 두려움이 있는 경우다. 연약한 인간일수록 공포를 이기지 못하고 어둠 속으로 도피한다. 자신의 눈을 감추어서 한결 나아지지만 안경을 벗는 순간 공포는 극단으로 치닫는다. 이런 자는 절대 선글라스를 벗지 못한다. 대개 그 눈은 둘 중 하나다. 선글라스 아래 감춘 눈빛은 흐리멍덩하거나 사악하여 정명_{正明}하지 못한 것이다. 그는 다만 그 눈을 감추고 있을 뿐 자신이 약하다는 사실을 감추지는 못한다.

사실 공포와 단 한 차례도 정면으로 대결해보지 못한 자는 공포를 절대 직시하지 못한다. 그런 자들이 선글라스를 쓰는 것은, 맹수에 쫓긴 인간이 맹수 앞에서 머리를 박고 눈을 감싸는 행동과 같다.

___ 2 선글라스의 진짜 용도는 눈을 읽히지 않는 것이다. 눈을 읽히지 않으면 상대에게 '미지_{未知}'로 남을 수 있다. 이러한 미지는 힘없는 상대에게는 공포다. 군의 지휘관이나 정보부원들이 즐겨 선글라스를 착용하는 이유다. 그러나 상대에게 공포심을 심어주기 위해 선글라스를 쓰는 자는, 보기보다 가혹한 자이거나 무능력한 자가 틀림없다. 상대를 다스리는 데 자신을 숨기는 행위는 비겁하기까지 하다.(내가 존경하는 분들 중에 선글라스를 착용한 사진을 남긴 분이 두 분 있다. 한 분은 박정희 전 대통령이고, 한 분은 이 나라를 구한 맥아더D. MacArthur 장군이다. 그분들 역시 자신의 눈을 읽히지 않기 위해 선글라스를 썼다)

___3 눈을 읽히지 않는다는 건 한편으로는 시선視線을 읽히지 않는 것이다. 시선은 상대가 알아챈다. 누군가의 시선에 꽂혀 있다는 사실을 지각한다는 것은 인간이 가지고 있는 불가사의한 능력 중 하나다. 그런데 기실 선글라스도 시선은 감추지 못한다. 다만 '보고 있다'는 증거를 감출 뿐이다.

___4 선글라스는 '색안경'이다. 그런데 선글라스와 색안경은, 어감과 그 속뜻이 전혀 다르다. 그런 뜻에서 선글라스에 들어맞는 우리말은 없다. 선입관을 가지고 사건이나 사물을 볼 때와, 특별한 이유 없이 상대를 의심하고 들 때 '색안경을 끼고 본다'라고 한다. 사건이나 사람을 비뚤게 본다는 항변이 깔려 있다.

대부분의 연기자, 가수들이 색안경을 쓰는 것은 대중을 의심하기 때문은 아니다. 그들은 아마도 남들이 자기를 쉽게 알아보지 못할 것을 기대한다기보다(대중연예인들은 남들이 자신을 알아보아 주기를 학수고대하는 부류이다), 색안경을 끼는 것이 훨씬 더 자신을 돋보이게 한다고 생각하기 때문일 것이다. 그건 그들이 다른 방법으로는(예컨대 학식이나 덕망으로) 자신이 잘났다는 것을 내세울 수 없다는 것을 자각하고 있다는 증거다.

___5 선글라스는 원래 강한 태양광선 특히 자외선을 차단하여 눈을 보호

하기 위해 쓰는 안경이다. 홍채가 검은 유색인종보다 홍채가 푸른 백색인종이 태양광선에 눈이 더 부셔서 선글라스의 효용이 높다. 그러나 선글라스는 오늘날, 대부분 멋으로 착용한다. 바보들의 멋이다.

지하철 地下鐵

인간은 둘이 있을 때 공포를 느끼지만 셋이 있으면 공포가 반감되고 열이 있으면 공포를 잊는다.

●

나는 가끔 햇빛 아래 느리게 가는 전차 電車를 타고 싶다.

___1 지하철은 문명의 상징이자, 현대 문명이 얼마나 비인간적인 것인가를 극명하게 드러내는 증거가 되어 있다.

'지하'는 '어둠'의 장소이다. '죽음'의 장소이며 '소멸 消滅'의 장소이다. 또한 햇빛 아래 드러낼 수 없는 '반항'의 장소이다. 지하는 원래 문명과 가깝지 않다. 지하는 몇억 년의 비밀을 가진 원시 原始의 영역이며, 지상은 변화를 거듭한 문명의 장소이기 때문이다.

그러나 인간의 오만은 마침내 지하도시를 만들고 있다. 인간이 지하도시를 파는 것은 도시의 미관과 부족한 땅 문제를 고려한 결과이다. '문명'이라는 명분으로 인간은 땅을 함부로 낭비했던 것이다. 그래서 인간이 지하도시를 건설하고 아무런 공포를 느끼지 않은 채 그 속을 달린다는 것은, 인간이 하늘을 나는 것보다 더 큰 오만이다.(지금 굴착하는 지하의 흙과 바위는 인류가 이 땅 위에 존재하기 이전의 것이다!)

많은 사람들이 지하라는 걸 전혀 의식하지 못한 채 캄캄한 동굴 속을 달린다는 걸 깨닫고, 나는 소름이 끼친다.

____2 공포를 잊고 지내는, 또 하나의 '문명'은 엘리베이터다. 엘리베이터를 타는 사람 대부분은 태연하다. 가는 줄에 매달린 상자 안에 갇혀, 발밑에 까마득한 깊이의 함정이 있다는 것을 생각하지 않는다. 그런 사실을 알고 있다고 해도 늘 깨닫고 있는 사람은 없다.

이런 종류의 공포를 늘 감지하면서 도시에서 살 수는 없다. 도시는 인간이 만든 '막연한 위험'으로 가득 차 있기 때문이다. 도시의 모든 구조물은, 우리가 그 설계자와 시공자의 선의善意를 별다른 근거 없이 믿음으로 해서 안전할 뿐이다. 그런 터무니없는 믿음에는, 이용자에 대한 신뢰도 포함된다.(삼풍백화점 붕괴라든가 대구지하철 화재 그리고 성수대교가 무너진 사건을 생각해 보라)

___3 젊어 예민한 감각도 나이 들면 무디어진다. 그런 이완弛緩은 인간을 성숙하게 만든다. 그러나 감각을 죽이게 되면 죽은 감각은 마침내 영혼까지도 잠들게 하므로, 진실로 불행한 것이다. 만해 한용운韓龍雲이 「님의 침묵」에서 왜 '날카로운 첫 키스의 추억'이라고 하였는지 음미해 보라. (첫 키스의 추억은 날카롭다 못해, 우리는 그 추억에 모든 것을 베인다) 우리는 매일 감각을 죽이는 일을 치르고 있다! 인간을 지배하는 법칙 중에 '한계효용 체감의 법칙'은 늘 가동되고 있는 것이다.

인간은 잃어버린 감각을 일깨우거나 감각을 좀 키울 필요가 있다. 감각이 둔해지면 생각도 둔해진다. 둔해지는 건 무디어지는 것으로 느린 것과는 전혀 다른 개념이다. 예술가는 오감이 예민하여 날카롭다. 날카로운 감각의 소유자는 감수성이 뛰어나다. 예민한 신경 때문에 성격 또한 그렇게 바뀐다. 천재 가운데 원만한 성격을 가졌던 이가 없었다.

___4 개는, 먼 발자국 소리만으로 주인이 오는 것을 안다. 개의 감각은 생존을 위한 것이다. 청각과 후각은 잠들어 있는 중에도 살아 있다. 감각의 예민함은 인간의 1백 배를 넘어 수백 배에 이르기도 한다. 개는 어미 뱃속에서 두 달 만에 세상에 나온다. 열 달이나 어머니 뱃속에서 자라고 개의 일생보다도 긴 20년간 성장하는 인간이, 개보다 훨씬 못한 감각을 가지고 있다는 것은 놀라운 일이다.

진실의 적들

인간의 감각을 마비시킨 것은 문명이다. 무기의 발명은 인간을 감각에 의존하지 않아도 생존이 가능하게 변화시켰다. 더는 자신의 방어를 위한 감각을 키울 필요가 사라진 것이다. 문명은 인간을 편리하게 하지만 후퇴시킨다! 다시 인간이 죽은 감각을 회복시키기는 매우 어려운 일이다. 그러나 직업에 따라 소리나 맛에 대단히 민감한 이도 있고 손의 촉감이 극도로 발달한 이도 있다. 시각장애인의 청각이 아주 예민한 것처럼 한 쪽 감각을 잃어 다른 감각이 발달하는 경우도 있다. 인간의 감각은 개발하는 데 따라서는 거의 신의 영역까지 근접할 수 있다고 한다.

___5 간사한 무리 중에는 개처럼 '동물적인' 감각을 늘 깨워 놓고 있는 이가 있다. 그들의 감각은 예술가와 같은 '날카로운 일류'가 아니다. 다만 생존을 위한 감각을 발달시켜 주인의 가려운 곳을 곧장 긁어줄 뿐이다. 이를 일컬어 주구走狗라고 한다.

___6 지하철 역사에서 가끔 악기를 연주하는 것을 본다. 벽에는 시詩들이 걸려 있다. 그 시들을 보노라면 눈물겹다. 예술과 가장 어울리지 않는 곳에서 벌이는 예술행위는 차라리 폭력에 가깝다!

___7 인간은 박해를 피해 지하로 숨었다. 그래서 지하는 '저항'의 의미를

가진다.

터키에는 지하도시들이 있다. 데린쿠유Derinkuyu와 카이마클리Kaymakli
가 유명하다. 데린쿠유는 85미터 깊이에 있는 8층 규모의 도시다. 수용
규모가 3천 명이 훨씬 넘는다. 학교와 예배당 같은 공공시설, 식당 부엌
침실 마구간 창고 같은 생활시설 외에도 심지어 와인저장고까지 있다.
긴 터널로 다른 지하도시와 연결된다. BC 8세기경 프리지아인이 건설
한 것인데 그 뒤 기독교도들이 박해를 피해 여기에 숨어 살았다. 종교의
힘은 정말 위대하다.

진실의 적들

퇴출退出

인간은 남의 비극悲劇을 기다리는 존재다.

●

고정출연을 하던 방송을 그만둔 날, 참 많은 사람들이 위로전화를 한다. 그들이 '망설이면서' 궁금해 하는 것은, 내가 그만둔 이유라든가 그만둔 뒤의 '생계'가 아니라 기껏 나의 기분이다. 말은 하지 않지만 더 정확히는, 혹 쫓겨난 것이 아니냐 하는 것이다. 그 방송이 내 생계와 하등 상관이 없는 줄 잘 알고 있으면서, 그들이 관심을 가지는 것은 무슨 악취미인 것인가. 카뮈A.Camus의 말처럼, 일이 없으면 이같이, '인생은 남루해진다.'

___1 경제적 문제만 없다면 퇴출을 슬퍼할 이유는 없다. 그것은 자유의 획득이기 때문이다. 무엇에 얽매여 있다는 것은 돈이 없는 것보다 때로 사람을 더 궁핍하게 만든다. '시간'이 그렇고 '정신'이 그렇다. 무엇인가

실체 없는 것으로부터 쫓기며 산다는 것은, 평소에는 자각하지 못하는 것이다. 실체 없는 그 무엇으로부터 해방된 순간 비로소 자유를 깨닫게 된다.

___2 사실 대부분의 사람들은 어디엔가 구속되어 있을 때 자유롭다고 느낀다. 그럴 때의 구속은 하나의 '틀frame'이다. '일'과 '가족'은 사람을 한 곳에 묶어 놓는 틀이다. '재물'은 사람을 얽매이게 하는 틀이다. '체면'도 틀로 작용한다. 이런 구속으로부터 풀려나면 자신이 해방된 것을 모른 채 실의에 빠져 어찌할 바를 모르게 된다.

뭐니 뭐니 해도 제일 큰 틀은 명예다. 인간은 명예를 지키기 위해 목숨을 버리는 유일한 동물이다. 수사를 목전에 둔 명사名士들의 자살은 이른바 '명예자살'이다. 그들은 자살로써 명예를 지킬 수 있다고 믿는다. 어쩌면 자포자기에 빠졌을 수도 있다. 그러나 분명한 건 죽음은 불명예스러운 일을 잊히게 할지는 몰라도 씻어주지는 않는다는 것이다. 어쨌든 명예와 목숨을 바꾸는 일은 역사에도 흔한 일이다.(일본 무사들의 할복割腹이 대표적이다. 신을 오해한 많은 순교자들도 그렇다)

___3 남의 비극을 기다리는 것은, 자신의 존재감을 아무 곳에서도 찾지 못한, 인생을 낭비한 자들의 습성이다. 문제는 대부분의 인간이 그렇다

진실의 적들 ___

는 것이다. 다만 정도의 차이가 있을 뿐, 인간은 누구나 생을 낭비하고 있기 때문이다. 그리고 그것이야말로 인간의 비극이다.(인간은 자신이 얼마나 야비한지 전혀 깨닫고 있지 못하는 불쌍한 존재다)

___4 1956년 메릴린 먼로Marilyn Monroe 1926-1962와 세기의 결혼을 했던 아서 밀러A.Miller 1915-2005가 1949년에 쓴 『세일즈맨의 죽음Death of a Salesman』은 같은 해 브로드웨이에서 초연되어 2년 연속 상연되었고, 퓰리처상을 비롯해 연극비평가상 앙투아네트 페리상 등 3대 상을 휩쓴 최초의 연극이 되었다.

월리 로만은 원래 전원생활과 노동에 만족하는 사람이었으나 고생하지 않고 성공하겠다는 생각으로 세일즈맨이 되었다. 30년간 세일즈맨을 하면서 그는 성실하게 일하면 성공한다는 신념과 그런 희망을 버리지 않았다. 그러나 아무리 열심히 해도 나아지지 않았고, 성공을 바랐던 두 아들 비프와 해피도 기대를 저버리고 타락해버렸다. 거기에다 그는 회사에서 해고되어 궁지에 몰린다. 그는 매일 싸우던 아들 비프와 화해한 날 밤에, 아들에게 보험금을 물려주어 자신의 위대함을 보여주기 위해 자동차를 과속으로 몰아 자살한다. 장례식 날 아내 린다는 '모든 것이 해결된 지금 이 집에서는 아무도 살 사람이 없다'며 울부짖는다.

이 연극에서 해고는 주인공 윌리 로만의 일생에 있어서 중요한 전기轉機가 된다. 그에게 일이란 '생명'이며 '희망'이다. 평범한 사람들에게는 일에서의 퇴출은 곧 인생에 있어서의 퇴출을 의미한다는 것을 극명하게 보여준다.

달빛

햇살 잘 드는 집보다 인생을 음미吟味하기 좋은 달빛 넉넉한 집이
낫다.

●

오래 전부터 나는, '찬 달빛 은은하여' 눈물 나는 나이를 살고 있다. 달빛은 눈
물이다. 인간이 볼 수 있는 가장 큰 반사광反射光이, 어찌 눈물이 아니겠는가.

___1 베토벤L. van Beethoven의 소나타「월광月光Mondschein」은 그래서 '지상地上
의 슬픔'이다. 음악은 참 이상한 마물魔物이다. 나는 사람들이 전혀 '슬픈
감정으로' 듣지 않는, 몇 곡들을 눈물 흘리며 듣는다.(심지어 운전 중에도 그
렇다!) 그런 곡 중의 하나가「월광」이다.

제목 때문에 그런 것이 아니다. 베토벤 피아노소나타 14번에「월광」
이라는 이름을 붙인 이는 평론가 렐슈타프Rellstab다. 그것도 1악장에 붙

인 것이다. 그는 1악장이 스위스 루체른호반의 달빛이 물결에 조각배처럼 흔들리는 것과 같다고 비유했다. 이 곡은 베토벤이 달빛 아래 산책하다 눈 먼 소녀를 위해 작곡했다는 '슬픈 사연'의 곡이었다.(내가 '곡이었다'라고 쓰는 것은 교과서에도 실렸던 이 이야기가 가짜라고 밝혀졌기 때문이다. 나는 이런 동화 같은 이야기를 가짜라고 까발리는 작자들이 정말 싫다) 베토벤 자신은, 피아노소나타 13번과 함께 표제에 「환상곡풍인 소나타」라고 적었다. 이 월광 소나타는 베토벤이 불멸의 연인 줄리에타 귀치아르디Giulietta Guicciardi에게 헌정한 곡이다. 줄리에타는 베토벤의 제자였는데 이 작품이 완성될 무렵 젊고 잘생긴 백작과 결혼했다. 베토벤은 줄리에타에 실망하여 '하일리겐시타트 유서'란 걸 썼다. 나는 지금 늙은 예술가의 '아픔'을 듣고 있는 것이다.(게리 올드만Gary Oldman이 주연한 영화 「불멸의 연인Immortal Beloved」은 제수 조안나Johanna Reiss를 연인으로 상정하고 있다. 베토벤이 온통 사랑을 준 조카 칼은 실제 베토벤의 친자일 가능성이 매우 높다)

_____ 2 시집 『수련睡蓮의 집』에 수록한, 백운화상白雲和尙 경한景閑의 노래를 옮겨 적었던 나의 시편 「심우록尋牛錄」 중 한 편을 옮긴다.

  대처大處에 나간 편지
  답이 없다

  긴 겨울 두 발 묶어

진실의 적들 —

산이나 파면서

대신 정성으로 봄소식을 물었는데

늙은 어머니는

제 때 기침起侵이나 하시는지

아직도 밤마다

산을 머리맡에 누이고 사시는지

이리 더딘 봄소식은

일찍 한 글자도 외지 않는

저 못난 돌부처

떨어져 나간 귀로 들었느냐

그곳에 열린 봄

어느 꽃을 피워선지

천지에 아득한 별무리로 수놓구나

밤이면

마당에 나가

한 발 한 발 도적처럼 딛다가

섬돌에 엎어져 우는

허연 달빛이여

허연 달빛이여

('일찍 한 글자도 외지 않는' : 석가의 말씀으로, '운미증설일자云未曾說一字'라 한다)

— 「심우록10」 전문

_3 나는 다시 옛 시인 이백李白의 노래 하나를 첨添하여 그 소임을 다하고자 한다.

玉階生白露 옥계생백로

夜久侵羅襪 야구침라말

却下水晶簾 각하수정렴

玲瓏望秋月 영롱망추월

섬돌 위에 찬 서리가 앉는다

밤 깊어 버선 촉촉이 젖는구나

물빛 비치는 주렴 내리면

시름처럼 비쳐드는 가을 달빛이여

— 「옥계원玉階園」 전문, 일부 의역

독자들이여. 오늘날 많은 시들이 있고 달빛을 소재로 쓴 시도 많지만, 이백의 이 노래를 누가 넘을 것인가?

___4 이효석李孝石 1907-1942은 우리 문단사史에 보기 드문 수재다. 그는 경성제1고보와 경성제대 영문과를 졸업한 뒤 1928년 『조선지광朝鮮之光』에 「도시와 유령」을 발표하면서 등단했다. 그가 1936년 발표한 「메밀꽃 필 무렵」은 잔잔한 달빛 같은 작품이다.

산허리는 온통 메밀밭이어서 피기 시작한 꽃이 소금을 뿌린 듯이 흐 뭇한 달빛에 숨이 막힐 지경이다.

총_銃

총을 든 자가 언제나 주인공이다.

●

모든 무기는 인간에게 낯설다. 그래도 좋다. 다시 총을 한 자루 가진다면, 황야에서 무법자_{無法者}를 쏘는 보안관이 되느니 나는 무법자가 되겠다. 내가 본 대부분의 무법자는 보안관보다 따뜻하여, 인간적이고 정직하며 무엇보다도 법을 지키는, 주연_{主演}이었다!

___1 독자들이여. 실제 나는 총을 10년이나 옆에 두고 살았다. 총을 만지면서 나는 온갖 상상을 하곤 했다. 「황야의 무법자A fistful of Dollars」를 상상했으며 「보니 앤 클라이드Bonnie and Clyde(우리에게 내일은 없다)」의 클라이드를 상상했다.

진실의 적들 ———

그러나 처음 총을 보았을 때의 불편한 기분은 좀체 바뀌지 않았다. 마침내 총이 그저 휴대품 정도로 인식되고, 무거운 장교용 권총으로 서부극의 총잡이처럼 방아쇠에 손가락을 걸어 팽팽 돌리는 정도가 되었을 때도 총이 친근하지는 않았다. 총은 역시 낯선 것이었다. 그 이유를 나는 전역 후에야 비로소 깨달았다. 총은 '무기'였던 것이다. 그것도 살상무기였다! 이 사실을 나는 잊고 있었다.

누구든 '무기'는 낯선 것이다. 늘 칼을 가까이 하는 요리사도 칼이 요리의 도구가 아닌 무기로 쥐어졌을 땐 낯선 법이다. 그 단순한 이치를 나는 10년 동안이나 깨닫지 못하고 있었던 것이다.

___2 베이컨F.Bacon 1561-1626이 무기에 대해 재미있는 말을 했다. 그는『수상록隨想錄』에서 무기는 세 가지 조건을 충족해야 하는데, 첫째 위험을 피하기 위해 먼 거리까지 닿아야 한다는 것, 둘째 타격의 위력이 있어야 한다는 것, 셋째 사용이 간편하고 날씨에 구애받지 않으며 운반이 편해야 한다는 것을 들었다. 철학을 한 이 치고는 참 유치한 연구를 한 셈이다.

하긴 베이컨은 정략가이자 법률가였지 철학을 '제대로' 한 것은 아니었다. 그는 그를 도운 에섹스Essex 공을 배반했다. 그의 사촌 세실William Cecil은 한때 그를 도왔으나, 그의 인간성을 알고는 혐오를 숨기지 않았다. 그가 철학적 저술이나마 남긴 것은 수뢰 사건으로 파멸한 뒤였다.

___3 오늘날 대부분의 나라에서 총과 같은 무기들은 엄격히 통제된다. 그런 무기들을 자유스럽게 운용할 수 있는 자는 권력자들이다.

사람들은 가끔 상대가 절대 저항 못하는 비대칭무기를 하나쯤 가졌으면 하는 몽상을 한다. 그래서 뭘 어쩌겠다는 구체적인 계획조차 없이 말이다. 단지 자신이 권력을 짧게라도, 그리고 한 번이라도 누려보았으면 하는, 잠재적인 욕구일 뿐이다. 주인공이 되고 싶은 것이다. 이런 소망은 '나도 한 번쯤은 주목받는 사람이고 싶다'는 단순한 소망 같은 것 그 이상 그 이하도 아니다. 인간은 알고 보면 매우 천박하면서도 처량한 존재다. 누구나 할 것 없이!

___4 사람들은 소리 없는 총을 꿈꾼다. 분노에 차 '소리 없는 총이 있으면 죽여버리겠어'라고 말한다. 그러니까 법이 없으면 상대를 죽이고 싶다는 뜻이다. 대부분 그런 분노는 상대에 대한 분노이기도 하지만, 무력無力한 법에 대한 분노다.

미국에서는 총기범죄가 빈발하면서 총기소지를 규제할 것인가 여부를 놓고 격론이 벌어지곤 한다.(보수주의는 총기 규제를 반대한다. 그것은 단순히 총기회사의 로비 때문만은 아니다) 이 역시 자신과 가족의 생명과 재산을 최종적으로 지켜주는 것은 국가와 법이 아니라 자신의 총이라는 확신 때문이다.

코스프레 Cospre

철학은 보통사람들에게는 '자기변호 自己辯護'를 위한 지식에 지나지 않는다.

●

누구나 한 번쯤 동화 속의 존재로 변신하고 싶은 욕망을 가지지만 변신해서 무엇을 하겠다고는 하지 않는다. 동화가 전혀 다른 세계인 것을 알기 때문이다.

일본국 동경시 하라주쿠에서 본 소녀는 언젠가 한 번은 본 듯했다. 어디서 내가 그녀와 만났을까 한참 더듬고 있을 때, 아내가 동화 속의 주인공처럼 하고 다니는 '코스프레'라고 친절하게 설명해 주었다. 부덕 婦德은, 남편의 무지 無知를 다 덮는 법이다.

___1 인간은 생각처럼 철학적이지 않다.

정직하게 말하자면, 철학은 인간을 동물과 신의 경계선에서 신 쪽으로 조금 격상시키는 도구로서의 효용밖에 없다. 철학은 철학을 전공한 자 외에는 어느 누구도 밥을 먹여주지 않으며, 인간을 더 도덕적으로 만들지도 않는다.(도대체 이 나라에서 철학을 가르치지 않기로 결심한 자는 누구인가? 나는 그에게 예수가 쓴 가시면류관을 씌워주고 싶다)

그런데도 인간이 철학을 읽는 이유는, 자신의 비도덕적 행위에 대해 최소한의 변명을 위한 방편을 찾기 위한 것이다. 즉 보통 사람들에겐 철학은 타인의 비난으로부터 자신을 방어할 도구로서만 유용할 뿐이다.

___**2** 그렇다 하더라도, (일본식 조어造語가 대개 그렇지만) '코스프레'란 말은, 코스프레 행위만큼이나, 너무 비철학적이고 난삽하다. 코스프레는 '복장服裝'을 의미하는 코스튬costume과 '놀이'를 뜻하는 플레이play를 합친 코스튬 플레이costume play의 줄임말이다. 진지하지도 못하고 아름답지도 않다.

원래 코스튬 플레이는 영국에서 죽은 영웅들을 추모하여 그 모습을 재현하는 데서 비롯됐다. 그 추모 행사가 미국과 일본을 거치면서 졸지에 '이상한 놀이'로 바뀐 것이다. 이제 우리도 홍대 앞 길거리에서 심심치 않게 '코스프레'를 만난다. 오늘날 '철학적이지 않은' 아이들은 자신의 개성을 찾다 못해 마침내 공상 속의 세계로 간다. 만화나 게임 속의 주인공이 현실 속에 등장하는 것이다. 로봇 영화「트랜스포머Transformers」
가 흥행에 성공한 것도 같은 이유다.

___3 누구나 동화를 사랑한다.

동화는, 공상으로 가득 차 있고 서정적이며 그리고 환상적이다. 동화
에 등장하는 모든 배경은 아기자기하여 읽는 사람으로 하여금 주눅 들
지 않게 한다. 등장인물은, 지극히 착하고 평범할 뿐인 주인공과, 너무 나
쁘고 못된 상대역 그리고 여기 저기 불쑥 튀어나오는 엉뚱한 배역들이
다. 줄거리는 늘 우화적이다 보니 나쁜 역할도 미워하지 못하게 된다. 이
야기는 도무지 현실성이 없다.

코스프레의 대상은 그런 공상 속의 주인공이며 전설이나 신화 속의
존재다. 이걸 안 뒤로 길거리에서 '코스프레' 처녀들을 만나도 전혀 이상
하지 않다. 나 역시 철학적이지 못한 인간이기 때문이다!

특종 特種

특종기사는 제일 마지막에 뉴스가 된, '힘 있는 자의 나쁜 일'이다.

●

힘 있는 자의 좋은 일과, 힘없는 자의 나쁜 일이 뉴스가 된다. 힘없는 자의 좋은 일은 어떤 경우에도 뉴스가 되지 못한다. 힘 있는 자의 나쁜 일은 제일 마지막에 뉴스가 된다. 우리가 특종기사라고 부르는 것이 그것이다. 그러니까 특종의 첫째 요건은 기자의 용기다.

___1 특종scoop은 속보速報의 승리다. 특종의 어두운 면으로, '침소봉대針小棒大'를 들어야 할 것 같다. 실제 대부분의 특종은 정도의 차이는 있지만 과장이 있다. 특종의 상당수가 폭로성 기사이기 때문이다. 그런 특종들은 대개 힘 있는 자들의 감춰져 온 비리들이다.

진실의 적들

___2 그리고 한 번 불이 붙은 사건은 경쟁사가 가세하여 온갖 허접스러운 뉴스를 후속기사로 쏟아놓는다. 그 와중에서 당사자의 인권은 '알 권리'나 '언론의 자유'라는 명분 아래 철저히 짓밟힌다. 그걸 황색저널리즘yellow journalism이라 부른다.(퓰리처가 좀 더 색깔에 조예가 있었다면, '황색'이라는 유머를 쓰지 않았을 것이다. 종교에 따라 색의 의미는 다르지만 황색은 일반적으로 부富와 힘, 영광을 상징하는 색이다. 블랙저널리즘black journalism이 옳지 않았을까?)

언론의 선정성이 얼마나 극심한지 증명하는 대표적인 사건으로, 2007년 모든 언론이 예외 없이 선정煽情에 가세했던 '신정아 사건'을 들 수 있다. 그해 9월 신문을 발간하는 25일 가운데 무려 16번이나 1면 머리에 이 사건을 실었던 어느 신문은, 막상 그녀에게 집행유예를 선고한 '뉴스'는 갑자기 시시해진 탓인지, 사회면에 2단으로 취급했다.

이 사건은 우리 언론이 얼마나 자제력이 없고 판단력을 상실하고 있는지, 그리고 무엇보다도 인권에 대한 그 어떤 고려도 하지 않는 치명적인 결함을 가지고 있음을 여실히 증명했다. 문제는 모든 신문과 모든 방송이 그랬다는 것이다! 그것은 신정아 씨의 죄책보다도 훨씬 더 큰, 명백한 '범죄'였다. 대중이 함께 '공모하면' 언론의 이런 저질 범죄를 어느 누구도 전혀 범죄로 인식하지 않게 되고, 또 쉽게 면책된다는 것을 잘 보여주었다. 언론은 아무런 반성도 하지 않았으며, 물론 신정아 씨에게 사과하지도 않았다. 그들은 자신들이 범죄를 저질렀다는 사실조차 깨닫지 못했다. 이것이 내가 이 나라에 진정한 언론과 언론인이 없다고 믿는 이유이다.

그녀는 가짜 학위로 대학교수가 되었고 이 나라 권력 핵심부의 고관과 내연(內緣)관계에 있었다. 권력이 낀 색정 스캔들만큼 대중의 말초적 호기심을 자극하는 건 없다. 그러니 언론의 선정적 보도는 괜찮다는 것인가? 나는 당신들에게 묻겠다. 당신들은 내밀한 사생활의 권리를 포함해 한 사람의 인격권을 철저히 짓밟았다. 그녀가 빼앗긴 권리는 어디서 찾을 수 있을 것인가? 당신들은 지구보다도 더 소중할 수 있는 한 사람의 일생을 파멸시켰다. 이것이야말로 '살인'과 전혀 같다!

황색저널리즘이란 말을 만든 장본인인 조셉 퓰리처(J.Pulitzer 1847-1911)가 이런 더러운 선정주의(煽情主義 sensationalism)를 경계한 말이 있다.

일반적으로 사람들이 알고 있는 형태의 선정주의를 피해야 한다. 시시한 범죄나 가져다가 크게 키워서는 안 된다. 대서특필할 가치가 있는 기사는 최대한 밀어붙여야 하지만, 기사를 꾸며대서는 안 된다.

__3 신문 기사는 정확성보다 속보성을 다투는 특성이 있다. 그런 속보성으로 인해 자칫 일어날 수 있는, 진실 왜곡의 폐해를 퓰리처는 염려했다. 그는 신문사 벽에다 다음과 같이 써 붙였다.

진실의 적들

'누가? 무엇을? 왜? 어디서? 언제? 어떻게? 라는 6하원칙'

'사실—컬러—사실'

'정확성! 간결! 정확!'

풀리처는 열일곱 살에 미국으로 건너가 언론인으로 자수성가한 사람이다. 뉴욕타임스에 북 리뷰를 썼던 아서 클락_{A.Clark}은 '풀리처는 빛나는 개성, 힘을 가진 속에서도 겸손함, 불운한 사람에 대한 연민을 가지고 있었다. 그는 위선적인 말, 속임수, 부당함과 부패를 증오했으며 스스로 그런 짓을 저지를 줄 몰랐다'고 했다.(아서 클락은 워싱턴지국장을 지낸 민완기자로서 트루먼 대통령 단독 인터뷰 등으로 네 번이나 풀리처상을 받아 최다수상자가 되었다)

___ 4 제대로 직분을 다하는 기자라도, '진실'에 목을 매는 자와 '정의_{正義}'에 매달리는 자 두 부류가 있다. 진실과 정의가 일치한다면 갈등은 일어나지 않는다. 그러나 진실을 공개했을 때 정의가 훼손된다든지, 그렇지 않더라도 더 큰 진실(예컨대 다중의 이익)이 무너질 염려가 있다면, 기자들 대부분은 특종의 유혹에 끌려 진실의 폭로에 기울게 된다. 그런 속성을 나무랄 수는 없다. 대부분의 기자들은 우리와 같은 수준의 속물들이므로.

상인商人

농부農夫는 정직해야 먹고 살지만, 상인은 정직하면 굶어 죽는다.

●

농부는 성경의 말씀대로 '뿌린 대로 거둔다.' 그러니 정직해야 먹고 산다. 이에 비해 상인이 거두는 것은 '값싸게 사들여 비싸게 팔아 생기는 차익'이다. 그러므로 상인에게 정직을 기대하는 것은, 도둑에게 정직을 기대하는 것과 같다. 왜냐하면 둘 다 남의 재산을 조금이라도 더 가져가기 위해 애쓰는 게 같기 때문이다. 다만 상인은 도둑과 달리 상대로부터 떳떳하게 돈을 받고 정부와 법으로부터 보호받는 대가로 세금을 낸다.

___1 상인이 얻는 차익은 정직한 이익이 될 때도 있지만, 보기에 따라서는 생산자와 소비자 간에 기생해서 보는 이익이다. 이러한 상인의 이익을 흔히 '이문利文'이라고 하는데 이문이 도를 넘으면 악덕상인이 되고 징

진실의 적들

벌의 대상이 되기도 한다.

그러나 상인의 속성은 자기가 가지고 있는 상품을 한 푼이라도 높은 가격을 받고 팔고 싶어 하는 이기적인 데 있는 것이므로, 상인이라는 직업을 인정하는 한 굳이 그들을 모리배로 보는 시각도 잘못이다. '박리다매薄利多賣'를 하는 상인만 훌륭한 상인은 아니지 않는가. 어차피 모든 상품의 가치는 객관적이면서도, 효용에 따라서는 주관적이기 때문이다.

___2 가장 유명한 상인은 셰익스피어W.Shakespeare 1564-1616가 창조한『베니스의 상인The Merchant of Venice』의 샤일록이다. 샤일록은 돈을 빌려준 안토니오에게 살 1파운드를 받아내게 되었지만 재판관 포샤(안토니오에게서 돈을 꾼 바사니오의 약혼자)가 '살은 받되 피를 흘려서는 안 된다'는 판결을 하면서 재산을 몰수당하고 개종을 강요받는다.(현실의 법정에서는 피고와 직접적으로 연관된 재판관은 당연히 기피사유이자 회피사유다)

오늘날 샤일록은 '피도 눈물도 없는' 악랄한 상인의 대명사가 되어 있다. 그러나 나는 샤일록이라는 비극적 인물을 몹시 동정한다. 그는 참으로 정직하면서, 거대한 기독교 세력과 맞서 싸운 상인이다. 그는 이문만 챙길 기회가 있었는데도 정직함 때문에 망했다.

이 희곡은 16세기 말경 런던 시민의 반反유대감정을 배경으로 하고 있다. 셰익스피어는 이 작품 하나로 전 세계의 유대인에게 '지금까지 회복되지 않는' 불명예를 안겼다. 펜은 이래서 칼보다도 무섭다.

___3 상인 가운데 가장 욕먹는 상인은 '죽음의 상인', 즉 무기를 파는 상인이다. 그런데 오늘날 선진국들은 대개 무기를 팔아먹는 나라들이다. 그들은 그들이 가지고 있는 무기 중에서 두 번째로 성능이 좋은 무기를, 온갖 생색을 내면서 터무니없는 가격에 판다. 가장 좋은 성능의 무기는, 무기를 사는 나라가 자신에게 위협이 되면 안 되므로 절대 팔지 않는다.

무기 수출 5대국은 핵클럽 멤버이자, 유엔 안전보장이사회U.N. Security Council의 상임이사국들이다. 이 얼마나 놀라운 도덕심인가. 그들은 '가장 잔인한' 살상무기를 팔기 위해, 온화한 표정으로 외교적인 예의를 갖추면서 안전보장을 의논한다. 그들이 핵확산을 막는 이유 중의 하나는, 힘없는 약소국이 핵이라는 비대칭무기를 확보하는 순간 그들이 팔아야 하는 무기들의 수요가 사라지기 때문이다. 니콜라스 케이지Nicholas Cage가 주연한 「로드 오브 워Lord of War」는 국제적으로 무기를 밀거래하는 상인을 다룬 영화다. 이 영화에는 '진짜 죽음을 파는 상인은 미국과 같은 강대국'이라는 항변이 담겨 있다.

___4 초楚나라에 무기를 파는 상인이 있었다. 어느 날 시장에서 창(모矛)

진실의 적들

을 들어 보이며 어떤 방패(순盾)도 뚫는 창이라고 선전했다. 그리고 다시 방패를 들고서 어떤 창도 막을 수 있는 방패라고 자랑했다. 구경꾼 중 한 사람이 그 창으로 그 방패를 찌르면 어떻게 되느냐고 묻자 그는 아무 대답도 하지 못했다. 여기에서 모순이란 말이 나왔다.

원래 무기를 파는 것은 이처럼 '모순矛盾'을 파는 것이다. 평화를 위해 무기를 판다는 것이 얼마나 아이러니한 것인가. 인간은 이기심 때문에 진정한 진보가 없다!

막사발 沙鉢

쓸모없어 버릴 건 있어도 볼품없어 버릴 건 없다.

●

막사발은 반열班列에서 쓴 청자靑瓷나 백자白瓷와 달리, 질그릇과 함께 조선 민중
들의 그릇이다. 찻그릇 물그릇이 되고 국그릇 밥그릇도 되고 술잔도 되다가
마침내 용도를 다하면 개밥그릇으로 전락하거나 그냥 땅에 버려지는, 아낙들
의 그릇이다.

___1 막사발을 만든 사기장들은 이름 없는 도공들이다. 평생 불가마를 다
스리면서 천대받고 살던 도공들의 무욕無欲과 함께, 한恨이 막사발에 서
려 있다. 그런 무욕과 한은 전혀 사치스럽지 않으면서도 마음을 비우고
모든 것을 담아내는 그릇으로 드러난다. 화려한 화장은커녕 고르지 않
은 윤곽과 꺼칠한 면의 투박함이, 오히려 절세의 아름다움으로 승화된

진실의 적들

것이다.

 이 막사발은 일본으로 가, '다완茶碗'이라는 이름으로, 단순한 찻그릇을 넘어 당당히 예술품으로 탄생하고 일본의 국보가 된다. 「이도다완井戶茶碗」이 그것이다. 사물을 보는 눈은 이렇게 다를 수가 있다. 뒷날 일본에 가서 국보가 될지도 모를 예술품을 내가 기껏 개밥그릇으로 썼다니!

 하긴 왜인倭人들이 조선 물건을 훔쳐다가 그 가치를 알아보고 높이 받든 것은 막사발 말고도 많다. 나는 아직도 그들 학인學人들이 썼던 모자가 조선의 버선이었음을 믿고 있다.(임진왜란 때 버선을 가지고 간 왜인들은 그 용도를 몰랐다. 발에도 들어가지 않고 장갑이라고 하기에는 너무 컸다. 옛 중국 선비의 머리 모양을 생각한 왜인들이 마침내 버선을 머리에 썼던 것이다)

 _2 물은 담는 그릇에 따라 온갖 형상을 한다. 산삼이 품으면 영약이 되는 물도 독사가 품으면 독이 된다. 식자識者의 독을 경계한 말이다. 보아라, 멀쩡한 그릇에 독을 채워 독사발이 된 그릇들이 그릇전에 널려 있다!

 물이 그러하되, 그릇은 그 담는 물에 따라 가치가 달라진다. 우리네 서민들의 그릇인 막사발에 가장 많이 담겼던 것은 아마 정한情恨일 것이다.

___3 1998년 조선 도공 심수관沈壽官이 부활했다. 그는 정유재란丁酉再亂 때 왜국에 잡혀간 심당길의 12대 손으로 1873년 오스트리아 세계박람회에「대화병」을 출품하여 일본도자기의 대장인大匠人이 되었다. 텔레비전과 신문은「심수관 가家의 도예」전시회를 두고 조선사기장이 411년 만에 귀향했다고 썼다. '흙과 불과 바람'의 조화로 빚은 조선 도공의 한이 비로소 모국을 찾았던 것이다.

___4 학생들이 쓰는 대부분의 국어사전에는 사발은 있되, 막사발은 없다. 혹 있다 해도 '품질이 낮은 사발' 정도로만 쓰고 있다. 국어사전, 우리말사전 가릴 것 없이 오류가 한두 가지가 아니지만, 막사발이라는 단어가 없음을 확인한 뒤, 왜 이리 씁쓸한 것인가.

막사발은 아직도 이 땅에서 여기저기 함부로 뒹구는 천덕꾸러기 신세다.

진실의 적들

벽 壁

벽을 쌓으면 그 앞에 적敵이 생기고, 성城을 쌓으면 그 앞에 적이 모인다.

●

인간은 자신도 모르게 벽을 쌓는다. 놀라운 것은 여기저기 단단한 벽을 쌓은 자가, 자신은 언제나 열려 있다고 믿는 것이다. 벽 중에 제일 허물기 쉬운 벽은 재물로 쌓은 벽이고, 제일 허물기 어려운 벽은 엉터리 지식으로 쌓은 벽이다.

___1 소위 지식인층이 가진 벽은 학벌에 대한 벽이다. 이 벽은 보기보다 높다. 옛날엔 서울대학교와 '후기後期대학들'로 나뉘었다. 지금은 소위 스카이대(SKY, 서울대 고대 연대를 일컫는 조어)와 '기타대학들'로 나뉜다. 후자는 몇 배 노력해도 전자가 쌓은 벽을 넘을 수 없다.

이런 학벌의 벽은 솔직히 말해, 엉터리들이 더 많이 가지고 있다. 자신의 학문에 자신이 없으니 외관적인 학벌로 상대를 무시하고 싶어지는 것이다. 나는 미국에서 동양학 그것도 유학儒學에 관련한 논문으로 철학박사를 받은 자와 남북한 형법을 단순 비교한 논문으로 법학박사가 된 자를 알고 있다. 그런 자들이 쓴 글을 읽어보면 늘 미국 얘기로 넘쳐난다.

___2 벽은 방어를 목적으로 만든다. 분리를 목적으로 만들기도 한다. 방어를 목적으로 만든 벽도 결국 분리의 구실을 하게 된다.

세계에서 가장 큰 벽은 만리장성萬里長城이다. 만리장성의 영어 명칭은 'The great Wall of China'다. 진왕秦王 정政(진시황)이 북방 흉노의 침입을 막기 위해 쌓은 것이다. 진시황은 북방에 산재하던 성벽들을 증축하고 연결시켜 장성을 완성했다. 이후 6세기 북제北齊 때 현재 위치에 축성되었고 명明나라 때 증축과 개보수가 이루어졌다. 총길이는 지선까지 5천 킬로미터가 넘는다. 이 만리장성은 들인 시간과 비용에 비해 방어적 역할은 크지 않았다. 오히려 만리장성은 2천 년간 중국의 농경문화와 북방의 유목문화를 분리하는 역할을 했다.(그리고도 한족漢族은 이민족의 지배를 받아 왔다. 금金 원元 청淸나라 등이 그것이다)

이 나라를 가르고 있는 휴전선도 이제 방어벽이 아니라 남과 북 서로 간의 간극間隙을 넓혀가는 '분리의 벽'이 되고 있다. 세월이 흐르면 서로 간 거리는 더욱 멀어진다. '생각'이 그렇고, 그 생각을 표현하는 말이 그

렁고, 그 생각을 드러내는 행동양식이 그렇다.

___3 스스로 담을 올리지 말라. 담을 쌓고 벽을 만들면 소통이 막힌다. 담이 높을수록 담 밖은 반대자가 되고 적이 된다. 자신을 방어하기 위해 쌓은 벽이 필연적으로 적을 모으는 것이다. 그리고 어떤 벽이든 쌓기보다 허물기가 훨씬 어렵다. 세월이 지나면 돌처럼 굳어 절대 허물어지지 않는다.

___4 돈 앞에 굽실대지 않는 자는 드물다. 그러나 돈으로 사람을 사게 되면 돈으로 벽을 쌓는 일이 된다. 그런 벽은 자신을 보호해 주지도 않거니와 자칫 자신을 묻어버리는 무덤이 될 수 있다.

나는 이 시대를 살면서 돈의 위세를 부인하는 자를 만나지 못했다. 돈으로 살 수 없는 것이 없다! 권력을 사고, 여자를 사고, 정의_{正義}를 산다. 돈에 대해서 누구든 의연함을 자랑하지 말라. 돈보다 사람 됨됨이가 더 중요하다는 여자일수록 가난한 남자를 멸시하고 부자와 결혼하는 걸 바라는 법이다. 재벌가와 결혼한 여자를 선망하는 것이 몇 푼의 돈에 몸을 파는 매춘과 무엇이 다르다는 것인가?

그러니 돈을 가진 자는 스스로 겸손하기 어렵다. 부자는 아무리 조심

해도 벽을 만들고 담을 쌓게 된다.

___5 사이비 지식인과 다투지 말라. 가장 어리석은 짓이 엉터리 지식으로 무장한 자와 논박하는 것이다. 그런 일은 상대를 절대 깨우쳐주지도 못하면서 상대로 하여금 도취하게 하는, 이중의 잘못이 된다. 사이비 지식인 중에서도 정말 피해야 하는 자는, 상대적 진실에 목을 맬 것 같은 자들이다. 홉스Thomas Hobbes 1588-1679는 『리바이어던Leviathan』에서 '양심'이 사람들에 의해 타락되었음을 지적한다.

> 자기 나름의 의견에 완고하게 집착할 경우 혹은 불합리한 의견을 집요하게 주장하는 경우에, 자신의 의견에 '양심'이란 거룩한 이름을 붙인다. 이것은 남의 의견을 바꾸어놓으려 하거나 혹은 자기 의견에 반대하면, 불법이라도 저지른 것처럼 느껴지도록 하기 위한 것이다. 기껏해야 자기는 그렇게 생각하고 있다는 정도에 불과한 것을 (양심이라는 말을 사용하여) 마치 진리를 알고 있다는 듯 주장한다.

무릇 사이비 지식인들이란, 진실을 외면하면서 자신들의 얇고 천박한 지식으로 세상에 영향을 미치려는 의도를 가진 자들이다. 폴 존슨J.P.Johnson은 『지식인의 두 얼굴』에서 '지식인을 경계하라. 그들이 집단으로 조언을 내놓으려 들 때는 특별한 의혹의 대상으로 삼아라'고 썼다.

진실의 적들

망원경 望遠鏡

망원경은 멀리 보기 위한 것이 아니라, 몰래 보기 위한 것이다.

●

어떤 물건이든 제 용도로 쓰이더라도, 제값을 온전히 하는 경우는 오히려 드물다.

망원경은 멀리 보기 위한 물건이다. 그러나 '멀리 보는 행위'의 이면에는 몰래 보는 목적이 깔려 있다. 디스커버리Discovery호에 실려서 지구 상공 6백10킬로미터의 궤도에서 돌고 있는 허블망원경은 수많은 신神의 비밀을 훔쳐보기에 여념이 없다.

___1 우리가 망원경으로 볼 수 있는 거리는 한없이 먼 것인가. 그렇지 않다. 첫째 빛이 없으면 보이지 않는 것이고, 둘째 아무리 밝은 빛이라 하더

라도 그 빛이 도달할 수 있는 거리는 유한할 것이기 때문이다.(빛보다 더 빨리 달아나는 물질도 볼 수 없을 것이다) 멀리서 달려온 '죽어가는' 빛을 얼마나 살려낼 수 있느냐 하는 것이 망원경의 성능이다.

빛의 속도는 1초에 30만 킬로미터이다. 태양에서 빛이 지구까지 오는 시간은 약 8분이다.(정확히는 498.58초이다) 허블망원경은 반사망원경으로서 약 4억 6천만 광년까지 관측이 가능하다. 빛이 4억 6천만 년을 가야 닿는 거리까지 내다보는 인간의 지혜는 과연 옳은 것인가. 우리는 그런 먼 거리에서 4억 6천만 년 전 '있었던' 과거의 사건들을 지금 보고 있는 것이다. 그 사건들은 도저히 되돌릴 수 없는, 신의 사건이다.

___2 인간은 남의 비밀을 훔치기를 열망한다.

과학의 발전으로 이제 개인의 비밀은 거의 사라졌다.(누군가가 마음을 먹는다면, 당신이 철통같은 방 안에서 쓰는 일기를 읽을 수 있다) 통신의 비밀은 이미 과거의 일이 되었고, 어지간한 사생활의 비밀도 유지되기 힘들다. 신용카드는 선호하는 옷과 용품은 물론 좋아하는 음식 같은 개인의 생활 패턴과 일정까지도 샅샅이 기록한다. 땅에서 하늘에서 사이버 공간에서 끊임없는 '감시'가 계속되고 있다. 권력자는 마음만 먹으면 개인의 모든 비밀을 훔쳐낼 수 있는 것이다. 망원경의 효용은 많이 줄어든 셈이다.

__3 인간은 동물 중에 유일하게 관음증觀淫症voyeurism을 가지고 있다. 관음증은 남의 벗은 몸이나 섹스를 훔쳐보는 것으로 쾌감을 얻는 정신질환이다. 포르노 영상을 보는 것 역시 광의의 관음증이다. 아마 이 관음증에서 자유로운 사람은 그렇게 많지 않을 것이다.(실제 외국에는 집에 망원경을 설치해서 훔쳐보기에 빠진 자들이 많이 있다)

놀라운 것은 다들 포르노 영상을 보면서도 포르노에 나온 '배우'를 경멸한다는 것이다.(인간은 성에 대해서는, 유독 자신에게 관대하고 타인에게 엄격하다) 참으로 솔직하지 못한 태도다. 포르노에 출연한 배우와 베드 신을 하는 보통 배우와 무엇이 같고 무엇이 다른가? 성기를 보여주는 것? 실제 섹스를 하는 것? 전혀 다르지 않다. 성을 상품화해서 관객들의 관음욕구를 충족시켜 주는 건 매한가지다. 다만 포르노는 무명배우에다 많은 제작비를 쓰지 못할 뿐이다.('여배우 O양'의 섹스비디오가 공개되었을 때, 그 여배우를 경멸할 정도로 우리는 깨끗했던가? 인간들의 비겁함은 끝이 없다!)

배신背信

믿지 않는 도끼에 발등을 찍히지 않는다.

●

배신은 치통 같은 것이다. 그 통증은 지난 '믿음'보다도 확실하다. 그래서 아프다! 그러나 썩은 이를 뽑았으면, 그것을 기념하고 추억하지 말라. 설령 그 추악한 썩은 이가 그대와 몇십 년간 함께 했을지라도.

___1 나는 이미 믿는 도끼에 발등이 찍히지, 모르는 도끼가 발등을 찍지 않는다는 걸 말했다.(이 책, '신뢰' 참조) 그렇다. 우리 속담처럼 '물은 건너봐야 알고 사람은 겪어봐야 알'지만, '열 길 물속은 알아도 한 길 사람 속은 모르'는 법이다. 그래서 내 밥 먹은 개가 발뒤축을 물 때 더 아프다. 몸에 난 상처는 쉽게 아물지만 마음에 난 상처는 고질병이 되기 때문이다.

___2 가장 치사하게 배신하는 자들은 정치인들이다. 그들은 상대방을 이기기 위해 혹은 살아남기 위해 수없이 배신한다. 유권자들에게 한 약속은 물론, 동료 정치인들에게 한 약속들은 다 휴지조각들이다. 정치인들이 쉽게 배신하는 이유는 단 하나, 명분을 만들어내기가 편하기 때문이다.

___3 사람들은 돈 때문에 우정을 저버리거나 한다. 질이 나쁜 자일수록 처음부터 속이기 위해 접근하여 우정을 가장하고 거짓 약속을 하므로, 그들은 배신하고도 배신하지 않았다고 우긴다. 아니면 스스로가 배신에 익숙해져서 자신이 배신했는지를 모른다. 그러므로 이웃의 이유 없는 친절을 조심하라. 이웃의 달콤한 말에는 늘 함정이 있다.

___4 사랑의 배신이야말로 상처가 크고 깊다. 그리고 가장 진지한 배신이다. 그러나 배신이라고 감히 규정할 만한 사랑을 찾기는 매우 어렵다. 왜냐하면, 대부분의 사랑은 어떤 성질이든 탐욕에 사로잡혀 행하는 것이므로, 결코 사랑이라 이름 할 수 없기 때문이다.

___5 입 안에 혀처럼 굴던 자가 배신을 했을 때 잠을 못 이룬다. 그 고통은 치통처럼 확실하다. 아니, 그 어떤 고통보다 크다. 그러나 그런 배신의

계기를 만들어 준 것은 다름 아닌 나의 욕심이다. 욕심 때문에 나는 그의 사악함을 알지 못했거나 알고도 그냥 넘겼던 것이다.

나 역시 그런 경험을 했다. 부득이하게 잠시 어느 상장기업의 대표이사를 맡았을 때 일이다. 내가 전임 대표이사에게 속아 거의 전 재산을 투자했던 회사였는데, 어느 날 갑자기 그 대표이사가 다른 범죄로 구속되는 바람에 생긴 '원하지 않은 일'이었다. 나중에 알았지만 그때 그 회사는 이미 부실기업이었다.

내가 그 기업을 제대로 경영할 사람을 찾자, 날 따르던 자가 어느 인수자를 추천했다. 나는 대표이사 넉 달 만에 그에게 경영권을 무상으로 넘겼는데(알고 보니 기업 경영권은 엄청난 이권이었다) 계약 후에 그가 실제 계약자가 아닌 것이 밝혀졌다. 그 뒤에 숨어 있던 진짜 인수자는 도저히 믿을 수 없는 자였다. 나는 계약을 무효화시켰는데, 그 진짜 인수자는 회사 경영권을 빼앗을 요량으로 나를 여러 거짓 사실을 들어 고발까지 했다. 나는 전임 사장의 횡령과, 회계법인에서 적정의견을 낸 감사보고서에 사인을 한 것(여기에 사인하지 않으면 회사는 시장에서 퇴출된다), 그리고 회사가 유상증자를 했을 때 이를 승인한 과정에서 잘못된 절차 문제까지 전부 해명해야 하는 처지에 몰렸다. 회사를 실제 경영해 보지도 않고 단 하루 출근한 바도 없었지만, '아랫사람'들은 자신들의 책임을 모면하기 위하여 모든 죄를 대표이사였던 나에게 전가했다. 나는 그 자들의 배신에 대해 잠을 이루지 못하며 괴로워했다.

진실의 적들

그러나 마음을 비우기 시작하고, 모든 일이, 내 욕심이 화근이라는 것을 깨닫고 나니 한결 편해졌다. 그래, 다 내 탓이다. 나는 이런 자책을 수만 번 했다. 나는 노무현 정권 때, 무려 15개월간이나 이 일로 시달렸다. 단 하루도 '당하지' 않은 날이 없었다. 금융감독원은 내 무죄를 알면서도 감사보고서에 사인한 것을 물고 늘어졌고, 경찰은 회사의 모든 부실에 대해 매일같이 나를 괴롭혔다. 결국 대표이사로서 사인을 한 행위에 대해 일부 책임을 지고 벌금을 내야 했다. 너무 지쳤으므로 그런 일로 '무죄'를 다투기 위해 법정에서 재판을 받을 수는 없었던 것이다!

이 일로 나는 전 재산을 잃고 사람을 잃었다. 그 후 세월이 지나 그때 고발했던 자가 사건을 맡은 수사관에게 무려 10억이나 되는 돈을 준 것이 들통 나 감옥에 갔다. 그는 10억의 돈을 받고 나를 괴롭혔던 것이다. 모든 진실을 그들은 알고 있었다. 그들은 15개월이나 내 먼지를 힘껏 털었지만 내가 파렴치한 짓을 하지 않았다는 데에는 동의할 수밖에 없었다.

명분 名分

도망갈 때 명분을 찾지 말라. 더 비참해진다.

───────────────────────────────────────

●

더구나 명분이 늘 옳은 것은 아니다. 오히려 대부분의 명분은 그것을 내세워 이익을 보는 자가 조작한 것이다. 그렇지 않더라도 대개 명분이란 기회주의자의 변명에 불과하다. 그런 명분은 정의로 위장되어 있거나 도덕이라는 허울을 쓰고 있다. 그걸 알더라도 사람들은 좀처럼 명분을 거절하지 못한다. 모든 명분은 외관적으로 '그럴듯한 이유'이기 때문이다.

___1 명분은, 명목名目이라는 뜻보다는 본분本分이 제 뜻이다. 무릇 체면을 중시하는 자는 명목에 매달리고, 자신의 안위를 걱정하는 자 역시 명목에 매달린다. 일의 본분을 찾는 이는 오히려 적다. 그래서 말하겠다. 무얼 내줄 때, '명분을 달라'고 하는 대신 그냥 원하는 걸 다 내주는 것이 세월

진실의 적들 ───

이 지나면 훨씬 더 본분에 맞는 것이 된다.

___ **2** 나는 명분이 마냥 옳은 것이 아니라는 것을 말하기 위해, 백이숙제伯夷叔齊의 고사故事를 줄여 여기 붙인다. 사마천司馬遷의 『사기史記』「열전列傳 백이편」에 있다.

> 백이, 숙제 두 사람은 고죽孤竹 군주의 아들이다. 아버지는 셋째인 숙제에게 나라를 물려주려 했다. 그런데 갑자기 아버지가 죽자 숙제는 형인 백이에게 양보했다. 백이는 아버지의 뜻을 어기며 받을 수 없다면서 이를 물리치고 떠나갔다. 숙제도 역시 거절하고 떠났다. 이에 차남이 할 수 없이 보위를 물려받았다.
>
> 백이, 숙제는 서백西伯 창(昌, 주周 문왕文王)이 노인을 잘 받든다는 말을 듣고 그곳으로 갔다. 주周나라에 이르니 서백은 이미 죽고 없었다. 마침 무왕武王이 서백을 문왕이라 존호하여 위패를 싣고 주紂를 토벌하러 동쪽으로 출병하려던 참이었다. 이에 백이, 숙제는 즉시 말고삐를 붙잡고 말했다.
>
> '아버지가 죽고 아직 장례도 치르지 않으면서 전쟁에 나서는 것을 어찌 효도라 하겠는가. 신하가 군주를 시해하려 하니 어찌 어질다 하겠는가.'
>
> 좌우의 호위병이 나서자, 태공太公(무왕의 신하인 태공망)이 의로운 사람이니 살려주어라 하여 두 사람은 목숨을 구해 다시 떠났다. 무왕은

은殷을 멸망시키고 천하에 주周나라를 세웠다. 그러나 백이, 숙제는 이를 부끄럽게 여겨, 의로서, 주나라의 좁쌀을 먹지 않겠다고 결심한 뒤 수양산에 숨어 고사리를 캐먹으며 연명하였다. 마침내 둘은 굶주리다 죽었다.(이백이숙제치지 의불식주율 은어수양산 채미이식지 급아차사而伯夷叔齊恥之 義不食周栗 隱於首陽山 采薇而食之 及餓且死)

둘은 노래를 지었는데 그 노랫말에 '서산에 올라 고사리를 캤다. 폭력으로써 폭력을 대하는 것이 아니라는 걸, 무왕은 모른다. 신농씨부터 내려온 왕도를 잃은 우리는 편안히 돌아갈 것이다. 우리는 죽을 뿐, 우리의 명은 이제 끝나노라'고 하였다.

사마천은, 이 백이숙제 형제가 '의義'라는 명분 아래 스스로 굶어 죽는 것을 두고, 공자孔子의 견해를 다음과 같이 탄핵한다. 공자는 이렇게 말했다.

'백이, 숙제는 구악舊惡을 생각하지 않아 남의 원망을 사지 않았다. 그둘은 어짐(인仁)을 구해 어짐을 얻었기에 또한 원망이 없었을 것이다.'

그러나 나, 사마천은 백이의 생각이 슬프다. 백이가 남긴 시를 읽으면 공자의 말씀이 수긍되지 않는다. 백이, 숙제의 일을 살펴볼 때 두 사람은 정말 원망이 없었을까. 혹 '천도天道는 공평하여 언제나 선인善人의 편이다'라고 한다면 백이, 숙제는 과연 선인인가, 아닌가. 그토록 어짐을 지켰고 몸소 어질게 행하였지만 끝내 굶어 죽은 것을 어찌 해석해야 되는가.

70명이나 되는 제자 중에서 공자가 학문을 좋아하는 선비로 꼽은 이

진실의 적들

가 안연顔淵(안회顔回) 한 사람뿐이었다. 그러나 안회는 매우 궁핍하여 쌀겨조차도 제대로 먹지 못해 젊어서 요절하였다. 하늘은 착한 사람(선인善人)을 돌봐준다 했는데, 이것이 도대체 어찌 된 노릇인가. 도척盜跖은 매일같이 죄 없는 사람을 죽여 간과 인육을 먹는 등 포악이 극에 달했다. 수천의 부하를 데리고 천하를 횡행했는데 제 수명을 다 누리지 않았는가. 그렇다면 도척은 어떤 덕을 쌓았단 말인가.

이 두 가지가 현저히 비교되는 두 예이다. 오늘날에도 마찬가지다. 도리를 벗어나 나쁜 짓만 거듭 행하는 자가 종신토록 즐거움을 누리고 대를 이어 부귀를 잇는다. 반면 행동을 가려서 하고 생각한 뒤 말하며 까닭이 없는 행동이 없으며 공정하지 않은 일에는 분노하지 않는 사람 중에는 화를 입은 사람이 많아 그 수를 셀 수도 없다. 이런 것을 보면 소위 천도라고 부르는 것이, 나쁜 것이 결코 나쁜 것이 아니다는 것을 알게 되어, 깊은 절망에 빠진다.

사마천은 한무제漢武帝가 이능李陵을 벌하는 것이 명분 없음을 간하다가 궁형宮刑을 당했다. 그는 죽지 못하고 사기史記를 쓰면서, 비로소 명분의 덧없음을 깨닫고 절망한 것이다. 공자가 '어짐'이라는 명분에 빠져 백이숙제의 죽음을 높이고 그를 슬퍼한 것이 잘못은 아니다. 그러나 인간사는 그런 '어짐'만으로 좋은 귀결을 가져오지 못한다는 것을 사마천은 공자에게 통박痛駁하고 있다. 공자를 읽었다면, 반드시 사마천을 읽을 일이다.

___3 역사에 '희생양犧牲羊'으로 적힌 자는, 대개 사악한 기회주의자들의 통치술에 지나지 않는 '명분'으로 인해 희생된 자이다. 사람들은 당대의 영웅보다 당대의 희생양을 보고 싶어 한다.

백년전쟁 때 열세의 프랑스군을 구한 소녀였던 잔 다르크Jeanne d'Arc 1412-1431는, 영국군에 넘겨져 마녀재판을 받고 화형火刑에 처해졌다. 잔 다르크라는 어린 소녀를, 어른들이 철저히 '정치적 도구'로 사용한 것이다. 오늘날, 두각을 나타내는 여성 정치인을 두고 흔히 그 성 뒤에 '다르크'를 붙여 부르는 것은 역사를 제대로 읽은 자가 할 일이 아니다.

마크 트웨인Mark Twain 1835-1910이 잔 다르크를, 5백 년 만에나 태어나는 인물이라고 격찬한 것은, 그가 무식했거나 아니면 명백한 그의 치기다.

___4 약속을 어길 때 명분을 내세운다. 고집을 피울 때도 명분을 내세운다. 잘못을 변명할 때도 명분을 내세운다. 명분이란 이처럼 자신을 방어하고 변호할 때 쓰는 것이다. 그래서 신의를 아는 이는 구태여 명분을 찾지 않는다. 도량이 넓은 이 역시 명분을 입에 올릴 필요가 없다. 무엇보다 자신을 늘 반성하는 자는 명분 따위를 잊고 산다.

진실의 적들

거짓말

참말은 엉성해 보이고 거짓말은 구체적으로 보인다.

●

사람들이 거짓말에 더 솔깃해지는 것은, 거짓말은 거짓이라는 사실을 감출 목적으로 철저히 구체적이기 때문이다. 셰익스피어W.Shakespeare가 『베니스의 상인』에 쓴 것처럼, '거짓말은 얼마나 그럴싸한 모습을 갖고 있는가!'

___1 누구나 거짓말을 한다. 「누가복음」을 보면 베드로는 닭이 울기 전에 예수를 세 번 부인否認했다. 이 베드로의 부인은 역사상 가장 유명한 거짓말이다. 거짓말은 니체F.W.Nietzsche의 말대로 '삶에서 없어서는 안 될 존재'이다. 프로이트S.Freud에 의하면 누구나 무의식중에 거짓말을 한다. 거짓말은 참기 어려운 상황에서 자신을 적응시키기 위해 충동적으로 행하는 단순한 증상에 불과하다. 그 대부분은 피할 수 없는 열등의식 때문에

하는 것이다.

아우구스티누스Saint Augustinus는 거짓말은 '무서운 죄'라고 했지만, 토마스 아퀴나스T.Aquinas는 '악의 없는 거짓말white lies'은 죄가 아니라고 생각했다. 장담하건대 선사禪師도 거짓말을 하고 교황敎皇도 거짓말을 한다. 내기해도 좋다. 그분들이 거짓말을 '밥 먹듯 한다는 데' 나는 돈이든 뭐든 걸겠다.(그분들은 진실만을 말하기 위해 엄청난 수행을 한 분들이다) 그들이 대중에게 이르는 거짓말들은 '진실보다도 더 위대하기 때문에' 거짓말로 인식되지 않을 뿐이다.

『법구경法句經』에는 '거짓말을 하면 지옥에 떨어진다. 거짓말을 하고도 하지 않았다고 하면, 두 겹의 죄를 함께 받나니 제 몸을 끌고 지옥에 떨어진다(망언지옥근 작지 언부작 이죄 후구수 자작 자견왕忘言地獄近 作之 言不作 二罪 後俱受 自作 自牽往)'라고 했다. 구약성서「잠언」에도 '속임수로 얻어먹는 빵에 맛을 들이면 입에 모래가 가득 들어올 날이 오고 만다(20:17)'고 하였다. 지옥이라는 세계가 존재한다고 믿어 의심치 않으니 부처야 그렇게 가르치지만, 지옥을 말씀하지 않고도 거짓말을 하지 않도록 훈계할 방편을 찾지 못한 것은 혹 아닐까.

___2 거짓의 반대는 진리인가? 진실인 것인가? 둘 다 아니다. 거짓의 반대 역시 거짓이다. 세상에 진리라는 것이 불변적으로 존재한다면, 그리

진실의 적들

고 그 진리와 진실을 완전히 꿰뚫고 있는 분이 있다면, 거짓의 반대는 '그분에 한해서' 진리이거나 진실이 될 수 있다. 그러나 그렇지 않다. 역사를 살펴보면 세상에 유통되는 진리와 진실은 철저하게 가변적이다. 그런데도 거짓의 반대가 진실이라는 것인가?

그렇다면, 무엇이 거짓이고 무엇이 진리인 것인가? 이 물음에 대한 답을 해서는 안 된다. 그 답이 거짓말이 되기 때문이다. 『화엄경華嚴經』의 「보살설게품菩薩設偈品」에는 '모든 것은 오직 마음이 만들어낸다(일체유심조一切唯心造)'는 말씀이 있다. 불가佛家의 요체다.

신라의 원효元曉는 의상義湘과 당나라 유학길에 올랐다. 날이 저물어 두 사람은 당항성唐項城(남양주 南陽州)의 어느 무덤가에서 잠을 잤다. 잠결에 목이 말라 물을 마셨는데 아침이 되어 보니 해골에 고인 물이었다. 원효는 본시 '더럽고 깨끗함도 없는데(불구부정 不垢不淨) 모든 것은 오직 마음이 만들어 내는 것이다(일체유심조)'는 것을 깨닫고 대오大悟하였다. 원효는 유학을 포기하고 돌아갔다.

화엄경의 게송偈頌을 옮겨 적는다.

若人欲了知 三世一切佛 應觀法界性 一切唯心造 약인욕요지, 삼세일체불, 응관법계성, 일체유심조

만약 어떤 이가 삼세의 부처(과거불 현재불 미래불)를 알고자 한다면, 마땅히 법계의 본성을 보아야 한다. 모든 것은 오직 마음이 만들어 내는 것이다.

가끔 좋은 거짓말도 있다. 환자를 편안하게 하기 위해 약효가 전혀 없거나 환자의 병과 무관한 약을 처방하는, 위약偽藥이 그것이다. 고전적인 위약으로는, 심지어 알약 모양의 설탕 덩어리나 주사약 모양의 소금물을 사용하기도 했다. 문제는 이런 위약이 질환의 개선에는 별다른 효과가 없지만, 환자의 통증을 감소시키는 데 효과가 있다는 점이다. 모든 것은 마음이 지어낸다는 말씀이 진리라는, 산 증거다.

___3 인간들은 진실을 말할 용기가 없거나, 거짓말을 해서 받을 양심의 가책보다 더 큰 이익으로 보상받을 때 거짓말을 한다. 질이 나쁜 거짓말은 후자의 거짓말이다. 또 인간들은 자신을 방어하기 위해서 거짓말을 하고, 아무런 이해利害 없이 그저 상대방을 즐겁게 해 주기 위해서 거짓말을 한다. 여자들이 하는 거짓말의 대부분은 자기방어自己防禦다. 쇼펜하우어A.Schopenhauer가 정곡을 찔렀다.

> 거짓은 여자의 본능이다. 자연은 사자에게 발톱과 이빨을, 소에게는 뿔을, 문어에게는 먹물을 준 것처럼 여자에게는 자기방어를 위해 거짓말하는 힘을 주었다.

거짓말은 연쇄작용을 일으켜 또 다른 거짓말을 낳는다. 루터M.Luter는 『징그레프 잠언록』에서 '하나의 거짓말을 참말처럼 하기 위해서는 항상 일곱의 거짓말을 필요로 한다'라고 하면서 '거짓말은 눈덩이 같은 것으

진실의 적들

로서, 굴리면 굴릴수록 점점 더 커진다'라고 썼다.

___4 거짓말로써 밥을 먹고 존경받는 이들은 정치인들이다. 노예제도를 전혀 반대한 적이 없을 뿐더러 오히려 지지했던 링컨A.Lincoln 1809-1865이, 남북전쟁 당시 느닷없이 '노예해방'을 명분으로 내건 것은 정치인들의 거짓말 중 백미白尾다. 그런 링컨이 거짓말에 대해서 명언을 했다.

> 모든 사람을 얼마 동안 속일 수는 있다. 또 몇 사람을 늘 속일 수도 있다. 그러나 모든 사람을 늘 속일 수는 없다.

그런데 링컨은 모든 사람을 영원히 속였다. 사실, 링컨이 노예제도의 폐지에 반대했다는 '진실'을 알고 있는 사람은, 놀랍게도 거의 없다.(링컨 평전뿐 아니라 수많은 책에 적혀 있는데도 말이다) 정치가들이 흔히 링컨을 존경한다고 말하는 것은, 독서를 하지 않았다거나 거짓에 능하다는 걸 스스로 말하는 것이 된다.

___5 현대에 정치인의 거짓말을 가장 신랄하게 꼬집은 이는 히틀러 A.Hitler 1889-1945다. 그는 '대중은 작은 거짓말보다 큰 거짓말에 더 잘 속는다'고 하였다.

그 히틀러가 쓴 책이 바로 『나의 투쟁Mein Kampf』이다. 이 책은 '나치즘의 경전'으로 히틀러 집권 후 순식간에 1천만 부가 팔려 단기간에 가장 많이 읽힌 책이라는 기록을 가지고 있다. 히틀러는 1923년 6백 명의 무장돌격대와 함께 바이마르공화국에 대항하여 '뮌헨반란'이라 불리는 폭동을 일으킨다. 이 사건으로 5년형을 선고받고 8개월을 복역했다. 그가 감옥에서 그를 따르던 루돌프 헤스R.Hoess에게 『거짓과 어리석음과 비겁함에 대한 4년간의 투쟁』이라는 책을 구술했는데, 출판을 앞두고 『나의 투쟁』으로 제목을 바꾼 것이다. 이 책의 상당부분은 히틀러가 구술한 것과 상관없다는 의심을 받고 있다.

히틀러는 바로 '거짓과 어리석음 그리고 비겁함'으로 독일과 전全 유럽을 파괴한 장본인이다. 전쟁에 패배했기 때문에 비난하는 것이 아니다. 윌리엄 샤일러W.L.Shirer가 쓴 명저 『제3제국의 흥망』과 마틴 폴리M. Folly가 쓴 『제2차 세계대전』을 보면 히틀러의 거짓과 비겁함은 혐오스러울 정도다. 그리고 패장에게 어리석었다는 평가는 당연한 것 아닌가. 히틀러의 '나의 투쟁'은 작은 거짓말이 아니라 큰 거짓말이었던 셈이다. 거기다 그 책은 구술되고 변조된 것이다.

비단 히틀러뿐 아니라 오늘날 정치인들의 저술은 전부 구술한 뒤 윤문하였거나, 그것도 아니라면 처음부터 전문가들이 '조작'한 산물이다. 심지어 자서전까지 구술과 윤문에다 각색을 거치니 정치인들은 말뿐 아니라 글까지도 거짓으로 뭉친 자들이다.

진실의 적들

___6 인간은 거짓에 익숙한 자와, 진리와 진실에 익숙한 자 두 부류가 있다. 당신은 진리만을 구하며 사는 칸트I.Kant와 일주일을 보낼 것인가. 온갖 거짓으로 점철된 생애를 산 루소J.J.Rousseau와 일주일을 보낼 것인가. 나는 당연히 루소를 택하겠다. 적어도 그는 사람을 즐겁게 하는 유머가 있으면서 함께 있는 이들에게 웃음과 함께 부단히 경계하는 긴장감을 안겨줄 것이다. 칸트의 서재에는 아무런 장식 하나 없었지만, 놀랍게도 루소의 초상화가 걸려 있었다.

___7 거짓말 때문에 1974년 대통령을 사임한 닉슨R.Nixon 1913-1994은 감히 말하건대 이 나라 대통령들에 비교하자면, '위대한' 대통령이다. 그는 텔레비전에서 수십 번 거짓말을 한 것 때문에 물러났지만, 적어도 국가 예산으로 거짓말을 광고하지는 않았다.

김대중 정부 때 휴대전화 도청이 논란이 되었을 때, 당시 정보통신부 장관은 휴대전화 통화를 감청한다는 것은 기술적으로 불가능하다고 단언했다.(그는 장관이 되기 전 휴대전화를 생산하는 삼성전자의 사장이었다) 그 엄청난 거짓말을 그와 법무부 장관을 포함한 다섯 명의 장관들이 연명으로 신문에 일제히 광고하면서 국민들에게 안심하라고 속였다.

바지

꼴찌를 가르쳐 주신, 꼴찌의 슬픔을 가르쳐 주신 내 어머니의 용의 주도함이여! 그리고 꼴찌를 부끄러워하지 않은 나의 효심이여!

●

국민학교(지금의 초등학교) 운동회 때 나는 달리기에서 꼴찌를 했다. 바지의 고무줄이 느슨해서 바지춤을 잡고 뛰어야 했기 때문이다. 그 덕에 나는 꼴찌의 슬픔을 알았다.

___1 나는 인생에서 몇 차례 패배의 쓰라림을 맛보았다. 그중에는 정상적인 경기가 아닌 것도 있었지만, 대개는 나의 방약무인傍若無人한 오만이 패배의 원인이었다. 그리고 곧잘 허방을 밟곤 했다. 구덩이에 빠져 허우적거린 적도 있었다. 꼴찌를 모르고 꼴찌의 슬픔을 몰랐다면 나는 결코 그 허방이나 구렁텅이에서 빠져나오지 못했을 것이다.

___**2** 기실, 인생은 수많은 구덩이를 피해서 죽음이라는 종착점까지 달려가는 경기다. 그런 뜻에서 실패는 성공의 어머니(mistakes breed success)라는 격언은 과분하다. 실패는, 그 자체가 인생인 것이다!

___**3** 꼴찌의 슬픔이라기보다 꼴찌의 미학美學이 옳은 말이다. 이 세상에는 꼴찌가 없다면 일등이 존재할 수가 없다. 대부분의 꼴찌들은 인생이라는 경기에서 꼴찌를 하지는 않는다. 꼴찌는 패자敗者의 슬픔을 일찍이 알기 때문에 남을 배려할 줄 안다. 남을 배려하고 원망받지 않는 자가 어찌 인생에서 실패하겠는가. 역설적으로 일등을 놓치지 않은 수재들 중엔 박덕薄德한 자가 많아(재승박덕 才勝薄德이라고 한다) 끝내 인심을 잃고 스스로 무덤을 파는 수많은 예를 나는 본다.

___**4** '슈테른'지의 편집주간을 했던 볼프 슈나이더 W.Schneider는 저서 『위대한 패배자』의 서문, '몇 사람을 제외하고 우리는 모두 패배자다'에서 대단한 통찰력을 보여준다.(박종대 역, 을유문화사 간)

> 지구는 좌절의 별이다. 불운이 겹치고, 운명에 할퀴고, 로또 복권은 번번이 비켜가고, 이 사람에 속고 저 사람에 넘어가는 것이 우리네 삶이다. 좌절하고 비웃음거리가 되고, 만인 대 만인의 경쟁에서 늘 선두권

에 서지 못하고 뒤처지는 것이 우리 운명이다. '종種'으로서의 인간은
진화의 무수한 굴곡을 넘어온 고독한 승자이지만, 개인으로서 인간은
모두 실패하고 좌절한 사람들에 가깝다. 물론 승자들도 있다. 하지만
사회 전체로 따지면 그 비율은 극히 미미할 뿐 아니라 그마저도 지난
20세기에 급격히 줄어들었다.

그렇다. 인간은 사실 전부 패배자다. 극히 몇 안 되는 승자도 당대에
는 승자로 남지만, 역사에서 승자로 남는다는 그 어떤 보장도 없다. 설령
남은들 무엇 하겠는가? 가죽을 남기는 호랑이보다 이름을 남기는 인간
이 더 우월하다는 것인가? 그런 의미에서 패배는 인간의 습관이다. 그러
므로 작은 패배에 연연하지 말라. 인생은 패배에 주눅 들어 흘려보내기
에는 너무 아깝다!

___5 실패는 참 많은 것을 가르친다. 후회와 반성, 그리고 긴 침잠沈潛 뒤
에 같은 실수를 하지 않는 지혜를 얻는다. 무엇보다도 실패는 용기를 낳
는다. 그러나 실패가 다음번의 성공을 보장하지는 않는다. 아니 대다수
사람들은 다음번에도 실패한다. 또 다른 실수가 기다리고 있기 때문이
다. 그것이 인생이다! 칠전팔기七顚八起에 박수를 보내는 이유는 범인凡人
이 그런 용기를 보이기는 어렵기 때문이다.

발정 發情

인간은 발정을 감추기 위해 점잔을 떨거나 요조숙녀窈窕淑女인 것처럼 군다.

●

짐승은 발정하면, 교태를 부리고 비상非常한 울음을 울어 발정을 알리지만, 인간은 언제나 발정해 있는 동물이다.

___1 '요조숙녀'를 그 글자의 뜻을 따라가 보면, '그윽하고(요窈), 곧으며(조窕), 맑은(淑)' 여인을 가리킨다.

나는 그중에서 '그윽하다'는 말에 주목한다. 이 말은 사전적 의미로, '깊다'와 '은근하다' '아늑하다' '고요하다'의 네 뜻이 혼합된 말이다. 참으로 오묘하지 아니한가? 그러니 어떻게 가벼이 외국어로 번역할 수 있겠는가.

'그윽하다'의, 네 요소 가운데 '은근慇懃하다'는 은밀하게 정이 간절하고도 깊어 괴로운 지경에 이른 것을 말한다. 이 뜻을 생각하면, 기실 요조 숙녀야말로 '항상 발정해 있는 여자'일 수밖에 없다. 은근함은 '은밀함'이 그 기본적 정서로서, 외형적으로 정조와 품위를 지켜야 하는 여인들의 유일한 의사전달 양식樣式이다. 우리의 선조는 말을 적확的確히 사용했던 것이다. '요'가 요망한 여인을 의미하는 요부妖婦에 쓰이는 요妖와 동음이라는 것이 더욱 그렇다.

___2 발정은 통제되지 않는다. 육체적으로 그렇다. 다만 수양의 정도에 따라 그 정이 외부에 드러나지 않을 뿐이지, 인간은 모두 통제되지 않는 정욕을 가지고 있다.

세네카L.A.Seneca는 '자기 육체의 노예가 된 자는, 자유는 없다'고 했다. 세네카는 욕망의 덫에서 벗어난 정신의 자유자재自由自在함을 얘기하고 싶었을 것이다. 그러나 이 말은 역설逆說이다! 자기 육체의 명령에 충실하지 않았을 때 무슨 자유가 열린다는 것인가. 진정한 자유는 육체의 명령에 어김없이 복종하더라도 아무런 문제가 없는 경우다. 그야말로 대자유인이 되는 것이다.

___3 인간의 '항시발정恒時發情'을 이용해 돈을 버는 산업은 절대 망하지

않는다.

　그 대표적인 것이 역사적으로 가장 오래된 산업인 매춘업이다. 사업의 목적이 매춘이 아니더라도 언제든 매춘에 공供할 여지가 있는 사업은 당연히 매춘산업이다.(외관적으로는 마사지업 같은 간판을 건 매춘업소가 얼마나 많은가?) 문제는 매춘에 준하는 여러 산업이 대단히 광범위하다는 것이다.(나는 이를 준매춘산업이라 부른다. 여기에는 발정을 강화하는 산업들, 예컨대 화장품이나 고급 의상을 생산 판매하는 사업도 포함된다)

　매춘을 좀 광의로 해석하면, 여성의 성을 간접적으로 상품화하거나 매출을 올리는 데 이용하는 다양한 행태의 사업이 매춘과 전혀 다르지 않다는 것을 알게 된다. 오늘날 대부분의 서비스산업은 여기에 해당된다. 내가 민영방송의 선정적 프로그램을 두고 준매춘사업이라고 부르는 까닭이다.

위선偽善

숨어서 하는 일이 많으면 위선자라 한다. 진짜 위선자는 숨어서 하
는 일이 하나도 없는 자다.

●

___1 숨어서 하는 일이 많은, 저급한 위선자를 빗댄 기막힌 우리 속담이
있다.

밑구멍으로 호박씨 깐다.

겉으로는 도덕적으로 처신하지만 남이 보지 않는 데서는 상상하지
못할 어지러운 행실을 하는 자를 두고, 우리 선조들은 호박씨를 입으로
까지 않고 '밑구멍'으로 깐다는 음담淫談을 하였던 것이다. 외관적으로는
어리숙하게 보이는 사람이 진작 남모르게 매우 영악한 처신을 하는 경
우에도 이 말을 쓴다.

진실의 적들

___ 2 파스칼B.Pascal 1623-1662은 『팡세』에서 '인간은 천사도 아니거니와 짐 승도 아니다. 인간은 천사처럼 행동하려고 하면서 짐승처럼 행동한다' 라고 하였다. 인간의 위선이 보편적 행태임을 말하는 것이다. 시인 타고 르R.Tagore 1861-1941도 '순수한 위선은 실로 진실이라는 사실을 나는 깨달 았다. 이 사실은 인간의 성품이란, 항상 그 속에 다소의 이중성을 가지고 있다는 것을 의미한다'고 했다.

결국 파스칼이나 타고르는, 라 로슈푸코F.La Rochefoucauld가 『예언과 성 찰』에서 한 말처럼 '누구나가 자기와는 다른 사람이 되고 싶어 하는' 인 간의 속성에 기초해서, 인간이 또 하나의 인간을 창출하는 것이 결코 허 위가 아님을 말하고 있는 것이다. 그렇게 만들어진 인간은, 숨어서 하는 일이 하나도 없는, 전형적 위선자다. 이런 위선은 인간의 본성이다.

___ 3 대개의 위선은 '허위의식虛僞意識'이다. 정직한 인간이 겉으로 도덕적 이고 착한 척한다는 것은 무척 괴로운 일이지만, 위선이 몸에 밴 자들(주 로 '지식인' 나부랭이다.)은 도덕적인 '척'하는 것을 넘어서, 완벽히 '도덕적' 이다.(도덕적인 척하는 '습관'이 얼마나 무서운지 아는가?) 그러나 그런 위선으로 외관적인 품위를 지킨 자는 집에 가서 창을 닫고 혼자 서재에 있을 때 비 로소 괴로워하는 것이다.(이것이야말로 노엄 촘스키Noam Chomsky가 말하는 '진 짜 위선'이다)

__ **4**『또 하나의 로마인 이야기』에서 시오노 나나미鹽野七生는 위선을 멋지게 구분한다.(15권에 이르는 '로마인 이야기'를 줄여 이 책을 썼다. 좋은 서비스다. 그녀는 이 책 말미에 붙인 로마 지도자 28명의 성적표에서 카이사르에게 500점 만점을 주었다)

고대 그리스 철학자들은 위선에는 상등품과 하등품이 있다고 생각했다. 하등품 위선은 요컨대 '겉치레뿐인 선행'이다. 본심은 악한데도 표면상으로는 선으로 위장하는 것이다. 우리가 평상시 위선이라고 하는 것이 여기에 해당된다. 그것과 달리 상등품 위선이라고 해야 할 것이 있다. 그것은 선을 가장한 목적이 공공의 이익을 실현하기 위한 경우다. 그리스 사람들은 정치가가 그러한 위선을 행하는 것을 비난하지 않았다. 오히려 당연한 일이라고까지 생각했다.

오늘날의 정치인들이 '상등품 위선'을 행한다? 그렇지는 않을 것이다. 왜냐하면 그들에겐 '공공의 이익'은 너무 가변적可變的이기 때문이다.

털

음탕함은 머리에 있지 몸에 있지 않다.

●

인간의 엉뚱한 문화적 허영이 우리말조차 버리고 있다. 한자어가 있다면 거기에 해당되는 순우리말은 좀처럼 문장에 쓰이질 않는다.

순우리말은 왜 이리 음탕하게 들리느냐? 그런 우리말은 구어체 문장에 많다. 구어체 문장에 익숙하지 않은 우리 지식인 사회의 경험적 소산으로 말하자면, 대화에 제대로 구어체를 쓰면 오히려 품위를 의심받는다. 이런 경험이 반복되면, 말을 씀에 있어서 구어체를 버리고 자연스레 문어체를 남용하는 습관을 가지게 된다. '털'이라는 순우리말이 쓰일 곳에 '모毛'라는 한자가 쓰이는 것이 그 예이다.

그래서 말하건대, 음탕함은 머리에 있지 몸에 있지 않다!

___1 순우리말은 전체 어휘의 대강 20퍼센트를 차지한다. 그리고 순우리말의 상당수는 같은 뜻의 한자어가 없지만, 만약 같은 뜻의 한자어가 있는 경우에는 대개, 한자어가 '문어적文語的'으로 쓰이는 반면에, 순우리말은 '구어적口語的'으로 한정되어 사용되는 것이다. 결국 문어적인 어휘는 같은 뜻의 순우리말이 있다면 좀처럼 대화에 등장하지 않는다. 극단적으로 욕설을 예로 들면, '국부 같은 자식'이나 '음부를 매각할 여자'라는 말을 쓰진 않는다.

구어체가 문장에서 많이 사라진 것은 문화적 허영 때문이지만, 근본적으로는 우리 사회가 체면을 존중하는 사회이기 때문이다. 영어권에서 같은 형이하학적인 쌍말들이 광범위하게 문장에 사용되는 것은, 그만치 체면에서 벗어나 있기 때문이다.

___2 카뮈A.Camus의 지적대로, 습관習慣은 사물에 대한 모든 인식을 바꾼다. 말이 생각을 지배하고 행동을 지배한다. 결국 사물을 인식하는 태도와 사물에 대한 생각까지도 바뀐다. 그런 면에서 보자면 우리의 선비들은 사물을 대하는 태도가 근엄할 수밖에 없었다.

___3 나는 내가 존경해 마지않는 어떤 지식인이든, 화가 났을 때엔 욕설을 한다고 믿는다. 가끔 자신은 전혀 욕설을 못한다고 주장하는 이를 본

진실의 적들

다. 그럴 것이다. 그는 나같이 거친 욕설을 직설적으로 뱉지는 못할 것이다. 그러나 그는, 그가 화난 사람에 대해, 그날 밤 일기장에 지구상에서 가장 끔찍한 욕설을 적을 것이다. 적지 않을 수 없다! 어떠한 대상과 사실에 대한 자신의 결론이 확실한 분노로 이어질 때, 인간은 반드시 그것을 탄핵하는 '외관적으로 드러나는' 절차를 이행하는 법이다. 그래야만 그 일이 종결되고 잊힌다.(화를 잘 내거나 아랫사람을 심하게 나무라는 사람이 '뒤끝이 없다'는 평가를 받는 사실을 기억하라)

구어체의 욕설을 잘 하는 자를 존경하라. 그는 뒤돌아서 복수하는 자는 아니다!

위장 僞裝

잔인한 인간일수록 부드러운 미소를 띠고 있다.

●

독물毒物들은 모름지기 색이 아름답고 모양도 작다. 동물뿐 아니라 식물도 그렇다. 인간도 마찬가지어서, 사납거나 거친 자는 독하지 않다. 편안한 미소 온화한 목소리를 가진 자 중에서 사람을 질리게 하는 '독인毒人'이 있다.

___1 오장원五丈原에서 제갈량諸葛亮이 자신의 죽음을 숨겨서 적을 도망치게 한 것은 '죽은 공명이 산 중달仲達을 물리친' 고사로 유명하다.(사공명주생중달死孔明走生仲達이라 한다) 상대의 공포심을 이용한, 가히 천재의 작품이자 위장술의 걸작이다.

진실의 적들

___2 인간의 위장은 생각보다 많다.

제일 흔한 위장은, 거짓으로 똘똘 뭉친 자가 정직한 인간으로 위장하는 것이다. 그런 위장 뒤, 상대가 완전히 속고 있는 것을 안 다음에 부와 명예 정조 따위를 훔친다. 어떤 흉악한 도적보다 이런 사기꾼들이 가증스러운 것은, 재물이나 명예 정조 따위만 훔치는 것으로 끝나는 것이 아니라 당한 사람의 인성까지도 피폐하게 해서 차후 인간을 무서워하게 만든다는 것이다. 하긴 그런 사기꾼들이 정직한 사람보다 더 많은 세상이니, 인간은 기실 어떤 야수보다도 더 무서운 종種이다.

___3 이 세상 인간들을 정직한 인간과 정직하지 않은 인간으로 구별할 수는 없다. 인간들은 경우에 따라 정직하지 않을 수 있기 때문이다. 그러나 선인善人과 악인惡人으로 대별할 수는 있다.

선인이 악인으로 위장한다거나 정직하지 않은 경우는 피치 못할 사정이 있거나, 더 큰 목적을 위한 부득이한 경우다. 문제는 악인이나 혹은 '언제든지 악인으로 본색을 드러낼 가능성이 높은' 자의 숫자가 선인보다 늘 많다는 것이다. 그리고 진정 위험한 자는 악인이 아니라, 언제든지 악인의 본색을 드러낼 태세가 되어 있는 후자다. 얼마 되지 않는 선인들이 이러한 자에게 '일생을 파멸시키는' 피해를 입는 것이다.

___4 사기꾼의 특질이 또 하나 있다. 자신을 위장하고 남을 속이는 데 익숙하다 보니 나중에는 자신마저 속이게 되어, 자신이 얼굴에 뒤집어 쓴 가면이 진짜 자기의 얼굴인 것으로 스스로 착각한다는 사실이다. 여기에 합당한 파스칼B.Pascal 1623-1662의 글이 『팡세』에 있다.

> 인간은 자기 자신에게 있어서나 남에게 있어서나 위장과 허위와 위선뿐이다.

이 정도의 위장이라면 '등치고 간 내먹는다'는 우리 속담이 적합하다. 이 속담은 '간을 내먹을 요량을 숨기고, 등을 쳐서 관심을 온통 등으로 돌리는' 위장을 가리키는 것이다.

세네카L.A.Seneca는 '우환憂患에 대하여'라는 글에서 '어느 누구도 오래도록 가면을 쓸 수 없다. 위장은 얼마 안 있어 자기의 천성으로 되돌아간다'고 적었다. 아마도 세네카는 오늘날 넘쳐나는 '악질惡質 사기꾼'이 어떠한지를 상상조차 하지 못했을 것이다.

우답愚答

현명한 대답을 바라는 욕심이 눈을 가리면, 현답賢答을 듣더라도 알
지 못한다.

___

●

늙으신 어머니에게 늘 눈이 되어 주던 안경의 살(안경다리)이 부러졌다. 어머
니가 그 안경을 들고 내게 '이 안경의 살이 어떻게 부러져 있더냐'고 물었다.
나는 '저절로 부러져 있습다'라고 답했다. 우답이었다.

___1 선사禪師들은 현문賢問과 현답賢答을 주고받는다. 우리는 그걸 선문
답禪問答이라 하는데, 그 문답을 쉽게 알아듣지 못하는 것은 다 우리가 게
으른 탓이다. 더욱이 정 깊은 선사는 우문에도 현답으로 깨우침을 준다.

어느 해 여름, 만공선사滿空禪師 1871-1946가 여러 도반과 함께 수박을 먹
을 참이었다. 매미가 나무에 들어 짙게 울어대자, 만공이 도반들의 선

력禪歷을 볼 참으로, '누가 저 매미소리를 가져다주면, 이 수박을 주겠다'고 하였다. 그러자 전강田岡이 나무에 매달려 매암매암거리며 울고 한암漢岩은 나무에 올라타고서 몸을 털어 가관이었다. 시자侍者였던 혜암慧庵 1879-1985이 수박을 발로 차서 깨버리고 엽전 세 닢을 스승에게 드리며, 한 소리를 했다. '스님, 수박이나 사 드시지요.' 만공이 시자에게 그만 두 눈이 다 찔려 멀어버렸다.

혜암선사는 1879년 황해도 해주에서 태어나 1897년 흥국사에서 출가한 뒤 1900년 보암普庵을 은사로 득도하였다. 1913년 성월惺月 대선사로부터 화두를 간택받고 6년 수행 끝에 깨친 뒤에 1929년 만공으로부터 전법게傳法偈를 받았다. 덕숭총림德崇叢林의 초대 방장이다.

___2 '안경살'이 아니라, '안경다리'라야 맞을 것이다. 그러나 안경의 '다리'가 부러지다니! '생명'은 글을 쓸 때도 짐이 되는구나. 그냥 어머니의 가르침대로 안경살로 쓰기로 한다.

___3 아아, 나는 재빨리 새 안경을 사 드리거나, 그런 현답이 아니더라도, 벌러덩 자빠져 살이 부러진 안경 모양이라도 흉내 내어 늙으신 어머니의 뜻을 헤아려야 했다.

매력魅力

상대에게 호감을 보이는 것은, 상대가 아무것도 모른다는 것을 꿰뚫어 보아서 만만히 여긴다는 것이다.

●

바보들은 그럴 때 상대가 자신에게 매력을 느꼈다고 생각한다. 현인賢人은 상대가 호감을 보이면 더욱 겸손하여 자신을 감춘다. 그렇지 않으면 반드시 후회할 일이 생긴다는 것을 알기 때문이다.

___1 현인에게는 현인이 매력 있는 사람이지만, 범인凡人에게는 아무것도 모르는 이가 매력 있는 사람이다. 무엇보다 그가 만만한 사람이기 때문이다.

___2 사기꾼은 상대에게 늘 호감을 보인다. 상대가 세상 물정에 어두울

수록 더 자주 호감을 표시한다. 그러므로 이유 없이 호감을 드러내는 자를 조심하라. 그는 천사거나 악마다. 그리고 세상에는 악마는 셀 수 없이 많지만, 천사는 당신에게까지 보일 정도로 많지 않다.

___3 사실 인간의 매력은, 완벽한 데 있지 않고 어딘가 빈 구석을 보일 때 있는 것이다. 허점을 보이지 않는 사람은 상대를 피곤하게 한다. 그리고 그 허점은 인간적인 허점이어야 한다. 허점이 인간관계를 유지하는 데 결함으로 작용한다면 그건 허점이라기보다 결점이라고 해야 맞다.

___4 매력을 느낀다는 것은, 이유 없이 끌리는 것이다. 그것은 마치 중력처럼 '필연적으로' 이끌리는 것을, 당사자가 무의식 속에 저항함으로써 알게 되는 현상이다.

아이작 뉴턴I.Newton 1643-1727은 1664년 페스트의 유행으로 대학이 폐쇄되는 바람에 고향에 돌아와 사색으로 시간을 보냈다. 이듬해 어느 날 그는 사과가 땅에 떨어지는 것을 보고 만유인력萬有引力universal gravitation을 발견했다. 물체와 물체 사이에는 서로 당기는 힘이 있다는 것이다. 우주에 존재하는 모든 물체는 서로 당기고 있다. 사람과 물체 간에도, 사람과 사람 간에도 서로 끄는 힘이 있다. 다만 그런 힘들은 워낙 약해서 우리는 전혀 느끼고 있지 못할 뿐이다.

진실의 적들

사람이 다른 사람에게 매력을 느끼는 것은, 감각으로는 전혀 감지하지 못하는, 미미하지만 필연적인 '끄는' 힘을 느끼는 것이다.

___5 오늘날 미디어의 발달과 함께 인적 교류의 증대로 인해 섹스어필sex appeal 산업이 늘어나고 있다.

매력 중에서 가장 강렬한 것이 성적 매력인 것을 부인할 수는 없다.(누구든 聖人처럼 성적 욕망과 무관하게 살 수는 없지 않는가?) 결국 성적 매력이 개인의 성공과 실패를 좌우하는 중요한 요소가 되다 보니, 의상과 구두 향수와 화장품같이 몸을 치장하고 가꾸는 상품은 물론 책 같은 지식산업조차 여기에 영합하고 있다.

비

비는 추억의 길에만 내린다.

●

추억의 길은 늘 색이 바래 있다. 상점들은 모두 문이 닫혔고, 가로등은 꺼져 있다. 사람들은 보이지 않는다. 차들은 움직이지 않고 시계탑의 시계는 오래 전에 멈춰 서 있다. 그 길을 걷고 있으면, 무엇보다 '아무 소리도 들리지 않는다'는 걸 알게 된다. 적막하다. 한때 햇빛을 산란시키던 유리창들엔 잿빛 침묵만 빗물처럼 흘러내린다. 아, 소중했던 기억마저 이제 떠나간다. 창 안쪽에 희미하고 짧게 흔들리는 커튼, 거기 잔잔하게 떠다니는 먼지 알갱이들조차 없다면 추억의 길은 완전히 정지된 사진 같은 것이다.

___1 추억은 사람에 관한 것이다. 그러나 추억의 현장에 사람은 없다. 아무도 돌아오지 않는다.

비를 보는 이가 있다. 비를 듣는 이가 있다. 어느 낯선 처마 밑에서 비를 피해 선 이가 있다. 도시를 걸으며 비를 맞는 이가 있다. 가슴으로 비를 맞는 이가 있다. 우리는 참 많은 비를 맞는다. 비는 쓸쓸하고 가슴 저리게 한다. 비야말로 많은 기억들을 되살리는 단서다. 그 기억들은 대부분 그때 함께했던 사람에 관한 것이다. 그 인연이 이제 다 끊어졌기에 추억은 낡고 희미해지며 늘 그렇듯 스산하다. 돌아서 보면 아무것도 보이지 않는다. 그러나 눈감으면 모든 것이 보인다. 그래서 비는 위안이다.

___2 두 번째 시집 『수련睡蓮의 집』에 담은 시 「장마」를 여기에 옮겨, 한 생각을 보탠다.

밤 깊도록 비오는 날이 많아져서
아래로 흐르는 것마다 강물처럼
일단의 낯선 섬을 만들고
몇몇 불안한 섬들은
차라리 깜깜한 바다에 이를 때까지
아무 것도 싣지 않았다
그런 무심한 일들이
이 도시에선 더욱 범상한 것이
다 수중水中에 든 탓만은 아니구나

어쩌다 딛고 있는 땅들이 무너져 내리다가

이제 너무 자주 무너지곤 해

물이 다 빠져나간 아침나절엔

거기 길이 있었다고

누가 말할 것인가

사람을 떠나보낸 날엔 더욱 쉽게 길을 놓치고

무엇이 남아 있어서

이 망망한 대해 大海에 이르도록

지나간 길들마저 지워서

결코 돌아갈 수 없게 하는지…

—「장마」전문

＿3 추절추절 비오는 날, 강에 나가본다. 강물도 비에 젖는다! 슬픔이 덕지덕지 쌓여 있는 바닷가 오래된 주점 창가에 앉아, 비 내리는 바다를 바라본다. 바다도 비에 젖는다!

연보年譜

1955.1.8.   경상남도 울산시 대현면 여천리 888번지(현 울산광역시 남구 여천
             동 888)에서 정선旌善전숲씨 성학聖學과 김해金海김金씨 태선泰善의 장
             남으로 태어나다. 위로 누나 이리利理, 동생으로 이경利瓊, 원량元亮이
             있다.

1958.   말보다도 글을 먼저 배우다. 한글과「천자문千字文」을 함께 배우다.

1960.3.   어머니와 외삼촌이 다닌 대현초등학교에 입학하다.

1966.3.   부산중학교에 입학하여(당시는 중학교 입시제도였다) 부모를 떠나
             부산에서 하숙생활을 하다. 학교 교지에 시와 시나리오를 발표하다.

1969.3.   부산고등학교에 입학하다.(당시는 고등학교 입시제도였다) 고교 재학
             중 문예반장을 맡았으며 이때 편집한 교지『청조靑潮24』는 전국교
             지 콘테스트에서 최우수상을 받다.

1971.4.   진해 '군항제' 백일장 일반부에서「항해航海」라는 시제詩題로 장원을
             하다.

1972.   서울대 입시에서 낙방한 뒤 '낭인생활'이 시작되다. 이때 많은 근
             대철학 책을 섭렵하다.

1975.3.   오랜 '낭인생활'을 끝내고 경희대학교 법과대학 법률학과에 입학
             하다.

1977.   연작시「동해단장東海斷章」으로 '백만원고료 한국문학신인상'을 받

으면서 문단에 데뷔하다.

1978.   「한국문학」에 시「전망展望」을 발표하는 등 문단활동을 하다.

1980.   제4회 군법무관임용시험(현재 폐지된 시험으로, 당시 법조인 숫자가 적어
         군법문관을 확보할 목적으로 사법시험령에 의거 시행한 시험이다)에 4등
         으로 합격하여 법조인의 길을 걷게 되면서 시작을 중단하다.

1980.2   군사령부 계엄군사법원에서 검찰관으로 일하다.

1982.   사법연수원을 수료하고 30사단 법무참모로 부임하다.(대위) 이후 3
         군사령부 법무과장, 2군수지원사령부 법무참모, 11군단 법무참모
         (소령)를 거쳐 6군단 법무참모(중령)를 역임하다. 군법무관을 지내
         면서 독서 1만 권의 목표를 설정, 주로 역사 철학 책을 섭렵하다.

1990.1.1. 조선일보 신춘문예에 시「나무를 꿈꾸며」가 당선되어 문단에 재등
           단하다.(박두진. 조병화 두 분의 마지막 제자가 된 셈이다)

1990.4.   「현대시학」에「슬픔에 관한 견해」를 발표하면서 문단활동을 시작
          하다.「동서문학」에 연작시「상황보고」,「현대문학」에 특집으로 연
          작시「서울 양철북」과「모래에 관하여」「그물」,「민족과 문학」에 특
          집으로 연작시「새에 대하여」,「한국문학」에「장마」등 많은 작품
          을 발표하다.

1991.4.   발표한 시 66편을 묶어 시집『슬픔에 관한 견해』를 상재하다.(청하 간)

진실의 적들

1991.9.30. 중령으로 전역하다.

1991.11.30. 서울 서초동에서 변호사 사무실을 열다.

1992. KBS「쟁점토론」에 패널로 참가하여 논객으로 데뷔하다. 이후 지
금까지 MBC「백분토론」, KBS「심야토론」「백인토론」, SBS「시시
비비」「시사토론」, 경인방송「터놓고 말합시다」, 현대방송「갑론을
박」등 수많은 텔레비전 토론 프로그램에 패널로 참가하여 여러 어
젠다에 대해 논란을 일으키다.

1993. 정보통신윤리위원회 심의위원을 맡다. 이후 담배소비자협회를 비
롯한 여러 단체의 이사, 자문위원, 편집위원, 자문위원 등으로 위촉
되다.

1994. 「시와 사상」겨울호에 연작시「심우록尋牛錄」을 발표하다.「현대시」
에「수련垂蓮의 집」을, 특집으로 연작시「만월을 위하여」를 발표하
다.「문학사상」에「낮술」을 발표하여 여러 대학 교재에 수록되다.
「현대문학」에 연작시「무법행無法行」을 발표하다.

1995. 이해부터 6년 동안 대학에서 강의하다. 경희대 법대에 강사로 '법
과 문학'을, 교양과정부에 강사로 '생활법률'을 가르치다가, 겸임
교수로 '법과 예술'을 가르치다.

1997. 서울지방변호사회가 발간하는 월간「시민과 변호사」의 편집주간

을 2년간 맡다.

1999.   SBS 제작자문변호사를 맡다.

2002.   아버지가 후두암으로 목소리를 잃다.

2003.   실향하신 김승유와 박정실의 무남독녀 성은成恩과 혼인하다.

2003.5. 혼인 기념으로 그동안 발표했던 시를 묶어 두 번째 시집『수련의
         집』을 2천 부 한정판으로 상재하다.(비매품)

2003.12. 중앙일보에 보수를 대변하여 1년 동안「시대읽기」를 연재하다. 이
         때 쓴 칼럼으로「대통령은 기회를 잃고 있다」「침묵하는 다수를 두
         려워하라」「대통령이 말하는 지배세력은 누구인가」등이 있다. 이
         것이 우리나라 최초의 보수 진보 대결이다.

2004.4.3. 아버지를 잃다.

2004.10. KBS1 라디오「열린토론 수요스페셜, 전원책 장유식의 정치토크」
         에서 고정 패널로 4년간 출연하다.

2005.3. 그 전부터 투자해 온 씨엔씨엔터주식회사의 대표이사가 횡령 등
         으로 구속되어 부득이하게 이사로 취임하다. 그 뒤 7.18. 형식상의
         대표이사로 취임하였으나 4개월 뒤 경영권을 양도하다. 그 뒤 회
         사의 부실에 대한 책임을 추궁당해 2007년 약식명령으로 벌금을
         물다. 결국 사람을 믿고 투자를 잘못하여 전 재산을 잃고, 15개월

동안 금융감독원과 경찰 검찰에 시달리다.

2006.   변호사백주년 대국민서비스위원회 위원장을 맡다.

2006.9.   주간 대한변협신문 편집위원을 맡다.

2007.7.1. KBS「심야토론」에서 '군가산점' 문제로 출연하여 많은 논란을 일
          으키다. 이 일로 팬클럽이 만들어져 현재 회원 1만5천여 명이 있다.

2007.9.1. 홈페이지(www.junwontchack.com)를 열다.

2007.10. 이주천, 유석춘, 이상돈 교수와 함께 '대한민국의 내일을 걱정하는
          모임'을 결성하고 공동대표 및 사무총장을 맡다.

2007.11. 17대 대통령선거 이회창 후보의 정무특보로 일하다. 이때 언론에
          서 유석춘, 이상돈 교수와 함께 '보수 3인방'으로 부르다.

2008.3.   자유선진당 이회창 총재의 요청으로 당 대변인을 맡았으나 정치
          노선에 대한 이견으로 나흘 만에 사임하다.

2008.12. MBC로부터「백분토론」400회를 맞아 '최고논객상'을 받다.

2009.1.   「현대시」에 낮술2 석양을 발표하면서 문단활동을 다시 시작하다.
          이후「애지」에 시「안개」「제시카를 위하여」등을 발표하다.

2009.8.   KBS라디오「열린토론 수요스페셜」에 보수 패널로 다시 출연하다.

2009.9.21. 지식인 비판『바다도 비에 젖는다』를 출간하다.(엘도라도 간) 그러
          나 발간 직후 사정상 절판絶版을 결정하다.

2011.1.   MBC라디오 「손석희의 시선집중」에 토론을 신설하면서 1년간 보수 패널로 고정출연하다. 이때 공지영, 김기식 등과 토론하다.

2011.9.26. 좌파 비판 『자유의 적들』을 출간하다.(중앙북스 간)

2011.11.23. 빙모聘母를 잃다.

2012.   종합편성 방송국이 개국하면서 채널A의 「쾌도난마」, TV조선의 「뉴스와이드 참」, JTBC의 특별기획 「동행」, MBN의 「집중분석」 등 많은 프로그램에서 고정 패널로 출연하다.

2012.3.23. 재단법인 자유기업원의 원장으로 취임하다. 취임 직후 이사회에서 자유경제원으로 개칭하다.

2012.9.   자유경제원 산하 프리덤 월드에서 월간 「2032」를 창간하여 발행인을 맡다.

2013.1.   기획재정부 세제발전심의회 위원에 위촉되다.

2013.3.25. YTN라디오에서 매일 아침 7시부터 두 시간 「전원책의 출발 새아침」을 진행하다.

현재는 서울 서초동에 변호사 사무실을 둔 채 여의도 자유경제
원의 원장으로 상근하고 있으면서 매일 아침 YTN라디오에서
「전원책의 출발 새아침」을 진행하고 채널A의 「쾌도난마」에 고정
출연하고 있다. 또 여러 지상파 방송국 등에서 토론 패널 등으로
참여하면서 정치 비판 『신군주론』과 지식인 비판 『시민의 적들-잡
초와 우상』을 쓰고 있다.

전원책의 지식인 비판

진실의 적들

초판 1쇄 2013년 6월 3일
      6쇄 2017년 1월 2일

지은이 | 전원책

발행인 | 이상언
제작책임 | 노재현
발행처 | 중앙일보플러스(주)
주소 | (04517) 서울시 중구 통일로 92 에이스타워 4층
등록 | 2007년 2월 13일 제2-4561호
판매 | 1588-0950
제작 | (02) 6416-3968
홈페이지 | www.joongangbooks.co.kr
페이스북 | www.facebook.com/hellojbooks

ⓒ 전원책, 2013

ISBN 978-89-278-0440-6 03330

중앙북스는 중앙일보플러스(주)의 단행본 출판 브랜드입니다.